D'or[igine belge et ?] francophone, Esther Perel est installée comme ethno-psychologue et comme thérapeute du couple et de la famille à New York. Elle est mondialement reconnue pour ses travaux dans le domaine des familles interculturelles. Forte de trente ans d'expérience clinique, elle est une des voix les plus respectées sur le couple et la sexualité. Membre de l'Académie américaine de thérapie familiale, elle a longtemps travaillé sur le programme international d'études des traumatismes à l'université Columbia et apporte sa contribution à plusieurs sociétés scientifiques aux USA, dont la Society for Sex Therapy and Research. Très présente dans les médias, parlant neuf langues couramment, Esther Perel est régulièrement invitée dans des émissions de radio et télévision. Ses articles de fond sont parus dans les titres les plus connus de la presse internationale comme le *New Yorker*, *Vogue*, le *Guardian*, le *Washington Post*, *Le Monde*, et elle tient un éditorial dans *Psychologies UK*. Sa conférence sur le site TED : Ideas worth spreading a été vue par 2 millions de personnes.

Retrouver toute l'actualité de l'auteur sur :
http://www.estherperel.com

L'Intelligence érotique

Faire (re)vivre le désir dans le couple

ÉVOLUTION
Des livres pour vous faciliter la vie !

Esther Perel

L'Intelligence érotique
Faire (re)vivre le désir dans le couple

Traduit de l'anglais (États-Unis)
par Valérie Moran

ROBERT LAFFONT

Titre original :
MATING IN CAPTIVITY

© Esther Perel, 2006
Traduction française : Éditions Robert Laffont, S.A., Paris, 2007

ISBN 978-2-266-18174-7
(édition originale : HarperCollins Publishers, New York)

À mes parents, Sala Ferleiger et Icek Perel.
Leur vitalité continue de vivre en moi.

Introduction

L'histoire sexuelle des couples modernes parle souvent de l'érosion du désir. Une longue liste de justifications prétend expliquer la mort inévitable de l'éros. Ces derniers temps, de la radio à la presse écrite la plus sérieuse, chacun y va de son avis sur la question : trop de couples ont un nombre insuffisant de rapports sexuels, même quand ils affirment s'aimer ; les couples d'aujourd'hui seraient trop occupés, trop stressés, trop impliqués dans l'éducation des enfants, et trop fatigués pour faire l'amour ; et si cela ne suffisait pas à endormir leur libido, les antidépresseurs, censés atténuer l'anxiété, viennent donner l'estocade. Quelle ironie pour les enfants du baby-boom, entrés, voilà trente ans, dans l'ère nouvelle de la libération sexuelle ! Maintenant que cette génération et celles qui l'ont suivie peuvent avoir autant de relations sexuelles qu'elles le veulent, elles semblent en avoir perdu l'envie.

Je ne reviendrai pas sur ce qu'affirment les médias : nos vies sont sans aucun doute plus stressantes qu'elles ne devraient l'être. Il me semble cependant qu'en se focalisant exclusivement sur la fréquence et la quantité des rapports sexuels, ils n'abordent que les causes les plus superficielles du malaise que beaucoup de couples ressentent. Il y a davantage à en dire.

Réconcilier sexualité et vie domestique est une gageure que psychologues, sexologues et sociologues se sont longtemps employés à relever. Pour nous apprendre à trouver sur le marché de l'érotisme de quoi pimenter notre sexualité conjugale, les conseils pleuvent. Le fléchissement du désir serait soit un problème d'emploi du temps, qui pourrait être réglé par une meilleure hiérarchisation des priorités et une organisation plus efficace, soit un problème de communication, que la verbalisation précise de nos attentes sexuelles serait censée améliorer. Étudier la sexualité de façon statistique ne m'attire guère : Fait-on toujours l'amour ? Avec quelle fréquence ? Combien de temps ça dure ? Qui jouit le premier ? Combien d'orgasmes ? Je préfère me pencher sur des questions qui n'ont pas de réponses évidentes. Ce livre parle ainsi de l'érotisme et de la poétique du sexe, de la nature du désir érotique et des problèmes qui lui sont inhérents. Comment nous sentons-nous quand nous aimons quelqu'un ? Quelle est la différence entre amour et désir ? Une vie intime satisfaisante implique-t-elle nécessairement une relation sexuelle satisfaisante ? Pourquoi devenir parents est-il si souvent un désastre pour la sexualité ? Pour quelle raison l'interdit est-il si érotique ? Est-il possible de désirer ce que nous avons déjà ?

Nous partageons tous un besoin fondamental de sécurité qui nous pousse à privilégier les relations stables. Mais nous avons tout autant besoin d'aventure et d'excitation. Si l'on en croit les promesses de l'amour moderne, il existerait un point de jonction possible entre les deux. Je n'en suis pas convaincue. Ce que nous exigeons aujourd'hui d'une seule personne – à savoir de la solidité, de la cohérence et du sens – nous aurait été autrefois procuré par une communauté entière. Nous attendons de nos relations à long terme qu'elles soient à la fois romantiques et épanouissantes sur le plan affectif et sexuel. Dès lors, faut-il s'étonner que tant de relations s'effondrent sous un tel fardeau ? Il est difficile de susciter l'excitation, l'attente et le désir chez la personne dont on attend par ailleurs confort et stabilité, mais ce n'est pas impossible. Je vous invite à réfléchir aux moyens d'introduire du risque dans la sécurité, du mystère dans le familier, et de la nouveauté dans la stabilité.

Chemin faisant, nous nous demanderons comment l'idéologie moderne de l'amour s'oppose parfois aux forces à l'œuvre dans le désir. L'amour prospère dans une atmosphère de proximité, de réciprocité et d'égalité. Nous cherchons à connaître l'être aimé, à le garder près de nous, à réduire la distance qui nous en sépare. Nous prenons soin de lui, nous nous inquiétons pour lui, et nous nous en sentons responsables. Pour certains d'entre nous, l'amour et le désir sont inséparables. Mais pour beaucoup d'autres, l'intimité émotionnelle inhibe l'expression du désir. Tout ce qui relève de l'attention, de la protection, et tout ce qui nourrit l'amour bloque souvent la spontanéité qui se trouve à la source même du plaisir érotique.

Ma conviction, renforcée par vingt ans de pratique, est qu'en cherchant la sécurité à tout prix, beaucoup de couples confondent amour et fusion. Cette confusion est de mauvais augure pour leur sexualité. Afin de maintenir l'élan vers l'autre, il doit y avoir une distance à franchir. L'érotisme a besoin de séparation. Autrement dit, il se développe dans l'espace qui existe entre soi et l'autre. Pour communier avec l'être aimé, nous devons être capables de tolérer ce vide et sa part d'incertitude.

Pendant que nous y sommes, considérons un autre paradoxe : le désir s'accompagne souvent de sentiments qui privent l'amour de ses moyens – des sentiments comme l'agressivité, la jalousie ou la discorde. J'explorerai les pressions d'ordre culturel qui s'exercent sur la sexualité conjugale pour la rendre équitable, égalitaire et sans risque, mais qui suscitent aussi l'ennui chez tant de couples. Il me semble possible d'avoir une sexualité plus excitante, plus ludique, voire frivole, en se libérant un peu de notre tendance culturelle à faire de la démocratie en chambre.

Pour étayer cette idée, nous ferons un détour par l'histoire sociale. Nous verrons que les couples contemporains investissent davantage dans l'amour que par le passé, alors même que, par un cruel coup du sort, c'est justement ce modèle amoureux et matrimonial moderne qui se cache derrière le nombre croissant de divorces. La question est donc de savoir si les structures maritales classiques peuvent s'accorder avec les obligations qui les accompagnent aujourd'hui, surtout quand le traditionnel « jusqu'à ce que la mort nous sépare » fait référence à une durée de vie deux fois plus longue que durant les siècles précédents.

L'intimité serait la potion magique capable de rendre possible un tel miracle. Nous analyserons ce point en détail, et selon différentes perspectives, mais je voudrais dès à présent dénoncer le cliché qui réduit les femmes à des créatures romantiques, et les hommes à des conquistadors du sexe. Ce cliché aurait dû être balayé depuis longtemps. Et, avec lui, toutes les idées qui présentent les femmes comme des êtres attendant l'amour, essentiellement fidèles et attirés par la sphère domestique, tandis que les hommes seraient biologiquement non monogames et effrayés par l'intimité. Les changements sociaux et économiques de l'histoire occidentale récente ont modifié les lignes de partage traditionnelles entre les genres, en redistribuant ces traits de caractère chez les hommes comme chez les femmes. Si les stéréotypes peuvent contenir une part importante de vérité, ils sont loin de pouvoir expliquer les complexités des relations modernes. Pour ma part, je suis en quête d'une approche plus androgyne de l'amour.

En tant que thérapeute conjugale, j'ai inversé les priorités cliniques habituelles : dans mon domaine, on nous apprend qu'il faut d'abord se renseigner sur l'état du couple, puis se demander comment cela se traduit dans la chambre à coucher. Vue ainsi, la relation sexuelle est une métaphore de la relation globale. L'hypothèse sous-jacente étant que si l'on peut améliorer cette dernière, le sexe suivra. J'ai constaté que ce n'était généralement pas le cas. L'expérience clinique a toujours favorisé la verbalisation au détriment de l'expression corporelle. Pourtant, la sexualité et l'intimité affective sont deux langages différents. J'aimerais redonner au corps sa place légitime dans les discussions sur le couple et l'érotisme, car il porte souvent en lui des vérités émotionnelles que les mots peuvent trop facilement laisser de côté. Les dynamiques qui suscitent le conflit dans la relation – particulièrement celles liées au pouvoir, au contrôle, à la dépendance et à la vulnérabilité – deviennent souhaitables quand elles sont exprimées à travers le corps, quand elles sont érotisées. Le sexe est dès lors le moyen d'éclairer les luttes et les confusions entre l'intimité et le désir, tout autant qu'une façon de commencer à atténuer ces antagonismes destructeurs. Le corps de chaque partenaire, témoin de son histoire et du poids des impératifs culturels, est alors un texte que nous pouvons lire ensemble.

Il est temps d'expliquer certains termes que les lecteurs rencontreront dans ce livre. Pour plus de clarté, j'utiliserai le terme « mariage » pour des engagements affectifs sur le long terme, et pas seulement pour les couples unis légalement. Et je passerai librement des pronoms féminins aux masculins, sans que cela induise nécessairement un jugement sur chaque genre.

Moi-même, comme mon prénom l'indique, je suis une femme. Mais je suis aussi le produit d'un mélange de cultures et j'ai vécu dans de nombreux endroits. Je tiens à donner au sujet de ce livre une dimension culturelle, voire multiculturelle. J'ai grandi en Belgique, étudié en Israël et terminé ma formation aux États-Unis. Ayant vécu à cheval sur plusieurs cultures pendant plus de trente ans, j'ai le point de vue confortable du spectateur. Cette position stratégique m'a ouvert de multiples perspectives, utiles à mes observations, sur la façon dont nous nous développons sexuellement, dont nous nous attachons à l'autre, dont nous parlons de l'amour et nous adonnons aux plaisirs du corps.

J'ai utilisé cette expérience personnelle dans mon travail de clinicienne, d'enseignante et de consultante dans le domaine de la psychologie interculturelle. Ayant orienté mes recherches sur les questions de transitions culturelles, j'ai travaillé plus spécifiquement avec trois types de populations : les deux premiers, les familles de réfugiés et les familles de cadres internationaux, sont les deux groupes qui se déplacent le plus aujourd'hui, bien que pour des raisons différentes ; le troisième est constitué des couples mixtes d'un point de vue culturel (qu'ils soient interraciaux ou interreligieux). Dans ce cas, les changements culturels ne sont pas consécutifs à des déplacements géographiques, mais se produisent plutôt dans le propre salon des protagonistes. Comprendre comment ce mélange de cultures a influé sur les relations entre les sexes et sur l'éducation des enfants m'a passionnée. J'ai réfléchi aux différents sens que pouvait avoir le mariage, à la façon dont son rôle et sa place dans les systèmes familiaux plus larges variaient selon le contexte national. Est-ce un acte privé entre deux individus ou une alliance entre deux familles ? Au cours de mes séances de thérapie conjugale, j'ai cherché à faire ressortir les nuances culturelles à l'arrière-plan des débats sur l'engagement, l'intimité, le plaisir, l'orgasme et le corps. L'amour est peut-être universel, mais, dans chaque culture, ses constructions sont définies dans des langages différents, que ce soit au sens propre ou au sens figuré. J'ai été particulièrement sensible aux discussions tournant autour de la sexualité infantile et adolescente : c'est dans les messages qu'elle envoie à ses enfants qu'une société en dit le plus sur ses valeurs et sur ses objectifs, sur ses motivations et sur ses interdits.

Je parle huit langues. J'en ai appris quelques-unes à la maison, d'autres à l'école ou en voyage, et une ou deux par amour. Dans l'exercice de mon métier, je suis amenée à utiliser mes compétences multiculturelles aussi bien que linguistiques. Mes patients sont hétérosexuels et homosexuels (je ne travaille pas, à l'heure actuelle, avec des transsexuels), mariés, engagés, célibataires, remariés. Ils ont tous les âges. À eux tous, ils forment un vaste spectre de cultures, de races et de classes. Leurs histoires individuelles mettent en relief les dynamiques culturelles et psychologiques qui façonnent notre façon d'aimer et de désirer.

Une des expériences personnelles les plus déterminantes à l'origine de ce livre pourra sembler n'avoir qu'un rapport indirect avec son thème, mais je dois vous en faire part. En effet, elle éclaire mes motivations profondes. Mes parents ont survécu aux camps de concentration nazis. Pendant ces années, ils étaient face à la mort, et ce de façon quotidienne. Tous deux sont les seuls rescapés de leurs familles respectives. Ils sont sortis de cette expérience avec une furieuse envie de profiter au maximum de chaque jour. Ils avaient le sentiment que la vie leur offrait une chance unique : celle de pouvoir vivre à nouveau. Mes parents étaient peu ordinaires, je crois. Ils ne se contentaient pas de vouloir juste survivre, ils voulaient renaître. Ils possédaient une soif de vivre qu'ils étanchaient grâce à des expériences excitantes, vibrantes, joyeuses. Ils aimaient s'amuser et cultivaient le plaisir. Je ne sais rien de leur vie sexuelle, sinon qu'ils ont eu deux enfants, mon frère et moi. Mais, à travers la façon dont ils vivaient, je sentais qu'ils avaient une compréhension profonde de l'érotisme, bien que je doute même qu'ils aient connu ce mot. Loin de s'en tenir à la définition sexuelle à laquelle la modernité l'a réduit, ils en incarnaient la dimension mystique dans ce qu'elle a de vivifiant et de libérateur. C'est ce sens élargi qui servira de socle à ma réflexion sur l'érotisme.

Une autre influence a été déterminante pour l'élaboration de ce projet. Mon mari dirige le Programme international sur les études des traumatismes rattaché à l'université Columbia. Son travail consiste à aider les réfugiés, les enfants qui ont connu la guerre, les victimes de la torture, à surmonter leurs graves traumatismes. En leur redonnant le goût de créer, de jouer, d'éprouver du plaisir, on permet à ces survivants de renouer avec la vie, et avec l'espoir qui nourrit celle-ci. Mon mari a affaire à la douleur, moi au plaisir. Les deux sont intimement liés.

Les personnes dont je parle dans ce livre ne sont pas citées dans les remerciements, bien que je leur doive beaucoup. Leurs histoires sont authentiques et reprises presque mot à mot. Leurs identités ont été modifiées. Tout au long de l'écriture de mon livre, je leur en ai montré des extraits dans un esprit de collaboration. À vrai dire, ma pratique a nourri bon nombre de mes théories. Je me suis aussi inspirée des études riches et fouillées des professionnels et des auteurs qui se sont attaqués avant moi aux ambiguïtés de l'amour et du désir.

Chaque jour, je suis confrontée aux réalités qui se cachent derrière les statistiques. Je vois des gens qui éprouvent une telle amitié l'un pour l'autre qu'ils ne peuvent supporter d'être amants. Je vois des amants qui s'accrochent d'une façon si obstinée à l'idée que le sexe doit être spontané qu'ils ne le pratiquent jamais. Des couples qui considèrent que la séduction demande trop d'efforts et qu'ils ne devraient plus avoir à s'en soucier à présent qu'ils sont en couple. D'autres pour qui l'intimité signifie tout savoir l'un de l'autre : ayant abandonné toute idée de distance, ils se demandent où le mystère a bien pu fuir. Des femmes qui préfèrent être cataloguées pour le reste de leur vie comme ayant une faible libido, plutôt que de devoir expliquer à leur mari que les préliminaires devraient être davantage qu'un prélude à l'acte lui-même. Je vois des gens qui cherchent si désespérément à repousser l'engourdissement qui s'empare de leur couple qu'ils sont prêts à tout risquer pour vivre avec une autre personne quelques moments de plaisir clandestin. Des couples dont la vie sexuelle est ranimée par une aventure extra-conjugale, et d'autres pour qui cette même aventure achève de manière radicale ce qu'un lien ténu maintenait encore. Je vois des hommes âgés qui se sentent trahis par les défaillances de leur sexe, et qui se jettent sur le Viagra pour atténuer leur anxiété. Je vois leurs femmes que ce soudain défi fait à leur propre passivité rend mal à l'aise. Des parents dont la vitalité érotique a été sapée par le fait de devoir prendre soin d'un nourrisson – si bien dévorés par leur enfant qu'ils ne pensent même pas à fermer, une nuit de temps à autre, la porte de leur chambre. Je vois des hommes qui regardent des pornos sur Internet, non parce qu'ils ne trouvent pas leurs femmes attirantes, mais parce que le manque d'enthousiasme qu'elles témoignent les conduit à penser que quelque chose cloche dans leurs propres attentes sexuelles. Je vois des gens si honteux de leur sexualité qu'ils préfèrent épargner ce fardeau à celui ou celle qu'ils aiment. D'autres qui se savent aimés, mais qui aspirent à être désirés. Tous viennent me trouver parce qu'ils ont la nostalgie de cette vitalité érotique sans laquelle ils ne veulent pas vivre. Ils arrivent parfois honteux, parfois désespérés, découragés ou furieux. Ce n'est pas seulement l'acte sexuel en lui-même qui leur manque ; c'est le sentiment d'intimité, de jeu et de renouveau que le sexe leur offre.

Je vous invite à me rejoindre dans mes conversations avec ceux qui partagent cette quête vers plus d'ouverture et de transcendance.

À ceux qui veulent périodiquement éprouver des émotions fortes, je dis que l'excitation est liée à l'incertitude, à notre empressement à étreindre l'inconnu plutôt qu'à vouloir nous en protéger. Mais cette tension extrême nous fait nous sentir très vulnérables. Je mets en garde mes patients : le sexe sans risque n'existe pas.

Je dois signaler, cependant, que tous les amants ne recherchent pas la flamme de la passion. Certaines relations prennent leur source dans des sentiments de chaleur, de tendresse, de présence attentive, et choisissent de rester dans ces eaux calmes. Pour bâtir leur amour, ces couples préfèrent miser sur la patience plutôt que sur la passion. Pour eux, ce qui compte, c'est trouver la sérénité au sein d'un lien durable. Il n'existe pas de chemin unique, et il n'y a pas de bon chemin.

L'Intelligence érotique aimerait vous faire participer à un débat honnête, éclairé, et qui donne à réfléchir. Mais aussi vous encourager à vous interroger sur vous-même, à exprimer les non-dits, à ne pas avoir peur d'aller à l'encontre du sexuellement et de l'émotionnellement correct.

En ouvrant toutes grandes les portes de la vie érotique et de la vie domestique, je vous propose de réintroduire du « X » dans vos relations sexuelles.

1

De l'aventure à la captivité

Pourquoi la quête de sécurité sape la vitalité érotique

> « Le feu originel et primordial, la sexualité, lève la flamme rouge de l'érotisme et celle-ci, à son tour, soutient et exalte une autre flamme, bleue et tremblante : celle de l'amour. Érotisme et amour : la flamme double de la vie. »
>
> Octavio PAZ

À New York, les fêtes ressemblent à des voyages anthropologiques : on ne sait jamais qui on va y rencontrer ni ce qu'on va y trouver. Récemment, alors que j'assistais à une de ces soirées branchées, quelqu'un m'a interrogée sur ce que je faisais dans la vie, avant même de me demander mon nom. Voilà bien une question typique de cette ville de battants. J'ai répondu :

— Je suis thérapeute et j'écris un livre.

Le beau jeune homme qui se tenait à côté de moi était lui aussi en train d'écrire un livre.

— Quel genre d'ouvrage ? ai-je demandé.

— Un ouvrage de physique, a-t-il répondu.

Poliment, j'ai ajouté :

— Dans quel domaine exactement ?

Je ne me rappelle pas sa réponse, car quelqu'un m'a tout à coup demandé :

— Et vous, sur quoi écrivez-vous ?

— Sur les couples et l'érotisme.

Mon taux de popularité n'a jamais été aussi élevé – dans les fêtes, les taxis, les avions, chez la manucure, auprès des adolescents, avec mon mari et j'en passe – que depuis que j'ai commencé à écrire un livre sur la sexualité. Certains sujets font fuir, tandis que d'autres attirent comme des aimants. Les gens me parlent. Bien sûr, cela ne signifie pas qu'ils me disent la vérité. S'il y a un sujet qui engendre la dissimulation, c'est bien celui-là.

— Et qu'écrivez-vous sur les couples et l'érotisme ? a demandé quelqu'un.

— J'écris sur la nature du désir sexuel. J'essaie de savoir s'il est possible de le garder vivant dans une relation à long terme, d'en éviter l'usure ordinaire.

— On n'a pas forcément besoin d'être amoureux pour avoir une relation sexuelle, mais on ne peut pas aimer sans faire l'amour, a fait remarquer un homme qui se tenait un peu à l'écart, et qui semblait encore hésiter à se joindre à notre groupe.

— Vous étudiez plutôt les couples mariés ? Les couples hétérosexuels ? a enchaîné quelqu'un d'autre.

Ce qui, en d'autres termes, signifiait : « Votre livre me concerne-t-il ? »

Je l'ai rassuré :

— J'étudie toutes sortes de couples. Hétérosexuels, homosexuels, jeunes, vieux, stables ou pas vraiment engagés.

Je leur ai expliqué que je voulais savoir s'il était possible, et comment, de préserver la vitalité et l'excitation dans le couple. L'engagement émousse-t-il le désir ? Est-il possible de se sentir en sécurité sans succomber pour autant à la monotonie ? Pouvons-nous conserver le sens de la poésie et cette « flamme double » dont parlait Octavio Paz, celle de l'érotisme et de l'amour ?

J'avais eu cette même conversation bien des fois, et les commentaires que j'entendais au cours de cette soirée n'avaient rien de nouveau pour moi :

— C'est impossible.

— C'est tout le problème de la monogamie, non ?

— C'est pour ça que je ne m'engage pas. Cela n'a rien à voir avec la peur, mais quand le sexe devient ennuyeux, je déteste ça.

— Le désir qui résiste au temps ? Et celui qui ne dure qu'une nuit ?

— Les relations évoluent. La passion se transforme en quelque chose d'autre.

— J'ai renoncé à la passion quand j'ai eu des enfants.

— Disons qu'il y a les hommes avec lesquels on couche, et les hommes qu'on épouse.

Dans une discussion collective, les questions les plus complexes tendent souvent à se focaliser rapidement sur certains points, et la caricature à se substituer à la nuance. Il en va ainsi de la division entre les romantiques et les réalistes. Les premiers refusent une vie sans passion et jurent qu'ils ne renonceront jamais au véritable amour. Ils sont dans la quête perpétuelle de la personne avec laquelle le désir ne retombera jamais. Et s'ils sentent faiblir celui-ci, ils en concluent que l'amour est mort. Les romantiques déplorent la disparition de l'intensité et ont peur de se ranger.

Les réalistes se situent à l'exact opposé. Ils estiment que l'amour qui dure est plus important que l'excitation sexuelle, et que la passion amène à faire des choses stupides. Pour eux, ce sentiment dangereux qui provoque bien des dégâts constitue une base fragile pour le mariage. Ils pourraient se reconnaître dans cette réplique du personnage de Marge Simpson : « La passion, c'est bon pour les adolescents et les étrangers. » La maturité doit l'emporter, et l'excitation initiale se transformer en quelque chose d'autre : un amour profond, un respect mutuel, une histoire commune, un partage de la vie quotidienne. Puisque l'érosion du désir est inévitable, il faut y faire face en adulte.

Tandis que la conversation se poursuivait, les deux camps s'observaient avec un mélange de pitié, de tendresse, d'envie, d'exaspération et de franc mépris. Mais si leurs positions étaient en tout point contraires, tous s'accordaient sur l'hypothèse fondamentale selon laquelle la passion tiédit avec le temps.

— Certains d'entre vous résistent à cette perte d'intensité, d'autres l'acceptent, mais vous semblez tous persuadés que le désir s'estompe, ai-je dit en guise de commentaire. Votre désaccord porte seulement sur l'importance réelle de cette perte. Les romantiques privilégient l'intensité aux dépens de la stabilité, et les réalistes la sécurité aux dépens de la passion. Mais il est difficile de vivre heureux selon ces positions extrêmes, et tous sont souvent déçus.

On me demande invariablement si mon livre propose une solution. Autrement dit : « Qu'est-ce qu'on peut faire ? » Une envie secrète se cache derrière cette question : celle de ressentir encore l'élan vital, le puissant mouvement de l'énergie érotique qui nous fait nous sentir vivants. Même si les gens se sont convaincus qu'ils sauront se contenter de la sécurité, ils continuent de vouloir la présence de cette force dans leurs vies. Je suis devenue très attentive à ce moment particulier où toutes ces ruminations sur la disparition inévitable de la passion se muent en autant de témoignages d'espoir. Voilà les vraies questions : Pouvons-nous faire coexister l'amour et le désir ? Comment ? Et dans quel genre de relation ?

L'ancre et la vague

Je suis peut-être idéaliste, mais je ne crois pas que l'amour et le désir s'excluent l'un l'autre. Ils ne s'expriment pas au même moment, c'est tout. La sécurité et la passion sont des besoins fondamentaux et distincts, qui obéissent à des motivations différentes et qui nous poussent dans des directions contraires. Dans son livre *Can Love Last ?*[1], le psychanalyste Stephen Mitchell propose un schéma pour élucider cette énigme. Selon lui, nous avons tous besoin de sécurité. Une sécurité faite de permanence, de fiabilité, de stabilité et de continuité. Cet instinct d'enracinement et de nidification nous inscrit dans notre propre expérience d'êtres humains. Mais nous avons également

1. « L'amour peut-il durer ? » (*N.d.T.*).

besoin de nouveauté et de changement, de ces forces productives qui donnent à la vie sa richesse et son dynamisme. Le risque et l'aventure passent alors au premier plan. Nous sommes pleins de contradictions : d'un côté nous sommes avides de sécurité et de prévisible, et de l'autre nous cherchons à nous épanouir dans la variété.

Avez-vous déjà vu un enfant s'éloigner en courant pour explorer ce qui l'entoure, avant de revenir à la hâte vérifier que ses parents sont toujours là ? Il lui faut se sentir en sécurité pour partir à la découverte du monde. Une fois son besoin d'exploration satisfait, il aspire à revenir à un univers sécurisant pour y reprendre des forces. C'est un exercice qu'il continuera de pratiquer une fois devenu adulte, et tout particulièrement en ce qui concerne les jeux du désir. Les périodes d'audace et de prise de risques alterneront avec les périodes de stabilité et de sécurité. Il fluctuera d'une attitude à l'autre, même s'il manifeste une préférence pour l'une des deux.

Ce qui est vrai pour l'être humain l'est pour toute créature vivante : tous les organismes alternent entre phases de croissance et phases d'équilibre. Toute personne, tout système soumis au renouveau et au changement perpétuels, risquent de sombrer dans le chaos. À l'inverse, un excès de rigidité et d'immobilisme empêche de croître et peut mener à la mort. Cette oscillation sans fin entre changement et stabilité fait penser aux vagues venant buter contre l'ancre.

Les relations entre adultes ne reflètent que trop cette dynamique. Chez notre partenaire, nous cherchons un point d'ancrage, solide et fiable. Et, dans le même temps, nous attendons que l'amour nous permette de transcender nos vies ordinaires. Pour les couples modernes, le défi consiste donc à réconcilier le besoin de sécurité et de prévisibilité avec celui d'excitation et de mystère, qui donne le frisson.

Pour quelques heureux élus, c'est à peine un défi. C'est ainsi que certains couples profitent sans problème du moment où ils nettoient leur garage pour se livrer à des massages coquins. Pour eux, pas de dissonance entre l'engagement et le désir sexuel, entre les responsabilités et le badinage. Ils peuvent se conduire de façon osée dans la maison qu'ils ont achetée ensemble ; le fait d'être des parents ne les empêche pas d'être des amants. Pour résumer, ils sont capables de mêler sans heurts le prosaïque et le mystérieux. Mais, pour beaucoup d'autres, il est bien difficile d'espérer qu'une relation fondée sur la durée demeure excitante. Nous sacrifions malheureusement bien souvent la passion pour atteindre la stabilité.

Qu'est-ce que je veux vraiment ?

Quand Adèle entre dans mon bureau, elle a un sandwich dans une main, et des documents dans l'autre. Cette jeune femme de trente-huit ans est une avocate reconnue. Elle est mariée à Alan depuis sept ans. Pour tous les deux, c'est un second mariage. Ils ont une petite fille de cinq ans, Emilia. Adèle s'habille avec simplicité et élégance, bien qu'on commence à voir qu'elle a besoin d'une bonne coupe de cheveux. C'est une femme organisée et accomplie qui n'a pas une minute à perdre.

— Comprenez-moi, me dit-elle, 80 % du temps, je suis heureuse avec Alan. Vraiment heureuse. Bien sûr, il y a des choses qu'il ne sait pas dire, il ne s'épanche jamais, mais c'est vraiment un homme bien. Il me suffit de parcourir le journal pour savoir que j'ai de la chance. Nous sommes en bonne santé, nous avons de l'argent. Notre maison n'a jamais pris feu et nous n'avons pas à éviter les mauvais coups quand nous rentrons chez nous après le travail. Je sais combien la vie peut être difficile. Alors, qu'est-ce que je veux vraiment ?

» Mon ami Marc a divorcé de sa troisième épouse, parce que, dit-il, elle ne « l'inspirait pas ». J'ai donc demandé à Alan si je « l'inspirais ». Vous savez ce qu'il a répondu ? « Tu me donnes envie de cuisiner tous les dimanches. » C'est vrai qu'il fait un coq au vin fantastique… Et vous savez pourquoi ? Pour me faire plaisir : il sait que j'adore ça.

» J'essaie de comprendre ce qui me manque. Vous savez, ce sentiment qu'on ressent la première année, la frénésie, les palpitations, le trac, la passion physique ? Je ne sais pas si je pourrai éprouver cela de nouveau. Et quand je soulève la question avec Alan, il fait la grimace et dit : « Oh, tu veux encore parler de Brad et Jennifer ? » Même Brad Pitt et Jennifer Aniston se sont lassés l'un de l'autre, non ? J'ai étudié la biologie, je sais comment fonctionnent les synapses : un usage répété diminue leur réaction. Je sais cela. L'excitation diminue, d'accord. Mais même si je ne peux plus ressentir ce délicieux sentiment d'attente, je veux tout de même revivre un peu de cette intensité.

» La réaliste en moi sait bien que si je vibrais au début de notre relation, c'est parce que je n'étais pas sûre de ce qu'il ressentait pour moi. Quand le téléphone sonnait, c'était excitant parce que je ne savais pas qu'il allait appeler. À présent, quand il est en voyage, je lui demande de ne *pas* m'appeler parce que je ne veux pas être réveillée. Mon esprit rationnel me fait dire : « Je ne veux pas vivre dans l'insécurité. Je suis mariée, j'ai un enfant. Je n'ai pas envie de m'inquiéter à chaque fois que mon mari est en déplacement, et de me poser des tas de questions comme : M'aime-t-il ou non ? Me trompe-t-il ? » Cela me fait penser à ces tests dans les magazines, du genre : « Comment savoir s'il vous aime vraiment ? » Je n'ai pas besoin de ça avec mon mari en ce moment. Mais j'aimerais à nouveau saisir quelque chose de cette excitation du début.

» Après une longue journée de travail, après m'être occupée d'Emilia et avoir préparé le repas, fait le ménage et dressé la liste des choses qu'il me reste à boucler, faire l'amour est la dernière chose à laquelle je pense. Je n'ai même plus envie de parler à qui que ce soit. Parfois, Alan regarde la télé pendant que je lis dans ma chambre. Et je me sens très heureuse. Alors, qu'est-ce que j'essaie de dire ? Je ne parle pas seulement de sexe. Je veux être appréciée en tant que *femme*, pas uniquement comme compagne. Et je veux apprécier Alan *en tant qu'homme*. Cela peut passer par un regard, une caresse, un mot. Je veux qu'il voie la femme en moi, sans considération de tout ce que je suis par ailleurs.

» Alan dit qu'il n'y a pas à choisir entre les deux et il a raison. Ce n'est pas comme si je voulais enfiler un déshabillé sexy pour l'épater. Je suis plutôt paresseuse dans ce domaine. Quand nous nous sommes rencontrés, je lui ai offert un porte-documents – il l'avait repéré dans une boutique – et j'ai glissé deux billets pour Paris à l'intérieur. Cette année, je lui ai acheté un DVD et nous avons fait la fête avec un couple d'amis, en mangeant une terrine que sa mère avait préparée. Je n'ai rien contre la terrine, mais cela montre bien où on en est arrivés. Je ne sais pas pourquoi je n'en fais pas plus. Je suis complaisante avec moi-même.

Dans ce discours prononcé sans qu'elle reprenne son souffle, Adèle a exprimé de façon frappante la tension entre le confort offert par un amour stable et la façon dont ce même confort agit sournoisement sur la vitalité érotique. L'habitude est très rassurante, et elle apporte une impression de sécurité à laquelle Adèle ne songerait jamais à renoncer. Mais, en même temps, elle voudrait retrouver cette sensation de vitalité et d'excitation qu'elle et Alan ont connue au début de leur histoire. Avec lui, elle voudrait vivre dangereusement, mais dans un environnement douillet.

L'ère du plaisir

Il n'y a pas si longtemps, vouloir éprouver de la passion pour son mari aurait été considéré comme une contradiction dans les termes. Historiquement, ces deux domaines de la vie étaient distincts : d'un côté le mariage, et de l'autre la passion, qu'on avait toutes les chances de trouver ailleurs, si ce n'est nulle part. Le concept de l'amour romantique, apparu vers la fin du XIXe siècle, les a pour la première fois réunis. Et il a fallu encore plusieurs décennies pour que le sexe occupe une place centrale au sein du mariage, avec toutes les attentes importantes que cela implique.

Ces cinquante dernières années, les transformations sociales et culturelles ont amené à définir autrement la vie de couple moderne. Alan et Adèle sont les bénéficiaires de la révolution sexuelle des années 1960, de l'émancipation des femmes, de la mise sur le marché de la pilule et de l'émergence du mouvement homo. La généralisation de la pilule a affranchi le sexe de la reproduction ; les mouvements féministes et homosexuels se sont battus pour faire de l'expression sexuelle un droit inaliénable. Anthony Giddens décrit cette transition dans son livre *La Transformation de l'intimité*. Il explique que la sexualité est devenue notre bien personnel, que nous développons, définissons et négocions tout au long de notre vie. Aujourd'hui, notre sexualité est un projet personnel en construction permanente, elle est devenue une part de notre identité, un élément fondamental de nos relations intimes. Nous pensons que la satisfaction sexuelle est quelque chose qui nous est dû : nous sommes entrés dans l'ère du plaisir.

Ces évolutions, ainsi que la prospérité économique de l'après-guerre, ont inauguré une période sans précédent de liberté et d'individualisme. Aujourd'hui, on encourage les gens à rechercher l'épanouissement personnel et le plaisir sexuel, à se libérer des contraintes de la vie sociale et familiale, jusque-là structurée autour du devoir et des obligations. Mais une nouvelle forme d'insécurité, oppressante, se dissimule derrière cela. La famille élargie, la communauté, la religion, ont bien sûr pu entraver notre liberté, sexuelle ou autre, mais elles offraient en retour ce sentiment d'appartenance dont nous avons tant besoin. Pendant des générations, ces institutions traditionnelles nous ont procuré de l'ordre, du sens, un sentiment de continuité, et des solidarités sociales. En les démantelant, nous nous sommes retrouvés devant plus de choix et moins de restrictions que jamais. Notre liberté est plus grande, tout comme notre solitude. Comme l'explique Giddens, nous sommes ontologiquement plus angoissés.

Cette anxiété diffuse, nous l'avons reportée sur nos relations amoureuses. Non seulement nous voulons que l'amour nous nourrisse sur le plan affectif, qu'il exprime compassion et empathie, mais nous attendons désormais de lui qu'il soit le remède universel contre notre solitude existentielle. Notre partenaire est censé nous fournir un rempart contre les vicissitudes de la vie moderne. Non que notre sentiment d'insécurité soit plus grand aujourd'hui que par le passé : le contraire serait plus proche de la vérité. Mais la vie moderne nous a privés de ressources traditionnelles et a créé une situation dans laquelle nous demandons à une seule personne de nous protéger, là où une multitude de réseaux sociaux le faisaient autrefois. Et nos liens intimes croulent sous toutes ces attentes.

Bien entendu, quand Adèle décrit l'état de son couple, elle ne pense pas à cette angoisse existentielle qui caractérise notre époque. Mais je crois que les dangers de l'amour sont d'autant plus grands que nous exerçons davantage de pressions sur lui. Aujourd'hui, nous vivons loin de nos familles, nous avons perdu de vue nos amis d'enfance, nous déménageons souvent. Toutes ces ruptures ont un effet cumulatif. Nous apportons dans nos relations amoureuses une dose presque insupportable de vulnérabilité – comme si l'amour n'était pas déjà assez dangereux…

Une histoire d'amour
d'aujourd'hui : version courte

Quand nous rencontrons quelqu'un, nous ressentons pour lui une attirance et une alchimie puissantes. C'est une sensation délicieuse, et c'est toujours une surprise. Soudain, l'espoir nous envahit et tout semble possible : grâce à l'amour, nous allons pouvoir sortir de notre routine et entrer dans un monde palpitant, plein d'émotions. Quel état merveilleux ! Et comme nous voudrions le conserver ! Mais, en même temps, nous avons peur : plus le sentiment est profond, plus la perte pourrait être douloureuse. Alors nous faisons tout pour rendre l'amour plus sûr, en l'inscrivant dans la dépendance et l'attachement. Nous commençons à nous engager, et nous cédons – avec bonheur – un peu de notre liberté en échange d'un peu de stabilité. Comment ? Grâce aux habitudes, aux rituels, aux surnoms affectueux qui nous rassurent. Or l'excitation est liée à une certaine dose d'insécurité : en cherchant à maîtriser l'incertitude, nous finissons par ôter sa vitalité à la relation. Nous apprécions le confort, mais nous nous plaignons d'en subir les contraintes. La spontanéité nous manque. En voulant contrôler les dangers de la passion, nous l'avons fait disparaître : l'ennui conjugal est né.

L'amour promet d'alléger notre solitude, mais il accroît aussi notre dépendance vis-à-vis d'une personne unique. Ce qui, par nature, nous rend vulnérables. Désireux de contrôler et d'apaiser notre anxiété, nous cherchons à réduire la distance qui nous sépare de l'autre, à optimiser les certitudes, à réduire les peurs au minimum, à circonscrire l'inconnu. Certains d'entre nous se défendent avec tant de zèle contre les doutes de l'amour qu'ils en perdent toute la richesse.

Dans les relations stables, il existe une tendance très forte à privilégier le prévisible sur l'imprévisible. Pourtant, c'est grâce à ce dernier que l'érotisme se développe. Le désir est en conflit total avec les habitudes et la répétition. Indiscipliné, il défie toutes nos tentatives pour le maîtriser. Où tout cela nous mène-t-il ? Nous ne voulons pas nous débarrasser de la sécurité car nos couples en dépendent. De plus, la sécurité physique et émotionnelle est fondamentale si l'on veut éprouver un plaisir sain et avoir des relations équilibrées. Pour autant, sans une part d'incertitude, il n'y a ni attente, ni désir, ni frisson. Anthony Robbins, spécialiste de la thérapie motivationnelle, l'exprime en peu de mots quand il écrit que, dans un couple, la passion est proportionnelle au niveau d'incertitude qu'on peut y tolérer.

« Avoir de nouveaux yeux »

Comment introduire cette incertitude dans le couple ? Comment créer ce délicat déséquilibre ? En réalité, il est déjà là. Les philosophes orientaux le savent depuis longtemps : l'éphémère est la seule constante. Face à la nature fluctuante de la vie, à son flux incessant, nous ferions preuve d'arrogance en supposant que nos relations s'inscrivent dans la permanence, et que la sécurité peut être acquise. Comme le dit le proverbe : « Si tu veux faire rire Dieu, parle-lui de tes projets. » Nous nous projetons dans l'avenir avec une foi aveugle.

Fidèles citoyens de notre époque, nous croyons en notre propre efficacité.

Nous avons tendance à comparer les débuts de la passion à une ivresse juvénile, à la fois passagère et peu réaliste. Et nous nous consolons d'avoir perdu cette ivresse avec la sécurité que nous avons obtenue en échange. Pourtant, quand nous sacrifions la passion à la stabilité, ne substituons-nous pas tout simplement un fantasme à un autre ? Comme le fait remarquer Stephen Mitchell, le fantasme de la sécurité peut l'emporter sur celui de la passion, mais les deux n'en sont pas moins un produit de notre imagination. Nous rêvons de constance et nous peinons pour l'obtenir, mais sans qu'elle soit jamais garantie. Lorsque nous aimons, nous sommes forcément confrontés au risque de la perte – que ce soit à travers la critique, le rejet, la séparation ou la mort, et peu importe la façon dont nous avons essayé de nous en protéger. Pour renouer avec l'incertitude, il suffit parfois d'abandonner l'illusion de la certitude. Nous pouvons alors, grâce à ce changement de perception, reconnaître de nouveau le mystère de notre partenaire.

Je fais remarquer à Adèle que, pour maintenir le désir sur le long terme avec la même personne, il faut être capable d'intégrer une part d'inconnu dans un espace familier. Comme le dit Proust : « Le véritable voyage de découverte ne consiste pas à chercher de nouveaux paysages, mais à avoir de nouveaux yeux. »

Adèle se rappelle qu'il lui est arrivé de ressentir ce changement de perception.

— Cela s'est passé il y a deux semaines, dit-elle. C'est si rare que je me souvienne de ce genre de choses… Nous étions à une soirée entre collègues, et Alan parlait avec quelques personnes. Je l'ai regardé et je me suis dit : « Qu'il est séduisant ! » C'était étrange, comme si mon corps et mon esprit étaient séparés. Et vous savez ce que je trouvais si attirant ? Pour un instant, j'ai oublié qu'il était mon mari, qu'il pouvait être un emmerdeur, odieux et têtu, qu'il pouvait m'agacer, qu'il laissait traîner ses affaires par terre. Je l'ai vu comme si j'ignorais tout ça, j'ai été attirée par lui comme au début. Il est très intelligent, c'est un beau parleur, et il a ce côté sexy et apaisant à la fois. Tout d'un coup, je ne pensais plus à nos stupides chamailleries : « Pourquoi es-tu encore en retard ce matin ? », « Mais pourquoi fais-tu ça ? », « Qu'est-ce qu'on fait pour Noël ? », « Il faut qu'on parle de ta mère »... J'étais loin de tous ces trucs ineptes et de ces conversations absurdes. Je le voyais, lui, tout simplement. Et je me demande s'il lui arrive encore de ressentir la même chose pour moi.

Quand je demande à Adèle si elle a fait part à Alan de cette expérience, elle n'hésite pas une minute :

— Pas question. Il se moquerait de moi.

Le déclin de la passion a peut-être moins à voir avec l'espace familier et le poids de la réalité qu'avec la peur. L'érotisme représente un risque. Les gens redoutent ces périodes où ils idéalisent la personne avec laquelle ils vivent, et où ils ressentent pour elle un désir ardent. Cela reviendrait à lui reconnaître un pouvoir qui peut être déstabilisant. Notre partenaire est doté de sa propre volonté, il est libre. Lorsqu'il manifeste son autonomie par rapport à nous, la fragilité de notre lien s'en trouve amplifiée. La vulnérabilité d'Adèle est évidente quand elle se demande ce qu'Alan ressent encore pour elle.

La défense classique contre cette peur consiste à rester dans le domaine des territoires connus et de l'affection : les fâcheries sans intérêt, la routine sexuelle, les aspects quotidiens de l'existence qui nous rattachent à la réalité et annihilent toute possibilité de transcendance.

Quand Adèle regarde Alan en dehors du contexte de leur mariage – comme si elle passait du zoom au grand-angle – elle ressent plus fortement l'altérité de son mari, et le désir qu'elle éprouve pour lui s'en trouve renforcé. Elle le voit *en tant qu'homme*. Le compagnon familier se transforme en une personne qu'elle ne connaît toujours pas après toutes ces années.

Au moment où on croyait enfin la connaître...

Comme le doute, le mystère est inhérent à la relation. Beaucoup de couples qui entament une thérapie croient avoir découvert tout ce qu'il y a à savoir chez l'autre. « Mon mari n'aime pas parler », « Ma petite amie ne flirtera jamais avec un autre homme, ce n'est pas son genre », « Mon amant ne suit pas de thérapie », « Allez, avoue. De toutes les façons, je sais ce que tu es en train de penser ! », « Je n'ai pas besoin de lui faire des tas de cadeaux, elle sait que je l'aime »... J'essaie de leur faire prendre conscience qu'ils en savent en réalité bien peu, de les pousser à redevenir curieux, et à regarder derrière les barrières que l'autre a dressées.

Dans la pratique, nous ne connaissons jamais notre conjoint aussi bien que nous le croyons. Mitchell nous rappelle que la prévisibilité relève du mirage, même dans le plus ennuyeux des mariages. C'est notre besoin de stabilité qui restreint notre désir de connaître la personne qui vit près de nous. Au lieu de cela, nous préférons la rendre conforme à une image qui est souvent une création de notre imagination, forgée en fonction de nos propres besoins : « Il n'est jamais anxieux, c'est un roc. Moi qui suis si névrosée ! », « Il est trop lâche pour me quitter », « Elle ne tolère aucune de mes conneries », « Nous sommes traditionnels, tous les deux. Même si elle a un doctorat, elle aime vraiment rester à la maison pour s'occuper des enfants »... Nous ne voyons que ce que nous voulons voir, ce que nous supportons de voir, et notre partenaire fait la même chose. En neutralisant nos complexités réciproques, l'altérité devient en quelque sorte gérable. Nous diminuons notre partenaire, en ignorant ou en rejetant des parts essentielles de lui qui pourraient menacer l'ordre établi de notre vie de couple. Nous nous restreignons aussi nous-mêmes, en abandonnant, au nom de l'amour, beaucoup d'aspects de notre personnalité.

Mais, quand nous avons fait de nous et de notre partenaire des entités statiques et définies une fois pour toutes, faut-il s'étonner de voir la passion s'envoler ? D'autant plus que la perte ne se situe pas seulement à ce niveau. Nous avons écarté la passion et nous n'avons pas vraiment gagné en termes de sécurité. La fragilité de cet équilibre fabriqué devient évidente lorsqu'un des deux partenaires rompt les règles et revendique une plus grande authenticité au sein du couple.

C'est ce qui est arrivé à Charles et à Rose. Mariés depuis presque quarante ans, ils ont eu le temps de se définir l'un l'autre. Charles est versatile, provocateur, il aime séduire. C'est un homme passionné qui a besoin de limites, de quelqu'un qui canalise l'énergie débridée qui le fait se disperser.

— Sans Rose, je ne crois pas que j'aurais eu la carrière et la famille que j'ai aujourd'hui, dit-il.

Rose est forte, indépendante et lucide. Elle possède une sorte de sérénité qui équilibre le manque de tempérance de Charles. Tels qu'ils se décrivent, elle serait l'élément solide, lui l'élément fluide. Les rares fois où Rose s'est aventurée sur le territoire de la passion, avant de rencontrer Charles, elle s'est sentie terrassée, épuisée et malheureuse. En quelque sorte, son mari représente pour elle cette passion qu'elle ne possède pas. La perte de contrôle l'effraie, tandis que Charles, au contraire, redoute de trop aimer ça. Cette complémentarité leur permet de s'épanouir dans un espace délimité et balisé.

Ce fructueux arrangement a plutôt bien fonctionné, jusqu'au jour où il s'est enrayé. Très souvent arrive un moment où nous prenons conscience que ce que nous faisions jusqu'alors ne marche plus. Ce moment est en général consécutif à des événements particuliers qui modifient notre regard sur le sens et la structure de notre vie. Soudain, les compromis qui fonctionnaient si bien deviennent des sacrifices que nous ne pouvons plus admettre. À la suite d'une succession de pertes – la mort de sa mère, celle d'un ami proche, une inquiétude quant à sa propre santé –, Charles est devenu profondément attentif au sentiment de sa propre mortalité. Aujourd'hui, il veut profiter de la vie, exprimer sa vitalité, retrouver cette exubérance qu'il bridait en vivant avec Rose. Il ne peut plus supporter que cette partie de lui soit mise de côté, même en échange de la solidité que lui offre sa femme. Mais, à chaque fois qu'il essaie de lui en parler, elle panique et élude la question : « Tu traverses une nouvelle crise de la quarantaine ? Que vas-tu faire ? T'acheter une voiture de sport rouge ? »

Rose et Charles ont eu des aventures durant leur vie. Ils le savent, sans être jamais entrés dans les détails, et ces épisodes appartiennent au passé. Du moins, c'est ce que Rose croyait.

— Je pensais que nous en avions fini avec ces années agitées. Nous avons plus de soixante ans, bon sang ! se plaint-elle.

Je lui demande :

— Et qu'est-ce que ça change ?

— Il pourrait éviter de me blesser, de mettre notre mariage en danger ! J'ai réussi à accepter les conditions de notre relation. Pourquoi pas lui ?

— Quelles sont ces conditions ?

— Quand nous nous sommes mariés, nous nous aimions profondément. Et c'est encore le cas aujourd'hui. Mais nous avions tous les deux connu des passions plus fortes. Charles, lui, en était sorti désillusionné : les femmes avec lesquelles il avait vécu ces brefs moments d'intensité, et avec lesquelles il n'avait pas grand-chose en commun, avaient fini par le quitter. Quant à moi, j'ai été soulagée d'en avoir terminé avec cela : j'avais trop à y perdre. Charles et moi en avons parlé : nous étions d'accord pour quelque chose de plus durable et de plus paisible.

Rose m'explique encore qu'ils attendaient également d'autres choses de leur mariage : un partenariat, une complicité intellectuelle, des attentions tant sur le plan physique qu'affectif, du soutien.

— Nous avons vraiment apprécié ce que nous avons trouvé en l'autre.

Rose a grandi dans la pauvreté. Son père avait un entrepôt de ferrailleur dans le Tennessee. Aujourd'hui, son bureau au 56e étage d'un gratte-ciel de Manhattan surplombe Madison Avenue.

— Dans le trou perdu où je suis née, on ne voyait pas d'un très bon œil les filles qui avaient de l'ambition. Or j'en avais beaucoup. Quand j'ai rencontré Charles, j'ai tout de suite su qu'il était différent. Que je pouvais partager sa vie et qu'il me laisserait faire ce que je voulais. Au début des années 1960, c'était loin d'être évident.

— Et sexuellement, comment était-ce ? Ça n'était pas non plus une question évidente, au début des années 1960.

— Notre vie sexuelle me convenait. Je la trouvais même agréable, répond-elle. J'ai toujours su que cela ne suffisait pas à Charles, mais j'espérais qu'il saurait s'en arranger.

Quelques semaines plus tard, en séance privée, Charles me donne sa version des choses.

— Avec Rose, le sexe est agréable mais assez monotone. Parfois, j'accepte ce manque d'intensité et, à d'autres moments, je le trouve intolérable. J'ai été sur Internet, j'ai eu des aventures extraconjugales, je suis revenu vers Rose. Le plus souvent, j'ai essayé de me censurer, parce que je savais qu'il n'y avait pas de place pour ça entre nous. Mais je ne le veux plus. La vie est trop courte, je vieillis. Quand je me sens vivant sur le plan sexuel, comme vous dites, je ne me soucie plus de la mort ni de mon âge, au moins pour quelques instants.

Il continue :

— Franchement, je suis surpris par la réaction de Rose. Cela fait des années qu'elle ne s'intéresse plus au sexe. Ce que je vais dire va peut-être vous sembler étrange, mais honnêtement je ne pense pas qu'elle soit si affectée par le fait que je vois d'autres femmes. Je suis aussi fidèle et engagé que par le passé sur le plan affectif. Je ne veux pas la blesser, et sûrement pas la quitter. Mais quelque chose doit changer.

Charles n'agit plus selon le scénario habituel, tout comme Rose. La femme invincible dont il a besoin s'avère soudain fragile et effrayée. Cette vulnérabilité, ils l'avaient bannie de leur couple, tout comme le goût de la séduction de Charles. À présent, ils sont sortis de leurs rôles respectifs et ils se retrouvent confrontés à une crise.

Sans qu'ils le sachent encore, cela fait peut-être des années qu'ils n'ont pas eu une telle chance d'épanouissement. Ce qui se passe peut leur permettre d'exprimer des aspects d'eux-mêmes qu'ils nient depuis longtemps. Se contrôler sans cesse est pénible, et Rose doit faire une pause. Mais se sentir frustré sur le plan érotique est tout aussi difficile. Refuser cette situation est pour Charles un premier pas vers une authenticité plus grande dans ses rapports avec Rose.

De façon assez ironique, ils ont recommencé à faire l'amour alors même qu'ils traversaient cette crise émotionnelle. Le désir de Rose s'est ranimé, de pair avec l'intérêt que Charles manifeste envers les autres femmes. Plus il lui échappe, plus elle le veut. De son côté, Charles trouve profondément érotique que Rose soit si attentive à ce qu'il fait.

Pendant longtemps, leur relation a fonctionné selon un contrat de réciprocité. Tous deux n'exprimaient aucun besoin ou sentiment qui aurait excédé leurs conventions. Ils ne voulaient pas se montrer irrationnels, insensibles, ou encore avides. Mais, à présent, ils expriment de très fortes revendications, sans se sentir prêts pour autant à renoncer à ce qu'ils attendent chacun l'un de l'autre. Tout en engendrant beaucoup de souffrance, cette situation a généré une vitalité que ni l'un ni l'autre ne peut nier.

— Cela fait des années que je ne me suis pas sentie aussi mal, me dit Rose. Pourtant, je savais bien, de façon sous-jacente, que cela devait arriver. Je me suis toujours focalisée sur des choses concrètes : l'argent, la maison, les études des enfants. J'étais persuadée que c'était du solide. Mais qui peut dire que ce que cherche Charles est si frivole ? Peut-être est-ce une autre façon de préserver un mariage.

En refusant de prendre en compte tout ce qui n'entrait pas dans leur accord, Charles et Rose ont obtenu l'inverse de ce qu'ils voulaient. Au lieu de rendre leur amour plus sûr, ils l'ont rendu plus vulnérable. Et, aujourd'hui, ce n'est pas sans risque qu'ils permettent à des aspects d'eux-mêmes, jusqu'ici étouffés, de s'exprimer. Les fondements mêmes de leur couple sont en jeu. Chacun va devoir supporter la nouvelle façon d'être de l'autre, même si cela perturbe son bien-être.

Démanteler les systèmes de sécurité

Nous attendons souvent du couple qu'il agisse comme un rempart contre les coups et les blessures de la vie. Mais l'amour est par nature instable. Alors, nous le consolidons, nous renforçons les frontières, fermons les écoutilles, et nous rendons les choses prévisibles. Tout cela pour nous sentir davantage en sécurité. Cependant, ces mécanismes que nous élaborons nous mettent souvent plus en danger encore. Tandis que nous nous épanouissons dans cet espace familier, et parvenons peut-être à un paisible arrangement conjugal, nous installons dans le même temps l'ennui. La vitalité d'une relation s'effrite sous le poids de tout ce contrôle. Privés de leur substance, les couples se demandent alors : « Où est passé le plaisir ? Où sont passés l'excitation, la transcendance, les frissons ? »

Puisque le désir se nourrit de l'inconnu, il produit par nature de l'angoisse. Dans son livre *Open to Desire*[1], Mark Epstein, psychanalyste d'inspiration bouddhiste, explique que notre empressement à affronter ce mystère maintient le désir vivant. Confrontés à l'irréductible altérité de notre partenaire, nous pouvons répondre soit par la peur, soit par la curiosité. Nous pouvons tenter de réduire l'autre à une entité connue, ou en étreindre l'inépuisable mystère. Si nous résistons à notre pulsion de contrôle, si nous restons ouverts,

1. Ouvert au désir (*N.d.T.*).

nous préservons notre capacité à découvrir. L'érotisme réside dans l'espace ambigu qui existe entre l'anxiété et la fascination. Là, notre partenaire continue de nous intéresser, de nous enchanter et de nous attirer. Mais renoncer à l'illusion de la sécurité, accepter la réalité de notre insécurité existentielle, reste pour beaucoup un pas difficile à franchir.

2

Plus d'intimité, moins de sexe

L'amour a besoin de proximité, le désir de distance

> « Pour certains, l'amour et le désir sexuel sont des parties indissociables d'un ensemble plus vaste, alors que, pour d'autres, ils sont irrémédiablement séparés. Cependant, la plupart d'entre nous exprimons notre érotisme dans les zones de flou où l'amour et le désir sexuel sont à la fois liés et en conflit. »
>
> Jack MORIN

Lors d'une toute première séance avec un couple, je demande toujours aux deux partenaires comment ils se sont rencontrés et ce qui les a attirés l'un vers l'autre. Dans la mesure où thérapie et problèmes ont tendance à être associés, les gens ne viennent en général pas me voir lorsqu'ils sont encore sous le charme d'un amour naissant. Parfois, ils ont besoin qu'on les

47

aide à se souvenir de la façon dont leur histoire a commencé. Pour les couples désunis ou en crise, il peut être difficile de revenir sur ce qui les a initialement rapprochés, mais c'est pourtant dans la création de ce « mythe » conjugal que réside la clé qui permet de comprendre l'histoire de leur relation.

« Elle était si belle », « Il était si drôle, si intelligent », « Il avait de l'allure, il émanait de lui une telle assurance, une telle élégance », « Ce qui m'a plu, c'est son côté chaleureux », « Pour moi c'était sa douceur », « J'étais sûr qu'elle ne me quitterait pas », « J'aimais ses mains », « Son sexe », « Ses yeux », « Sa voix », « Il faisait de délicieuses omelettes »… L'amant idéalisé est toujours doté d'attributs sensuels et positifs. L'amour est un exercice de perception sélective, en même temps qu'une exquise illusion. Mais qui s'occupe de cela, au début d'une histoire ?

Nous amplifions les qualités de ceux que nous aimons, nous leur attribuons des pouvoirs quasi magiques. Nous les métamorphosons, et, en retour, nous nous sentons métamorphosés par leur seule présence. « Il me faisait rire », « Avec elle, je me sentais spécial, intelligent », « On pouvait parler pendant des heures », « Je savais que je pouvais lui faire confiance », « Je me sentais reconnu », « Près de lui, je me trouvais belle »… De tels commentaires soulignent la splendeur de l'être aimé, éclairent sa capacité à nous aider à nous épanouir, nous dépasser. Pour la psychanalyste Ethel Spector Person, « l'amour émerge en nous comme quelque chose que nous créons à partir de notre propre imagination, et qui réunit ce dont nous avons besoin pour combler nos plus profonds désirs, nos rêves les plus anciens, nous permettant ainsi de nous renouveler et de nous transformer ». L'amour est à la fois une affirmation de ce que nous sommes, et un moyen de le transcender.

Les débuts d'une histoire sont toujours pleins d'espérance, car ils portent en eux la promesse d'un accomplissement. À travers l'amour, nous imaginons une nouvelle façon d'être : « Tu me vois comme je ne me suis jamais vu moi-même. Tu balaies mes imperfections, et j'aime ce que tu vois. Avec toi, et à travers toi, je vais devenir ce que je désire être. Je vais me réaliser entièrement. » Être élus par celui que nous avons nous-mêmes choisi est une des grandes fiertés que nous ressentons quand nous tombons amoureux. Elle nous donne le sentiment intense de notre propre valeur : « Je compte. Tu me confirmes que je suis important. »

Lorsque j'écoute deux personnes parler de la fusion qui a accompagné la naissance de leur amour, j'entrevois les rêves qui les ont propulsés l'un vers l'autre. Dans toute rencontre, la première étape est faite de fantasmes. C'est ce flot de projections, d'attentes, de frissons, qui va ou non se tranformer en relation. On est en face de quelqu'un qu'on connaît à peine et, déjà, on imagine gravir le Kilimandjaro avec lui, construire une maison digne d'un magazine de décoration, ou encore faire des enfants. Bref, réaliser je ne sais combien de rêves totalement arbitraires. Quand mes patients racontent l'exaltation qu'ils ont alors ressentie, j'ai l'impression de pouvoir discerner, sous les décombres de leur relation actuelle, ce qu'ils ont eu entre les mains.

Une félicité pleine d'espérance

Les six premiers mois de leur histoire, Jonathan et Béatrice les ont passés au lit, dans une effervescence pleine de félicité. Jonathan est agent de change et il a connu les hauts et les bas de la révolution Internet. La première fois que je l'ai vu, il venait de voir toute sa fortune s'évaporer sous ses yeux. Pendant des jours, il était resté, désespéré, devant son écran d'ordinateur à voir chuter le cours de ses actions. Tout cela en faisant un sort à sa bouteille de whisky. La relation amoureuse qu'il avait depuis cinq ans venait également de s'achever, à cause d'un problème sexuel. Pris dans l'étau d'une triple crise – émotionnelle, professionnelle et financière –, rencontrer Béatrice a été pour Jonathan comme une sortie du coma. Chez lui, le soulagement et l'impression de renaître ont été profonds. D'une beauté prérapahaélite, Béatrice était à l'époque une jeune diplômée d'anglais de vingt-cinq ans, soit dix ans de moins que Jonathan. Des heures durant, dans l'abri de leur lit, ils ont parlé, fait l'amour, dormi (mais très peu). Émerveillés, ils se sentaient libres et ouverts. Avec une inépuisable curiosité, ils ont savouré la rencontre de leurs deux univers. À l'écart des tourments du monde extérieur, ils se sont abandonnés à cette chaleur et à ce sentiment de réciprocité.

En évoluant, leur relation a apporté un sentiment croissant de sérénité à Jonathan et Béatrice. L'excitation initiale a mûri, le monde réel a réapparu, et les espérances se sont transformées en quelque chose de plus substantiel. L'intimité était là. Si l'amour est un produit de notre imagination, l'intimité, elle, se concrétise peu à peu. Elle attend que l'intoxication baisse pour pouvoir patiemment s'y introduire. Ce sont le temps et la répétition qui la font germer. Nous nous choisissons l'un l'autre, encore et encore, créant ainsi à deux une communauté.

Quand ils s'installent ensemble, Jonathan et Béatrice découvrent leurs goûts et leurs préférences respectifs. Chacun apprend à mieux connaître les bizarreries de l'autre. Jonathan aime le café noir et sans sucre. Il a besoin d'en boire une tasse dès le saut du lit. Béatrice aime le sien avec de la crème et sans sucre, mais elle aime boire un verre d'eau avant. Ils acceptent la plupart de ces habitudes avec facilité, avec tendresse même. Mais, pour certaines, ils ont besoin de faire des efforts. D'autres, enfin, leur paraissent agaçantes, blessantes, voire carrément dégoûtantes. Et ils se demandent comment ils vont pouvoir vivre avec… (pensez aux trois habitudes les plus détestables de votre propre partenaire). Ils finirent cependant par intégrer les manies de l'autre, et cette familiarité les rassure, car elle crée de la routine. Une routine qui, à son tour, suscite un climat favorable à l'éclosion d'un sentiment de sécurité. Par ailleurs, une familiarité croissante est également le signe qu'on se libère des cérémonials et des contraintes. Néanmoins, ce cadre si propice à l'intimité joue aussi le rôle d'un antiaphrodisiaque.

Bien entendu, la familiarité n'est pas la seule manifestation de l'intimité. Notre découverte perpétuelle de l'autre va bien au-delà des habitudes de surface ; elle pénètre à l'intérieur du système de pensées, de croyances et de sentiments de notre partenaire. Nous ne cessons de parler, d'écouter, de partager et de comparer. Alors que nous laissons juste entrevoir certaines facettes de nous-mêmes, nous en mettons d'autres en avant, sans compter celles que nous manipulons ou dissimulons. « Parfois, j'apprends certaines choses sur toi parce que tu m'en as parlé : ton histoire, ta famille, la vie que tu menais avant que nous ne nous rencontrions. Mais j'en apprends tout autant grâce à l'observation, l'intuition ou le recoupement. Tu présentes les faits, je remplis les blancs : une image se forme. Ta singularité m'est peu à peu révélée, ouvertement ou secrètement, intentionnellement ou non. Certains aspects de ta personnalité sont faciles à saisir, d'autres sont cryptés et difficiles à décoder. Avec le temps, j'en viens à connaître tes valeurs et tes lignes de faille. Témoin de ta présence au monde, je finis par savoir comment tu fonctionnes : ce qui t'excite, ce qui te fait réagir et ce dont tu as peur. J'en viens à connaître tes rêves et tes cauchemars. Je t'apprécie de plus en plus. Et tout cela, bien sûr, se produit aussi en sens inverse. »

Au fur et à mesure que Jonathan s'installe dans sa nouvelle relation, il cesse d'en parler en séance. Je suppose donc qu'il n'y a pas de problème. Aussi, quand un an plus tard il soulève de nouveau la question, je me montre très attentive.

— Tout va bien, dit-il. Nous vivons ensemble et nous nous entendons très bien. Elle est belle, drôle et intelligente. Je l'aime vraiment. Nous ne faisons pas l'amour.

L'intimité favorise la sexualité… Vraiment ?

Le sexe est une métaphore de la relation : voilà aujourd'hui la croyance dominante chez les thérapeutes conjugaux. Autrement dit, en comprenant comment cela fonctionne sur le plan émotionnel, on peut en déduire ce qui se passe dans la chambre à coucher. Si le couple évolue dans une atmosphère attentionnée et enrichissante, s'il y a une bonne communication et un respect mutuel entre les deux partenaires, des rapports équitables, de la confiance et de l'honnêteté, on peut sérieusement supposer qu'il a une vie érotique intense. Le médecin Patricia Love, dans son ouvrage *Hot Monogamy*, se fait l'écho de cette idée :

« Une bonne communication verbale est une des clés pour avoir une bonne vie sexuelle. Quand les couples partagent librement leurs pensées et leurs émotions tout au long de la journée, ils établissent entre eux une confiance et un lien affectif profonds, qui leur donnent la liberté d'explorer plus pleinement leur sexualité. L'intimité engendre la sexualité. »

Pour beaucoup de gens, une relation stable et pleine d'amour stimule et fouette le désir sexuel. Ils se sentent à la fois reconnus et pris en charge, et cette sécurité les autorise à se sentir libres. La confiance, associée à la proximité affective, leur permet de lâcher la bride à leurs appétits érotiques. Mais qu'en est-il de Jonathan et Béatrice ? Eux n'ont pas ce profil-là. Leur relation est belle, intime, pleine d'amour – et ils communiquent. Si l'on suit l'idée énoncée ci-dessus, cela devrait être la base d'un désir durable. Mais ce n'est pas le cas. Et même si ce n'est pas une consolation pour eux, il en va ainsi pour beaucoup de gens.

C'est là toute l'ironie de la chose : ce qui produit une intimité agréable ne produit pas toujours une sexualité satisfaisante. Ma conviction de thérapeute – conviction peut-être contraire à l'intuition – est qu'un accroissement de l'intimité affective va souvent de pair avec un fléchissement du désir sexuel. Voilà une curieuse corrélation : la chute du désir est une conséquence non intentionnelle de l'intimité. Tant de couples entrent dans mon bureau et me disent d'emblée : « Nous nous aimons, notre relation est satisfaisante, mais nous ne faisons pas l'amour. » Joe se réjouit de l'intense intérêt que lui porte Rafael, mais il n'aime pas être dominé physiquement – il aime avoir le rôle actif. Susanne et Jenny se sentent plus proches que jamais depuis qu'elles ont adopté ensemble leur premier enfant, mais cette proximité n'a pas d'équivalence sur le plan sensuel. Adèle et Alan parlent de leurs nuits à l'hôtel comme de moments de grande complicité, mais non de passion intense. En dépit de leurs frustrations érotiques, ces couples ne semblent pas manquer d'intimité, mais plutôt en partager une de qualité.

Pour Kevin et Serena, il est clair que le sexe a été un problème dès le début. Quelle que soit la façon dont leur relation a évolué, cela n'a jamais suffi pour dynamiser leur vie érotique. Avant de rencontrer Kevin, Serena a eu une vie sexuelle très riche, dans le cadre de plusieurs relations à long terme. Son expérience lui a appris qu'une intimité croissante menait invariablement à une meilleure sexualité. Aussi a-t-elle été surprise quand cela n'a pas marché de cette façon avec Kevin. Lorsque je lui ai demandé pourquoi elle était restée avec lui alors que, depuis le début, elle ne se sentait pas désirée par lui, elle m'a répondu :

— Je pensais que nous allions y travailler. Qu'en s'aimant, cela ne pouvait que s'améliorer.

— Mais, parfois, l'amour est un obstacle, lui ai-je expliqué. Et c'est l'inverse qui se produit.

Écouter ces hommes et ces femmes m'a amenée à réviser ce que j'ai longtemps pensé du lien entre intimité et sexualité. Au lieu de considérer le sexe comme la conséquence de la relation affective, j'en suis venue à le voir comme une entité indépendante. La sexualité est davantage que la métaphore de la relation : elle existe seule, à la manière d'une histoire parallèle.

L'intimité d'un couple peut bien sûr nous dire beaucoup de choses sur sa sexualité, mais pas tout. Car une relation complexe existe entre l'amour et le désir, bien loin d'un rapport linéaire de cause à effet. La vie émotionnelle et la vie physique d'un couple ont toutes deux leurs flux et leurs reflux, leurs hauts et leurs bas, mais elles ne coïncident pas toujours. Elles se croisent et s'influencent l'une l'autre, tout en étant indépendantes. C'est une des raisons pour lesquelles, à l'encontre de ce que pensent bon nombre de personnes, on peut souvent construire une relation sans s'occuper beaucoup de sexe. L'intimité peut favoriser la sexualité, mais pas toujours.

La distance, condition nécessaire pour que le lien se forme

On voit trop facilement les problèmes sexuels comme le résultat d'un manque de proximité. Mais je crois que la façon dont nous construisons le lien affectif peut réduire le sentiment de liberté et d'autonomie dont se nourrit le plaisir sexuel. Quand l'intimité vire à la fusion, il ne s'agit plus d'un manque mais d'un excès de proximité, excès qui entrave le désir.

La volonté et l'autonomie sont les deux piliers de l'amour. Notre besoin d'être ensemble coexiste avec notre besoin de distance. L'un n'existe pas sans l'autre. Trop de distance empêche la création du lien, mais une fusion excessive supprime l'espace entre deux individus distincts. Dès lors, plus rien à transcender, plus de pont à franchir, plus d'incursion à faire dans l'univers de l'autre, plus d'accès à ce monde intérieur si différent du nôtre. Quand deux personnes fusionnent – quand deux ne font plus qu'un –, elles n'ont plus à se rapprocher l'une de l'autre. La séparation est donc la condition nécessaire à la formation du lien : c'est là le paradoxe essentiel du rapport entre sexe et intimité.

Le double besoin de lien et d'indépendance – besoin souvent conflictuel – est un thème central de notre vie. Durant notre enfance, nous luttons pour trouver un fragile équilibre entre notre profonde dépendance à l'égard de ceux qui prennent soin de nous et notre besoin de conquérir notre indépendance. Le psychologue Michael Vincent Miller nous rappelle qu'on trouve dans les cauchemars enfantins de très nettes manifestations de cette lutte : « Les cauchemars d'enfants où ils se voient tomber ou perdus, ou bien attaqués ou dévorés par des monstres, expriment les deux périls, abandon et étouffement. » À l'âge adulte, nous apportons dans nos relations des ressources émotionnelles prêtes à être activées. Parmi elles nos vulnérabilités, déterminées par la façon dont cet ensemble de besoins – ce que nous voulons le plus et ce dont nous avons le plus peur – a été nourri ou entravé quand nous étions enfants. Nous jonglons tous avec cela. L'intensité et la priorité données à ces besoins varient tout au long de notre vie, et nous avons tendance à choisir des partenaires dont les inclinations correspondent à nos vulnérabilités.

Certains d'entre nous entrent dans l'intimité avec la conscience aiguë qu'ils ont besoin de liens pour ne pas être seuls ou abandonnés. D'autres vont exprimer au sein du couple un désir accru d'espace. Dans ce cas, vouloir se préserver rend vigilant face à la peur d'être dévoré. Le rapprochement érotique et affectif génère une proximité qui peut devenir écrasante. Il peut même rendre claustrophobe lorsqu'il est perçu comme intrusif. Le nid protecteur des débuts devient alors une prison. Aussi vital que notre besoin de nourriture, le besoin de proximité véhicule des peurs et des menaces susceptibles d'inhiber le désir. Nous voulons la proximité, mais pas au point de nous sentir pris au piège.

Toutes ces considérations sur l'intimité sont encore loin de la réflexion menée par Jonathan et Béatrice. L'authenticité et la spontanéité qu'ils ont connues au début de leur relation ne leur ont pas permis de se préparer à l'ambivalence de l'amour qui a suivi. Au départ, l'intimité leur semblait quelque chose de très simple. Il s'agissait de s'ouvrir, de se découvrir, de partager, de devenir transparent l'un pour l'autre, puis de s'ouvrir encore un peu plus...

En cela, leur histoire est typique. L'intense fusion émotionnelle et physique qu'ils ont connue n'est en réalité possible qu'avec quelqu'un que nous ne connaissons pas encore. À un stade préliminaire de la relation, il y a peu de danger à fusionner et à s'abandonner, puisque les frontières entre les deux partenaires sont encore définies. Chacun a accès au monde de l'autre, sans vouloir s'y imposer (pas encore). L'espace entre eux – chacun demeurant une entité distincte – leur permet d'imaginer une situation dans laquelle cet espace aurait disparu. Sous le charme de la rencontre, ils n'ont pas encore consolidé leur couple.

Au début d'une histoire, on se focalise sur l'idée du rapprochement parce que la distance psychologique est là : elle fait partie de la structure d'ensemble. Amants depuis peu de temps, Jonathan et Béatrice ont profité de cette distance naturelle qui leur a permis d'expérimenter librement la rencontre du désir et de l'amour, sans les conflits dont ils allaient parler plus tard en thérapie.

Le désir pris au piège

Pour Jonathan, l'intimité est menaçante car elle recèle un piège. Il a grandi auprès d'un père alcoolique et violent. Pas un moment où il n'ait été à l'écoute des humeurs de son père ou de la tristesse de sa mère. Jeune homme, il a dû prendre soin de cette dernière sur le plan affectif, afin de l'aider à supporter sa solitude. Il était le seul espoir de sa mère, son réconfort, il représentait à ses yeux la possibilité d'une vie par procuration : à travers son merveilleux fils, son existence misérable aurait enfin un sens. Les enfants de couples en conflit permanent doivent souvent protéger le parent le plus vulnérable. Si Jonathan n'a jamais douté de l'amour profond de sa mère, cet amour a également été pour lui synonyme de fardeau, de responsabilités et d'obligations. Aujourd'hui, alors même qu'il a soif de proximité et d'intimité – il a toujours eu une femme dans sa vie –, il ne sait pas comment aimer sans se sentir captif. Son amour naissant pour Béatrice est chargé de ce poids.

Bien des circonstances peuvent amener à considérer l'amour comme quelque chose d'oppressant – avoir eu une enfance malheureuse n'est pas une condition *sine qua non*. Les discussions courantes sur l'amour ont ancré en nous cette « peur de l'intimité », une peur qui semblerait affecter les hommes en particulier. Mais ce que j'observe n'est pas tant une répugnance devant l'attachement – personne ne peut douter de l'implication profonde de Jonathan dans sa relation avec Béatrice – mais plutôt le sentiment que cet attachement est trop pesant. Une fois que la liberté et la spontanéité, nécessaires à l'expression du désir, sont hypothéquées, les gens se sentent pris au piège de l'intimité.

Les inhibitions sexuelles de Jonathan augmentent d'autant plus que son engagement auprès de Béatrice devient profond. En fait, plus il prend soin d'elle, moins il peut la désirer. Pour lui, comme pour beaucoup d'autres hommes dans la même situation, l'érotisme meurt de façon peu subtile : à cause d'un pénis récalcitrant qui ne veut tout simplement plus répondre. Mais pourquoi ? Quel blocage empêche Jonathan de prendre du plaisir avec Béatrice, la femme avec laquelle il a connu, il n'y a pas si longtemps, une vraie extase des sens ?

Que le sentiment de proximité suscité par une bonne relation sexuelle puisse avoir un effet boomerang, voilà qui est plutôt ironique. Comme Jonathan et Béatrice, beaucoup de couples font cette expérience : faire l'amour les rapproche, et ce rapprochement finit par rendre leur sexualité problématique. L'enchantement initial facilite la création rapide du lien et établit une proximité instantanée. Mais alors que beaucoup se délectent à l'idée de s'abandonner sexuellement, il est possible de voir dans la fusion des corps une forme d'anéantissement. L'intensité de la passion sexuelle soulève alors la peur de l'engloutissement. Peu d'entre nous ont conscience de l'existence de ces pensées souterraines ; au lieu de cela, nous ressentons une envie de fuir après l'orgasme, ou le soudain désir de nous préparer un sandwich ou d'allumer une cigarette. Nous pensons à autre chose : « Il faut que j'envoie un email », « Il faut que je nettoie les fenêtres », « Je me demande comment va mon ami Jacques »… Nous aimons être seuls pour circuler tranquillement dans notre propre esprit ; nous rétablissons ainsi une distance psychologique, une frontière délimitée entre nous et l'autre. Nous passons de la réciprocité à l'intériorité. Après avoir été tout à l'autre, nous faisons retraite à l'intérieur de nous-mêmes. C'est après l'acte sexuel que ce passage du rapprochement à la séparation apparaît le plus clairement.

Dans son ouvrage *Arousal*[1], le psychanalyste Michael Bader donne une autre explication à l'impasse érotique dans laquelle se trouvent Jonathan et Béatrice. Selon lui, l'intimité est le produit de l'attention croissante que nous portons au bien-être de l'autre, cette attention incluant la peur de le blesser. Or, l'excitation sexuelle fait jouer notre capacité à ne pas nous inquiéter, et la recherche du plaisir nécessite une certaine dose d'égoïsme. Certaines personnes ne s'autorisent pas cet égoïsme, parce qu'elles sont trop préoccupées par le bien-être de celui ou celle qu'elles aiment. Pour Jonathan, cette configuration affective est une réminiscence de ce qu'il ressentait enfant pour sa

1. « L'excitation sexuelle » (*N.d.T.*).

mère – la conscience du chagrin de cette dernière le terrassait d'inquiétude. Cette attitude ultra-protectrice ne lui permet guère de se concentrer sur ses propres besoins, ni d'être spontané, insouciant, et actif sexuellement.

Dans chacune de ses relations intimes, Jonathan a connu ce délicat problème de perte de désir. Par le passé, quand ce blocage surgissait, il en déduisait qu'il avait cessé d'aimer la femme avec laquelle il était. En réalité, c'était tout le contraire. C'est justement parce qu'il l'aimait beaucoup qu'il se sentait responsable d'elle, et qu'il ne pouvait plus, par conséquent, s'épanouir dans la quête jouissive du plaisir érotique.

Un modèle d'égalité des chances ?

Les dynamiques en jeu dans un couple sont toujours complémentaires, les deux partenaires apportant leur contribution à la création de schémas relationnels. On ne peut parler de la peur qu'éprouve Jonathan à être pris au piège, ou du fléchissement de son désir, sans parler de ce que Béatrice a apporté dans leur couple : j'invite donc la jeune femme à se joindre à Jonathan pour quelques séances. Au cours de nos discussions, sa contribution au problème apparaît clairement. Dans sa ferveur à fusionner avec Jonathan, elle a fait coïncider ses propres intérêts avec les siens, abandonné la plupart des activités auxquelles il ne participait pas, et cessé de voir ses amis. Hélas, tout ce qu'elle a fait pour accroître leur intimité a eu un effet contraire sur le plan érotique. Sa soif de lui plaire, son empressement constant à renoncer à tout ce qui pouvait se mettre entre eux n'a fait qu'alourdir le fardeau affectif pesant sur les épaules de Jonathan, et exacerbé son repli sur soi sur le plan sexuel. Comme si son pénis avait tracé une frontière que lui-même était impuissant à établir. Il est difficile de se sentir attiré par une personne qui a abandonné son autonomie. Jonathan peut aimer Béatrice, il lui est néanmoins difficile de la désirer.

J'ai suggéré à Béatrice de quitter leur lieu de vie commune, le temps pour elle de retrouver un peu de son indépendance. Faire cela l'encouragerait à revoir ses amis et à cesser d'organiser sa vie autour de Jonathan.

— Vous avez si peur de le perdre, lui ai-je dit, que vous vous perdez vous-même et que vous avez perdu votre liberté. Vous n'êtes plus cette personne autonome et indépendante qu'il aimait.

À Jonathan, j'ai expliqué :

— Vous êtes si protecteur que vous ne pouvez plus être un amant. Il faut instaurer de nouveau une certaine différenciation et recréer la distance qui existait au début de votre histoire. Ressentir du désir est une chose difficile quand on vit sous la pression constante de l'inquiétude.

En l'espace de quelques mois, Béatrice a opéré un remarquable retournement de situation. Elle a déménagé, trouvé un appartement, postulé pour un doctorat, fait un voyage avec ses amis, et elle a commencé à gagner de l'argent. Peu à peu, Jonathan s'est convaincu qu'elle pouvait se débrouiller toute seule. Tout comme il est devenu évident pour Béatrice qu'elle n'avait pas besoin de se renier elle-même pour mériter l'amour de Jonathan. Ils ont ainsi créé un espace au sein duquel le désir pouvait de nouveau circuler plus librement.

Beaucoup des hommes et des femmes que je vois dans mon cabinet trouvent difficile d'introduire cette distance dans leurs relations amoureuses. On pourrait penser que la sécurité offerte par une union solide permettrait de prendre plus facilement ce genre de risques, mais il n'en est rien. Une relation sécurisante nous donne le courage d'affirmer nos ambitions professionnelles, de faire face à nos secrets de famille, ou de prendre ces cours de parachutisme auxquels nous n'osions même pas penser auparavant. Mais nous regimbons à l'idée d'établir une distance à l'intérieur de la relation, cette distance qui nous permet pourtant d'éprouver un sentiment délicieux lorsque nous sommes de nouveau réunis. Nous supportons la distance dans tous les domaines, sauf dans celui-là.

Le désir sexuel n'obéit pas aux lois qui maintiennent la paix et le contentement entre deux partenaires. Quels sont les auxiliaires d'une relation privilégiée et harmonieuse ? La raison, la compréhension, la compassion et la camaraderie. Le sexe, lui, suscite plus souvent des obsessions irrationnelles que des jugements réfléchis, un désir égoïste plutôt que des considérations altruistes. Dans l'ombre du désir, on trouve l'agressivité, le pouvoir, la volonté de faire de l'autre un objet. Autant de composantes de la passion qui ne nourrissent pas forcément l'intimité. Le désir a sa trajectoire propre.

La chemise de nuit en flanelle

Ma première rencontre avec Julien et Candice est une frappante illustration de cette histoire si courante.

Âgés d'à peine trente ans, ces deux jeunes comédiens sont mariés depuis sept ans. Leur couple est interracial : elle est afro-américaine, lui d'origine irlandaise. Avec son jean et ses ongles recouverts d'un vernis bleu-vert, elle respire la confiance en soi. Julien est habillé en Quicksilver de la tête aux pieds. Ils sont séduisants, à l'aise, dynamiques, mais ils sont désespérés par ce qui leur arrive.

— Nous ne faisons pas l'amour, et cela dure depuis des années, explique Candice. Cela nous terrifie et nous épuise. Je pense que nous avons tous les deux une peur profonde de découvrir qu'il n'y a pas de solution.

Tout comme Jonathan, Candice a dû faire face, dans chacune de ses relations antérieures, à l'inéluctable disparition du désir. Et il ressort de notre discussion qu'elle comprend très bien pourquoi.

— Selon moi, mon problème n'a rien à voir avec Julien, explique-t-elle. Quand j'ai une relation intime avec un homme, quand je l'aime et qu'il m'aime, je perds soudain tout intérêt sexuel pour lui. Quelque chose me manque. J'ai eu un certain nombre de relations sérieuses avant de rencontrer Julien : à chaque fois, c'était le même scénario.

Candice sait ce qu'elle aime chez Julien. Il est digne de confiance, prévenant et intelligent, elle a une relation enrichissante avec lui. Mais tout cela a des conséquences négatives sur son propre désir. Face à la gentillesse de Julien, l'énergie sexuelle de Candice ne se manifeste plus.

— Sa gentillesse me permet de me sentir en sécurité. Mais ce n'est pas ce que je recherche quand je couche avec quelqu'un.

Je lui demande :

— Pourquoi ? Parce que, alors, le sexe n'est pas assez transgressif ? Pas assez agressif ?

— Pas assez agressif.

— Et, d'une certaine façon, Julien est un amant trop attentif ?

— Oui.

— Il s'occupe sans cesse de vous ?

— Oui, il est très attentionné.

J'ajoute :

— Très attentionné, certes. Mais cela ne vous excite pas. C'est très affectueux, très confortable, mais il n'y a rien de sexuel dans tout ça. Vous avez remplacé l'amour sensuel par quelque chose d'autre, par ce que la sexologue Dagmar O'Connor appelle l'« amour de confort ».

Candice hoche la tête.

— Oui, confortable comme une chemise de nuit en flanelle.

Protéger l'autre, prendre soin de lui, voilà ce qui nourrit la vie conjugale. Mais cela peut se retourner contre cet esprit de rébellion dont l'amour charnel a besoin. Notre choix se porte souvent sur un partenaire auprès duquel nous nous sentons aimés. Mais, au fur et à mesure qu'on avance dans le temps et dans la relation, nous découvrons, comme Candice, que nous ne parvenons plus à érotiser ce partenaire. Nous voulons de la proximité dans notre couple pour combler la distance qui nous sépare de l'autre. Or, c'est justement cette distance – quelle ironie ! – qui est érotique. Pour raviver le désir sexuel, il nous faut recréer cet espace que nous nous sommes donné tant de mal à clore. C'est en cela que consiste l'intelligence érotique : rétablir la distance et la rendre vivante.

Au cours d'une de nos séances, Candice explique que rien ne l'excite davantage que de voir Julien sur scène. Mais, quand je lui demande si elle le rejoint parfois en coulisses, elle avoue que non.

Je poursuis :

— Pourquoi n'allez-vous pas dans sa loge ? Quand vous le regardez jouer, il vous excite. Dans ces moments-là, il est en pleine possession de lui-même et de son talent. Mais vous attendez qu'il rentre à la maison et qu'il soit aussitôt désérotisé à vos yeux.

Elle acquiesce, tandis que Julien a l'air déçu.

Je suggère à Candice :

— Pourquoi ne divorcez-vous pas ? Restez avec lui mais divorcez. Si vous n'êtes plus mariée avec lui, il ne vous semblera plus si casanier.

— Vous savez ce que je lui ai dit ? admet-elle. « Si tu me quittais aujourd'hui, j'aurais envie de toi. »

Bien avant de venir me voir, Candice a suggéré à Julien de ne pas faire attention à elle quand il rentrait à la maison, et de ne pas venir tout de suite l'embrasser. « Si je sens que tu n'as pas du tout besoin de moi, je te désirerai », lui a-t-elle dit.

De façon instinctive, sans savoir pourquoi elle avait besoin de mettre en place ce scénario particulier, Candice essayait de créer du désir.

Malheureusement, Julien n'était guère prêt à se lancer dans ce jeu. Il a ressenti la demande de Candice comme un rejet.

— J'étais tellement en colère, dit-il avec tristesse. Je me rappelle l'époque où j'avais juste à poser mon genou contre sa cuisse pour qu'elle ait envie de moi. Mais cela fait si longtemps que je n'ai pas senti qu'elle me désirait de cette façon. Or je veux qu'elle désire l'homme en moi. Je veux qu'elle ait envie d'une chose et d'une seule : moi.

Je lui réponds :

— Vous considérez son envie de respirer comme un rejet. Vous savez, le désir est parfois étrange. Lorsque Candice vous demande de l'ignorer, de ne pas lui témoigner d'intérêt, c'est un moyen pour elle de vous désirer. J'admets que cela peut sembler absurde. Pourquoi de tels détours ? Et je comprends votre réaction. Mais, voyez-vous, Candice a besoin de séparer l'intime de l'érotique. Et, pour cela, elle a besoin d'espace. Elle vous a proposé un schéma qui lui aurait permis d'obtenir cela ; loin d'être une rebuffade, c'était une invitation. Essayez de ne pas le prendre au pied de la lettre, mais plutôt de le voir comme un jeu sexuel : « Joue à ne pas avoir besoin de moi. Joue à ne pas faire attention à moi. »

Mais parce qu'il est pris dans une logique de combat, Julien ne peut se plier à ce jeu. Il n'a pas envie de se livrer à de telles contorsions pour susciter le désir de Candice. Il veut qu'elle le désire, mais à sa façon à lui. Après s'être senti négligé et rejeté pendant des années, il ressent trop de colère. Une colère qui ne fait que souligner l'étendue de ses propres désirs et de ses propres besoins. C'est grâce à une immense affection qu'ils ont pu neutraliser la menace que cette rage faisait peser sur leur couple. Mais le fait que leur relation soit très tactile agit sans relâche, à la manière d'un coupe-faim, sur leur appétit sexuel. Ce genre de contact peut perdurer pendant des années sans jamais se muer en désir. Un amour inconditionnel ne conduit pas forcément à un désir inconditionnel : l'amitié en est un exemple.

Julien et Candice sont des amis qui veulent devenir des amants.

Sachant que Candice a déjà exprimé ce besoin de distance, j'ai pensé qu'il y avait là une ouverture possible. Il fallait les perturber dans cette façon affectueuse et confortable qu'ils avaient de se toucher, et qui pour eux avait remplacé le sexe.

Tout en connaissant déjà la réponse, je demande :

— Est-ce que vous vous touchez l'un l'autre ?

— Tout le temps, répond Candice.

— Vous vous faites des câlins ?

— Oui, dit Julien.

— Beaucoup ?

— Oui, répondent-ils à l'unisson.

— Eh bien, arrêtez.

Ils ont écarquillé les yeux de surprise. Ils croyaient mettre l'accent sur un aspect de leur relation qui leur était cher, et voilà que je voulais les en priver. Mais en entendant la réponse de Candice, j'ai su que je tenais quelque chose.

— Vous ne savez pas combien ça me coûterait, me dit-elle. Je suis si tactile ! Pour moi, tout passe par le toucher. Je suis comme ça avec tout le monde, même avec des gens que je connais à peine. La moindre caresse me fait de l'effet.

— Nous avons passé le week-end dans ma famille, ajoute Julien. À un moment, la meilleure amie de ma mère a massé les épaules de Candice. Vous savez, maintenant que j'y pense, je me rappelle m'être demandé si cela faisait une différence pour elle, que ce soit moi ou Mme Monahan qui la masse.

Je lance :

— Eh bien, cela sera l'objectif de la thérapie : dif-
férencier Julien de Mme Monahan.

En leur disant de ne plus se toucher, je cherche
à délimiter un espace où Candice pourrait être en
demande vis-à-vis de Julien. En retour, celui-ci aurait
le sentiment d'être désiré.

— Comprenez-moi bien. Pas de contacts. Pas
de bisous, pas de baisers, pas de massages, pas de
caresses. Rien. Si vous voulez, vous pouvez vous
écrire, vous envoyer des petits mots, vous faire les
yeux doux. Parce que vous en êtes arrivés au point
où l'étincelle de la passion étouffe sous l'affection,
sans la moindre chance de s'enflammer.

Candice se montre prête à suivre ma prescription.

— D'accord, dit-elle. Je déteste cette idée, mais je
pense qu'elle est bonne.

Je me suis demandé lequel des deux allait le plus
souffrir des effets de mes recommandations. Même si
Candice dit que la moindre caresse lui fait de l'effet,
je soupçonne que Julien pourrait bien être le premier
à rompre cet accord : l'enjeu est plus grand pour lui.
Derrière les contraintes, derrière les caresses affec-
tueuses, il y a la peur que le courroux ne mène inévitablement à la séparation.

Durant les premières semaines, Julien a dérapé à
plusieurs reprises. J'ai alors recommandé à Candice
de se montrer plus ferme quant au respect des règles.
Je voulais placer la barre plus haut. Finalement, Julien
s'est senti suffisamment énervé pour respecter ma prescription :

— Au bout d'un mois, je ne voulais plus rien faire
avec elle.

Ôter la couche protectrice de l'affection s'est révélé plus efficace que je ne m'y attendais.

— La sécurité peut manquer d'attrait, a admis Candice, mais j'ai fini par compter dessus. Ces dernières semaines, Julien a été plus distant, et c'est très inconfortable. Nous ne sommes pas habitués à nous comporter ainsi. J'ai eu ce que je demandais, mais je ne suis pas sûre que ce soit ce que je voulais.

L'intimité de Candice et Julien s'est construite sur l'exclusion du conflit, quel qu'il soit. Toute la tension s'est alors cristallisée sur leur problème sexuel. C'était le seul endroit où la distinction entre eux était maintenue. En bouleversant l'équilibre de leur relation, harmonieuse certes, mais dont le sexe était absent, j'espérais leur faire prendre conscience de l'altérité de l'autre. Car, sans cette altérité, le désir ne peut en aucune façon émerger.

Après quelques mois de travail en commun, Candice et Julien m'ont dit avoir noté une différence. Mais ils ont encore un long chemin à parcourir.

— Nous avons aussi fini par comprendre qu'être proches ne signifiait pas ne jamais se disputer. C'est amusant… Ce qui nous rendait si fiers était en fait un problème.

Il me vient à l'esprit, en écoutant Candice, que le mot « sécurité » a de multiples sens. La psychologue Virginia Goldner fait une distinction précise entre la « sécurité molle d'une intimité douillette » et la « sécurité dynamique » des couples qui se disputent et se réconcilient, et dont la relation est une succession de brouilles et de raccommodages. Ils ne privilégient pas l'agressivité, mais se l'approprient pour que la tension sexuelle puisse se libérer – et qu'elle-même génère à son tour de la sécurité.

Tout le monde a besoin d'un jardin secret

Dans *Le Deuxième Sexe*, Simone de Beauvoir écrit que « l'érotisme est un mouvement vers l'Autre, c'est là son caractère essentiel ». Pourtant, en créant de l'intimité, nous cherchons souvent à éliminer l'altérité, et donc à supprimer l'espace nécessaire à l'épanouissement du désir. Nous utilisons l'intimité pour ne pas nous sentir seuls, mais, pour créer la distance essentielle à l'érotisme, il faut sortir du confort offert par notre partenaire et accepter de ressentir davantage de solitude.

Notre capacité à tolérer cette distance – et l'insécurité qu'elle implique – me semble être une condition nécessaire au maintien du désir et de l'intérêt au sein d'un couple. Plutôt que de s'évertuer sans relâche à se rapprocher, les deux partenaires feraient mieux de cultiver leur personnalité distincte et leur indépendance. Si cette recommandation peut sembler sévère, considérons-la plutôt comme quelque chose qui vient nourrir le sentiment de notre propre individualité. Le psychologue Jacques Salomé parle du besoin de développer une intimité personnelle, avec soi-même, pour faire contrepoids au couple. Il y a de la beauté dans cette image qui met en valeur ce qui nous relie à nous-mêmes, plutôt que ce qui nous sépare de notre partenaire. Au cœur de l'intimité partagée, nous faisons l'amour, nous avons des enfants, nous avons des intérêts et un espace physique communs. Nous unissons ainsi des pans essentiels de nos existences. Mais « essentiels » ne veut pas dire « tous ». L'intimité personnelle délimite une zone privée, une zone qui requiert tolérance et respect. C'est un espace – physique, émotionnel et intellectuel – qui nous appartient en propre. Tout n'a pas à être révélé. Et tout le monde devrait cultiver son jardin secret.

Lorsque nous aimons, nous nous réjouissons à l'idée de tout savoir de l'autre. Or le désir a besoin de mystère. Alors que l'intimité croît avec la répétition et l'habitude, l'érotisme s'engourdit à leur contact. Il s'épanouit dans le mystérieux, le nouveau, l'inattendu. L'amour parle de posséder, le désir de vouloir. Expression d'une envie, le désir a besoin d'insaisissable. Ce qu'il a été nous intéresse moins que la façon dont il va encore pouvoir s'exprimer. Mais les couples, en s'installant dans le confort de l'amour, cessent trop souvent d'attiser la flamme du désir. Ils oublient que le feu a besoin d'air.

3

Les pièges de l'intimité moderne

On peut être proches sans se parler

> « Nous n'avons pas de secrets l'un pour l'autre, nous nous disons tout. »
>
> Carly SIMON

Quand elle parlait du couple, ma mère n'avait pas grand-chose à dire sur l'intimité. « Un mariage a besoin de deux choses, me disait-elle. La volonté que ça marche et la capacité de faire des compromis. Ce n'est pas difficile d'avoir toujours raison. Mais alors on est seul. » Quant à mon père, bien moins pragmatique que ma mère, il était expressif et démonstratif pour deux. Il adorait ouvertement ma mère, la couvrait de baisers, de cadeaux et d'attentions. Mais si je lui avais demandé quel était leur degré d'intimité, il m'aurait regardée avec perplexité, sans comprendre de quoi je parlais. Il savait ce que signifiait l'amour, et il avait conscience d'être dans une sorte de partenariat avec sa femme ; le vaste domaine de l'intimité s'y trouvait inclus de façon implicite.

Le discours moderne sur l'intimité aurait échappé à mes parents, ainsi qu'à tous les gens de leur génération. Non pas que leur couple ait été parfait, loin de là – ils auraient pu entamer une thérapie pour des tas de raisons –, mais la notion de « travail sur l'intimité » leur aurait été étrangère.

Lorsque Tevye, dans *Un violon sur le toit*[1], dit à sa femme Golde qu'il va autoriser leur fille à épouser l'homme qu'elle aime, au lieu de lui imposer celui qu'il a choisi pour elle, il explique sa décision en faisant ce constat : « C'est un monde nouveau. » Un monde où les gens se marient par amour. Un monde bien éloigné de celui où Tevye a fait la connaissance de Golde le jour même de leur mariage, et où son père lui a expliqué qu'il apprendrait à aimer sa femme avec le temps.

Pour la première fois en vingt-cinq années de mariage, et alors qu'il assiste à la naissance de l'amour chez sa fille, Tevye demande à sa femme si elle l'aime. En guise de réponse, Golde dresse la liste surprenante des expériences qu'ils ont partagées tout au long de leur vie, donnant ainsi une définition, belle et lyrique, de l'amour et du mariage dans l'« ancien monde ». Toute sa vie, elle a lavé les vêtements de son mari, trait sa vache, élevé ses enfants, partagé son lit, nettoyé sa maison, cuisiné ses repas. « Si ce n'est pas de l'amour, qu'est-ce que c'est ? » demande-t-elle. Même si cet aveu de Golde ne bouleverse pas la vie de Tevye,

1. *Fiddler on the Roof*, de Norman Jewison.

celui-ci conclut en disant que « c'est agréable de le savoir, après vingt-cinq ans ».

La vision que Golde a du mariage ne correspond pas à ce que les Occidentaux appellent l'intimité. Nous la qualifierions plutôt de vie domestique (dans le meilleur des cas) ou d'oppression d'un autre âge (dans le pire des cas). Par le passé, quand le mariage était une institution plus pragmatique, l'amour n'était qu'une option, et le respect était essentiel. Les hommes et les femmes tissaient des liens affectifs dans d'autres lieux, essentiellement avec des personnes du même sexe. Les hommes se liaient au travail ou durant leurs loisirs ; les femmes à travers les enfants ou en échangeant des recettes de cuisine. Avec le temps, l'amour pouvait se développer dans le couple, mais il n'était pas essentiel pour construire une famille. Association destinée à durer toute la vie, le mariage était surtout un moyen de survivre économiquement. Aujourd'hui, faire l'amour relève du libre choix de chacun, et l'amour sert de fondement à l'engagement. Alors qu'elle résultait autrefois de la stabilité d'un couple, l'intimité est devenue le laissez-passer qui nous permet de développer une relation. Au sein du mariage moderne, le respect a cessé d'être l'élément essentiel pour être remplacé par la confiance et l'affection. Ce qui nous situe dans un espace où la place centrale de l'intimité est incontestée.

Les origines de l'intimité

Le thérapeute familial Lyman Wynne fait remarquer que « l'intimité a été reconnue comme un "besoin" à partir du moment où elle est devenue plus difficile à obtenir ». L'industrialisation et son corollaire, l'urbanisation, ont provoqué un changement majeur dans la structure de nos sociétés : le travail et la famille ont été dissociés. Et un processus symétrique s'est produit en nous : déracinés et isolés, nous sommes davantage à la recherche de liens riches de sens.

En revanche, lorsqu'ils appartiennent à des réseaux sociaux étroits, les gens cherchent probablement à avoir de l'espace plutôt qu'à établir un dialogue intime. Quand trois générations vivent sous le même toit, chacun connaît sa place ; les membres de la famille ont intégré des règles qui permettent le respect de l'intimité et la vie privée de chacun. Bien que le partage soit de mise, chacun en arrive à revendiquer quelque chose qui lui soit propre : un coin à soi, une tasse à café préférée, un siège près de la fenêtre, la possibilité de lire tranquillement aux toilettes. De Tokyo à Djibouti, en passant par le Queens, à New York, les gens qui vivent à l'étroit parce qu'ils appartiennent à des familles élargies ou parce qu'ils sont soumis à des contraintes économiques ne sont pas à la recherche d'une plus grande proximité. Quand on vit les uns sur les autres, il n'y a pas de solitude à transcender, et on est moins enclins à adopter la conception que les classes moyennes occidentales ont de l'intimité. Les vies de ces personnes sont déjà bien assez entrelacées les unes aux autres comme ça.

L'intimité est devenue le remède souverain contre l'isolement croissant que nous connaissons. Notre détermination à vouloir atteindre et toucher l'autre connaît des sommets de ferveur religieuse. Ce matin, alors que je prenais justement des notes à ce sujet, la sonnerie du téléphone a retenti. Je n'ai pas répondu. Puis, mon portable s'est à son tour mis à sonner. Tout de suite après, mon ordinateur a émis un bip me signalant que j'avais reçu un message. Quand la sonnerie de ma seconde ligne fixe s'est elle aussi jointe à cette cacophonie, j'ai craqué et accepté que le contact s'établisse entre moi et les autres. Dans notre monde de communications instantanées, nous superposons un arsenal technologique à nos relations existantes, en espérant que tous ces gadgets vont nous permettre de les renforcer. Cette sociabilité frénétique dissimule une profonde demande de rapports humains.

Dites-moi ce que vous ressentez vraiment

Chose intéressante, alors que notre besoin d'intimité est devenu primordial, nous en avons une conception plus étroite. Aujourd'hui, il ne s'agit plus de cultiver la terre ensemble, mais de parler. Nous en sommes arrivés à célébrer la communication verbale : je parle, donc je suis. Nous avons la naïveté de croire que ce sont les mots qui traduisent le plus fidèlement ce que nous sommes. Beaucoup de mes patients adhèrent de tout cœur à cela quand ils affirment : « Nous ne sommes pas proches, nous ne parlons jamais. »

À l'ère de la communication, l'intimité a été redéfinie. Elle n'est plus ce savoir profond et cette familiarité qui se développaient sur la durée et en silence. Dorénavant, nous la considérons comme un processus essentiellement discursif, qui implique que nous parlions de nous-mêmes et que nous partagions, en toute confiance, les informations les plus privées et les plus personnelles qui nous concernent : nos sentiments. Bien entendu, il ne s'agit pas seulement de parler, mais aussi d'écouter. Le destinataire de nos confidences se doit d'être un partenaire aimant et compréhensif, qui ne porte pas de jugement : c'est-à-dire quelqu'un qui sache écouter, qui soit capable de ressentir de l'empathie et de nous approuver. Nous voulons être connus, reconnus et pleinement acceptés pour ce que nous sommes. Et nous espérons que notre démarche sera marquée par la réciprocité.

L'émergence de l'intimité moderne – où l'accent est mis sur le discours – s'est faite de façon concomitante avec l'indépendance économique croissante des femmes, et ce n'est pas une coïncidence. Quand les femmes ont cessé d'être liées financièrement à leurs maris et contraintes par la société à subir des unions malheureuses, elles ont refusé de continuer à être corvéables à merci et elles ont voulu davantage du mariage : une satisfaction affective mutuelle. Les hommes ont eux aussi bénéficié de ce changement, en cessant d'être considérés comme les seuls à pouvoir gagner de l'argent (leur corvée à eux).

Dans la vie de couple contemporaine, on ne peut que reconnaître l'influence des femmes. À une époque où notre société a besoin de mettre en scène les re. ations humaines de façon différente, les femmes disposent d'une grande ingéniosité en matière de communication. On a noirci beaucoup de papier pour expliquer qu'elles avaient une capacité verbale supérieure à celle des hommes dans le domaine de l'émotion. En ce qui me concerne, qu'il me suffise de dire que des siècles d'accession limitée au pouvoir les ont rendues expertes dans l'art de se lier. La socialisation des filles continue d'ailleurs de mettre l'accent sur le développement des compétences relationnelles.

Plus que jamais, l'existence que nous menons requiert de notre part une faculté d'adaptation considérable. Nous devons être capables de conserver notre réseau relationnel en dépit des pressions constantes qu'exerce sur nous le rythme trépidant de nos vies. La féminisation de l'intimité, en insistant sur la nécessité d'avoir un dialogue ouvert et honnête, offre les ressources nécessaires pour répondre aux demandes des relations modernes.

Et le Verbe ne s'est pas fait chair

Cela étant dit, l'accent mis sur l'« intimité des mots » n'en demeure pas moins problématique, et ce pour plusieurs raisons. L'hégémonie de la parole a, pour une fois, placé les hommes dans une situation d'infériorité par rapport aux femmes. La socialisation des hommes inclut la réussite, la compétition, et l'absence de peur. La capacité à exprimer ses sentiments est loin d'être un attribut de la virilité américaine. Je pourrais ajouter que les hommes n'ont même pas envie – du moins pas encore – de l'acquérir. Dans les relations amoureuses, la « discussion intime » les embarrasse forcément, puisqu'ils souffrent d'une déficience chronique en ce domaine. Une déficience qui les oblige à des efforts de chaque instant.

Une très grande part de l'identité masculine est fondée sur la maîtrise de soi et l'invulnérabilité. J'ai cependant remarqué que cette contrainte conduisait les hommes à trouver d'autres façons de s'exprimer.

Lorsque les mots en disent peu sur soi, le corps devient un langage essentiel pour accéder à l'intimité émotionnelle. Certes, beaucoup de choses ont été écrites sur les manifestations agressives de la sexualité masculine, mais on ne prend pas assez en compte le fait que les hommes utilisent l'érotisme comme un moyen de restaurer la part de tendresse qu'ils portent en eux. Le corps est notre langue maternelle originelle, et pour beaucoup d'hommes, celle-ci reste la seule possible pour appréhender l'intimité. À travers le sexe, ils peuvent de nouveau ressentir le pur plaisir du contact, sans avoir à comprimer leurs besoins – si difficiles à exprimer – dans la prison des mots.

Les partisans de la discussion intime (des femmes, la plupart du temps, mais pas toujours) ont beaucoup de difficultés à reconnaître les autres langages de l'intimité. D'où leur sentiment d'être trahis quand leurs partenaires répugnent à se confier. « Pourquoi tu ne me parles pas ? demandent-ils d'un ton implorant. Tu dois pouvoir tout me dire. Tu ne me fais pas confiance ? Je veux être ton meilleur ami. » Dans ce système, la pression s'exerce toujours sur celui qui se tait, afin qu'il modifie son comportement – tandis que celui qui parle n'aurait pas à se montrer plus souple. Cette configuration minimise l'importance de la communication non verbale : faire des choses agréables pour l'autre, avoir des gestes attentionnés ou des projets en commun. Un sourire tendre ou un clin d'œil amusé peuvent exprimer la complicité et l'entente, surtout quand les mots ne s'y prêtent pas.

Étienne, un vieil ami à moi, n'a cessé de se faire plaquer par des femmes consternées par son incapacité à se livrer (ou sa volonté de ne pas le faire). Toutes pensaient qu'il avait peur de s'engager.

— Qu'est-ce que cela veut dire ? demandait-il.

Qu'elles ne savaient jamais ce qu'il ressentait pour elles. Ce à quoi il répondait toujours par la défensive : « Comment ça ? Je te vois tous les jours, non ? Comment pourrais-tu ignorer ce que je ressens ? »

Lorsqu'il a rencontré sa femme, Noriko, celle-ci parlait à peine l'anglais. Lui ne parlait pas du tout le japonais. Ils ont donc commencé à sortir ensemble sans échanger aucune parole. Douze ans plus tard, et avec deux enfants à leurs côtés, Étienne analyse ainsi le début de leur histoire :

— Tout ça a été possible parce que nous ne pouvions pas nous parler. Pour une fois, je n'ai ressenti aucune pression à ce niveau. Tout comme Noriko, j'ai dû utiliser d'autres moyens pour lui montrer à quel point elle me plaisait. Nous cuisinions beaucoup l'un pour l'autre, nous prenions des bains ensemble. Je lui lavais les cheveux. Nous allions à des expositions. Je me souviens du jour où, dans la rue Lafayette, j'ai vu une étonnante statue de Curtis, ce sans-abri complètement fou mais si brillant. J'ai voulu la décrire à Noriko par des pantomimes. Tout ce que nous ne pouvions pas exprimer, nous nous le montrions. Alors, je lui ai tendu son manteau et je l'ai conduite par la main à travers la ville. Son visage s'est illuminé lorsqu'elle a vu la statue. Il serait faux de dire que nous ne communiquions pas. Simplement, nous ne parlions pas.

Quand en faire trop ne suffit toujours pas

Se confier sans retenue – autrement dit avoir la capacité de dire la vérité sans rien cacher – ne favorise pas nécessairement l'éclosion d'une intimité harmonieuse et solide. Toute conduite excessive peut mener à des extrêmes ridicules. Étienne et Noriko nous rappellent qu'il est possible d'être très proches sans beaucoup se parler. L'inverse est vrai aussi : trop révéler de soi-même peut nous projeter à la périphérie de l'intimité.

Dans le film *Bliss*, une scène d'amour passionnée – lumières tamisées, corps flous, gémissements et grognements accompagnant l'orgasme – est immédiatement suivie par une séance de thérapie conjugale. Le thérapeute, joué par Spalding Gray, est un adepte de l'idéologie de la franchise, une idéologie que le mari a beaucoup de mal à faire sienne.

Le thérapeute : Et le sexe ?
Joseph : Vas-y, toi...
Mary : OK. J'ai un aveu à faire. Je simule l'orgasme. Je ne voulais pas te le dire. Je ne voulais pas te blesser.
Joseph : Tu n'as jamais eu d'orgasmes ?
Mary : Pas avec toi.
Le thérapeute : Joseph, il est important que Mary puisse vous dire ce qu'elle ressent, tout comme il est important que vous soyez capable de l'entendre.

Visiblement, tout savoir de l'autre, et tout lui dire de soi, ne constitue pas le moyen infaillible de construire cette intimité à laquelle nous aspirons. Les mots qui nous permettent d'entrer en contact peuvent aussi créer des obstacles insurmontables. Est-il besoin de dire que je ne préconise pas ce type d'intervention thérapeutique ?

La sphère de l'intime, quand elle s'étend trop loin, peut s'apparenter à de la coercition. Dans mon cabinet, je rencontre des couples qui n'attendent plus, pour pénétrer dans l'intériorité de leur partenaire, d'y être invités, mais qui, au contraire, exigent un droit d'entrée. Comme s'ils disposaient d'un accès illimité aux pensées intimes de celui ou celle qu'ils aiment. Loin d'être une forme de rapprochement, l'intimité devient alors de l'intrusion et se transforme en injonction : « Tu dois m'écouter », « Prends soin de moi », « Dis-moi que tu m'aimes »… Cet état, qui devrait se développer de façon naturelle, et qui relève de la beauté et de la sagesse de l'amour, s'impose alors à celui des deux qui est le moins enclin à communiquer verbalement. Dans son ouvrage *Passionate Marriage*, David Schnarch explique comment le désir d'intimité peut conduire quelqu'un à imposer une réciprocité forcée pour conjurer la menace du rejet. Cela donnerait : « Je te le dirai si tu me le dis, et comme je veux que tu me le dises, tu dois le faire. »

Nous n'aimons pas profiter de l'intimité dans notre coin.

Certains couples vont encore plus loin, et confondent l'intimité et le contrôle. Ce qui passe pour de l'attention est en fait une surveillance indirecte – une technique d'enquête pour connaître les détails de la vie de l'autre. « Qu'as-tu mangé à déjeuner ? », « Qui a téléphoné ? », « De quoi parliez-vous ? »… En posant ce genre de questions, on feint d'être proche de l'autre et on confond des détails insignifiants avec une connaissance plus profonde. Je suis souvent surprise par la façon dont les couples connaissent les moindres détails de la vie de l'autre, alors qu'ils n'ont pas eu une seule conversation significative depuis des années. En réalité, une telle transparence peut souvent signifier la fin de la curiosité. Comme si ce flux de questions se substituait à une recherche attentionnée et sincère.

Lorsque l'envie de partager devient une obligation, que les frontières personnelles ne sont plus respectées, que seul l'espace commun est reconnu – tandis que l'espace privé est nié –, cela signifie que la fusion a remplacé l'intimité et que la possession a pris le pas sur l'amour. Et c'est aussi le baiser de la mort pour la sexualité. Privée de mystère, l'intimité se fait cruelle en excluant toute possibilité de découverte. Là où il n'y a plus rien à cacher, il n'y a plus rien à chercher.

Le corps parle, lui aussi

Si la suprématie de la discussion désavantage les hommes, elle enferme également les femmes dans une sexualité refoulée, et nie leur capacité à s'exprimer à travers leur corps. Cette idée me trouble. Faire de la parole le chemin privilégié vers l'intimité renforce l'idée que le désir sexuel des femmes n'est légitime que lorsqu'il s'inscrit dans une relation sérieuse. Ce qui revient à dire que leur sexualité ne peut être rachetée que par l'amour.

Historiquement, la sexualité et l'intellect des femmes n'ont jamais coïncidé. Leur corps a été contrôlé, leur sexualité maîtrisée, afin de prévenir l'influence corruptrice qu'elles pouvaient avoir sur la vertu des hommes. La féminité, associée à la pureté, au sacrifice et à la fragilité, caractérisait la femme vertueuse. Le double maléfique de celle-ci, le succube (la putain, la salope, la maîtresse ou encore la sorcière), était une créature matérielle, sensuelle et luxurieuse, qui avait troqué la respectabilité contre l'exubérance sexuelle. Avoir une sexualité active relevait du domaine exclusif des hommes.

Les femmes ont toujours cherché à se dépêtrer de cette rupture de type patriarcal entre la vertu et la luxure, et elles continuent de se battre contre cette injustice. Or, quand nous privilégions le discours en négligeant le corps, nous participons à son maintien.

Une intimité bilingue

En ce qui concerne le langage du corps, Martin et Laura s'opposent radicalement. À tel point que leurs identités sexuelles sont réduites à des stéréotypes. Laura décrit Martin comme le mâle typique, obsédé par le sexe, réclamant ses droits sans considération pour ce qu'elle ressent.

— Les seules fois où il veut vraiment être proche de moi, c'est quand il veut faire l'amour. Et il en a sans cesse envie, dit-elle avec ressentiment.

Quant à Laura, volontaire et parfois autoritaire dans leurs rapports quotidiens, Martin la voit comme une femme inhibée sur le plan sexuel, qui rejette ses avances de façon systématique, avec un insondable sentiment de dégoût et de mépris.

— Elle réagit comme si j'étais une sorte d'animal grossier, elle me fuit chaque fois que je la touche. J'ai l'impression d'être de la merde, avoue-t-il, amer.

Pour Laura, le sexe représente la somme de toutes les contraintes culturelles et familiales qu'elle a intégrées depuis l'enfance. De multiples tabous et anxiétés se sont ainsi incarnés en elle. Comme beaucoup de jeunes filles de sa génération (elle a une petite cinquantaine), elle a grandi en pensant qu'elle pouvait choisir entre l'intelligence et la beauté, mais qu'elle ne pourrait pas avoir les deux. Les seuls commentaires dont elle se souvient de la part de son père concernaient la croissance de sa poitrine. Quant à sa mère, elle lui faisait partager son étrange sagesse en lui disant qu'elle avait de la chance de ne pas être trop jolie, puisque les garçons ne pensaient qu'à ça. Adulte, Laura continue de porter des vêtements qui dissimulent son corps (des cols roulés même en été) et se sent humiliée si on lui fait un compliment sur son apparence. Pour elle, la sexualité suscite la peur : elle n'a jamais pu savourer l'extase physique.

Pour Martin, en revanche, la sexualité est un espace où il se sent tout à fait libre, désinhibé et en paix. Il n'en a pas toujours été ainsi. Lorsqu'il était adolescent, il était empoté et assez peu athlétique, un vrai adolescent attardé. Mais deux choses lui ont donné de l'espoir : il était bon danseur et il aimait vraiment les filles. À dix-huit ans, il est tombé amoureux d'Héloïse, une étudiante dotée d'une grande expérience. Dans ses bras, l'initiation aux voluptés du sexe a été magnifique. Martin éprouve donc beaucoup de tristesse devant le malaise qu'il ressent aujourd'hui à propos d'une chose qu'il avait jusque-là toujours pratiquée avec joie et confiance. Laura, elle, se sent totalement déficiente, mesquine et coupable.

Je les encourage à faire preuve d'empathie lorsqu'ils se parlent. Et Martin commence à comprendre que si Laura s'est aliéné son propre corps, cela n'a rien à voir avec lui. Son sentiment de rejet s'atténue ainsi que l'angoisse qu'il ressent à l'idée de ne pas être capable de lui plaire. Alors que, pour lui, il est clair que le désir naît de l'amour, il doit aider Laura à croire en la sincérité de l'intérêt qu'il lui porte sur le plan sexuel. Loin d'être à la recherche d'un accomplissement égoïste, il est en quête d'union.

Pour sa part, Laura apprend aussi quelque chose de crucial à propos de Martin : quand il ne peut plus utiliser le langage verbal – c'est invariablement le cas dans le domaine de l'émotion –, il communique avec son corps. Elle a toujours perçu le goût de Martin pour la « position horizontale » comme quelque chose qui n'avait qu'un lointain rapport avec elle, comme une simple libération physique. En l'écoutant, elle comprend qu'il a besoin de passer par le corps pour exprimer sa tendresse et sa soif de contact. Il ne se sent en sécurité qu'en faisant l'amour. En voulant le forcer à n'utiliser que son langage à elle, non corporel, Laura a étouffé la capacité de Martin à lui « parler ». Elle s'est aveuglée sur la personnalité profonde de son mari, et a renforcé chez lui des comportements qu'elle voue aux gémonies. Quand Martin en est réduit à user d'un langage verbal tronqué, l'amant romantique disparaît pour laisser place à la brute.

Martin et Laura, comme beaucoup de couples, se situent aux deux extrêmes du continuum esprit-corps. Pour certains, le corps est une prison dans laquelle ils se sentent confinés, empruntés, peu indulgents avec eux-mêmes. Le corps est perçu comme un espace d'inhibition, de gêne et de tension, où le jeu et l'inventivité n'ont pas leur place. Ils se réfugient dans le discours, car les mots leur semblent plus sûrs que les gestes et les mouvements. Pour atteindre les autres, ils préfèrent utiliser la parole. Pour d'autres, au contraire, le corps est un terrain de jeu, un lieu où ils se sentent libres de toute contrainte. De leur enfance, ils ont gardé l'aptitude à habiter pleinement leurs corps : ils peuvent se laisser aller, sans sentir les responsabilités peser sur eux. Ce sont eux qui ont le plus souvent besoin d'intimité physique, car c'est pendant l'acte sexuel qu'ils sont le plus à même d'échapper à leurs ruminations intérieures. Le sexe les soulage et leur fait oublier leur anxiété. Alors que, pour leur partenaire plus axé sur la parole, le sexe se transforme en une source d'inquiétude.

Mon travail de thérapeute consiste à aider chacun à parler couramment le langage de l'autre. L'expérience de Laura l'a dépouillée de sa capacité à lire l'alphabet du corps. Elle se bat, comme beaucoup de femmes, contre les répressions séculaires attachées à la sexualité féminine, des répressions qui les ont enfermées dans la passivité et rendues dépendantes des hommes dans le domaine de l'initiative sexuelle. Laura, en dépit de son indépendance économique et professionnelle, continue de laisser à Martin le soin de comprendre ce qu'elle veut.

Ensemble, nous mettons au jour les conflits tortueux entre le désir et la dénégation de celui-ci, entre le fait de vouloir et celui de ne pas obtenir, entre la satisfaction et le refoulement. J'invite Laura à assumer ses fantasmes, à accepter ce qu'elle veut, et à devenir responsable de son propre épanouissement sexuel. J'attire son attention sur son identité corporelle, et la pousse à rompre avec la vigilance, la culpabilité et le désaveu qui entourent sa sexualité. Peut-elle regarder sa mère droit dans les yeux sans pour autant perdre le sentiment qu'elle est un être doté de sensualité ? Peut-elle libérer son érotisme et proclamer que la « petite fille sage » qu'elle était a vécu ?

Lorsque je suggère à Martin et Laura qu'ils sont prisonniers d'un langage trop peu imaginatif, d'un alphabet trop limité pour contenir leur vie érotique, Martin fond en larmes.

— Je ne suis pas en colère, dit-il en parlant de toutes les fois où sa frustration l'a amené à prononcer des paroles blessantes. Je ressens un immense chagrin.

Je demande alors à Laura de le prendre simplement dans ses bras, et je quitte la pièce pour quelques minutes, afin de leur donner une chance de se retrouver à travers la pureté de ce contact physique.

À mon retour, je les trouve chacun à un bout du canapé, comme si un fossé béant les séparait. Pour m'expliquer ce qui s'est passé, ils recommencent immédiatement à s'accuser l'un l'autre – le mécanisme qui, à l'origine, les a poussés à venir jusqu'ici.

— J'ai essayé, mais il…
— Je ne l'aurais pas fait si elle n'avait pas…

Je comprends que mon intervention ne tenait pas compte de leur état d'esprit, mais était plutôt le reflet d'un espoir de ma part. Martin et Laura n'étaient pas prêts.

Prenant acte du caractère vain de toute discussion supplémentaire, j'ai tenté plusieurs approches au cours des mois qui ont suivi, la plupart fondées sur des interactions physiques plutôt que verbales. Au cours de nos séances, je leur ai demandé de se déplacer dans la pièce en adoptant chacun leur tour le rôle de leader, afin de les faire travailler sur des situations de coopération, de résistance et de passivité. Je leur ai ainsi demandé de tomber en arrière, dans les bras tendus de l'autre. De se tenir face à face, et d'appuyer de toutes leurs forces sur les mains ouvertes de l'autre. De reproduire les gestes de l'autre, comme dans un miroir. Peu à peu, les discussions qui suivent ces jeux sont devenues plus révélatrices, moins critiques, voire plus ludiques. En donnant une représentation physique, mais non sexuelle, à leur impasse affective, Martin et Laura pouvaient identifier leurs modes de résistance.

— Je peux le laisser m'approcher, admet Laura, mais pas trop près. Je lui fais confiance, mais pas tant que ça. Je me retiens toujours.

Je lui explique :

— Vous aurez du mal à croire au désir de Martin si vous ne vous sentez pas désirable. Il est alors plus facile de rejeter la faute sur lui (et, pour être juste, il vous donne beaucoup de matière pour le faire) que d'affronter la profondeur de vos propres doutes.

Martin, qui, depuis des années, met en cause la passivité sexuelle de Laura, a lui aussi pris conscience de certaines choses.

— Je crois que je ne suis pas assez créatif. Quand nous faisons l'amour, j'ai du mal à prendre l'initiative. Je déteste dire cela, mais je préfère la résistance passive. Dans ce domaine, je suis imbattable.

Je lui rappelle qu'Héloïse, son premier amour, a, elle, pris l'initiative.

— Vous vous exprimez avec beaucoup de facilité dans le domaine physique, c'est vrai, mais vous avez besoin qu'un interlocuteur puissant vous sécurise. Ce que Laura n'a pas fait jusqu'ici.

Quand Martin et Laura sont venus me voir, j'ai hésité à m'occuper d'eux. Ils me considéraient comme le thérapeute de la dernière chance – j'étais le troisième ou le cinquième, je ne sais plus, qu'ils venaient consulter en plus de vingt ans. Cela faisait des années qu'ils essayaient de sortir de l'ornière où ils s'étaient engagés, sans y parvenir. Au contraire, entre eux, les joutes verbales étaient permanentes. Un système défensif, hostile et explosif, dans lequel ils se sont dit beaucoup de choses, mais rien d'intime.

Les exercices pratiques ont permis d'étudier les dynamiques en jeu dans leur couple dans une perspective différente. Aborder leurs problèmes sous l'angle du corps leur a fourni un texte nouveau à lire ensemble. Assez nouveau pour les secouer et les pousser dans leurs retranchements. Pour eux, il s'agissait d'un nouveau territoire à explorer.

Auprès de mes patients, j'insiste sur le fait que l'intimité n'a rien de monolithique, rien de constant. Même dans les plus belles relations, elle est destinée à croître et à décroître, par intermittence. Kaethe Weingarten, thérapeute familiale, nous incite à voir l'intimité non pas comme une caractéristique statique de la relation, mais comme une qualité d'interaction s'exprimant à des moments isolés, qu'elle s'inscrive ou non dans un engagement à long terme : les danseurs qui synchronisent leurs pas, la soudaine empathie qui s'instaure entre les passagers d'un même vol, la solidarité entre les témoins d'une catastrophe, la reconnaissance mutuelle de ceux qui ont survécu – à un cancer du sein, à l'alcoolisme, au terrorisme, au divorce. L'intimité peut aussi s'instaurer entre les professionnels et ceux avec qui ils travaillent – le médecin et son malade, le thérapeute et son patient, la strip-teaseuse et son client.

Alors que nous aspirons à vivre ces moments singuliers de reconnaissance mutuelle, ceux-ci ne s'inscrivent pas forcément dans un récit général. Ils peuvent être liés aux circonstances, spontanés ou sans suite. Si je suis la théorie de Kaethe Weingarten, je ne cherche plus à savoir si une relation est intime ou non. Je détermine plutôt la capacité de chaque couple à s'engager dans une succession de moments intimes.

Il arrive que notre réseau affectif ne soit pas tissé de mots. Construire une étagère pour son amant, changer les pneus neige sur la voiture de sa femme, apprendre à faire le bouillon de poule que lui faisait sa mère : toutes ces choses portent en elles la promesse d'un lien. Dans *Un violon sur le toit*, Golde nous rappelle que même les activités quotidiennes ordinaires composent, avec le temps, un riche canevas affectif. Quant à Étienne et Noriko, maîtres de la communication non verbale, ils peuvent nous donner à tous une leçon sur les moyens alternatifs d'exprimer l'amour. Nous nous desservons nous-mêmes en valorisant uniquement ce qui peut être révélé par les mots. À une époque où tant de moyens de communication sont mis à notre portée, nous devons honorer et reconnaître les nombreux chemins qui nous permettent d'atteindre et de toucher quelqu'un.

4

Démocratie contre sexualité

Le désir sexuel et le désir d'égalité ne suivent pas les mêmes règles du jeu

> « Aucune déclaration sur les droits sexuels ne pourra tenir face à cet espace indomptable et sans loi qu'est l'imagination érotique. »
>
> Daphne MERKIN

Il y a quelques années de cela, alors que j'assistais à une conférence nationale, un des orateurs a exposé le cas d'un couple qui avait entrepris une thérapie, en partie à cause du déclin brutal de leur activité sexuelle. Alors qu'ils avaient toujours assouvi leurs fantasmes de domination et de soumission, la femme, depuis la naissance de leur deuxième enfant, manifestait à présent le souhait d'avoir une sexualité plus conventionnelle. Le mari, lui, restait attaché à leur ancienne façon de faire l'amour : la situation était donc bloquée. Le conférencier avait adopté l'approche suivante : pour résoudre leurs difficultés sexuelles, cet homme et cette femme devaient assumer les dynamiques émotionnelles en œuvre au sein de leur couple, ainsi que leur nouveau statut de parents. Mais, dans les dicussions qui ont suivi la présentation de l'orateur, le public a montré bien moins d'intérêt pour la relation globale du couple que pour la nature déconcertante de leur vie érotique – mélange de soumission et de domination.

Plusieurs participants demandèrent quelles pathologies poussaient cet homme à faire de sa femme un objet sexuel, et celle-ci à vouloir être asservie. La maternité, avancèrent certains, lui avait peut-être redonné le sens de sa dignité, si bien qu'elle refusait à présent de subir de telles humiliations. D'autres suggérèrent que l'impasse sexuelle dans laquelle ils se trouvaient soulignait des différences persistantes liées au genre : les hommes auraient tendance à rechercher la mise à distance, le pouvoir et le contrôle, tandis que les femmes aspireraient à l'amour maternel et au contact. D'autres enfin affirmèrent que les couples tels que celui-ci devraient davantage fonctionner dans l'empathie pour neutraliser leur tendance à se lancer dans ces relations abusives, fondées sur le pouvoir. Mais, dans tous les cas, un thème sous-jacent apparaissait clairement derrière toutes ces remarques : ces pratiques étaient par nature dégradantes pour les femmes, contraires à l'égalité des sexes et à un mariage sain et harmonieux.

Après deux heures de discussions, et comme personne n'avait prononcé les mots de « plaisir » ou d'« érotisme », j'ai fini par prendre la parole. Étais-je la seule surprise par cette omission ? ai-je demandé. Après tout, les deux partenaires de ce couple étaient consentants. Et peut-être que cette femme ne souhaitait plus être attachée par son mari parce que s'occuper sans cesse de son bébé la « ligotait » davantage que de véritables cordes ? Se pouvait-il que, dans le public ici présent, personne n'ait de préférences sexuelles ? Des préférences qui ne seraient ni à justifier ni à interpréter ? Pourquoi présupposer qu'il y avait quelque chose de dégradant et de pathologique dans les jeux érotiques de ce couple ? Plus significatif encore, une femme prête à se soumettre sexuellement représentait-elle un défi trop grand et trop menaçant pour le politiquement correct ? Admettre qu'elle le fasse diminuait-il l'autorité morale des femmes ? Les participants à cette conférence redoutaient-ils que les femmes, en avouant de tels désirs, ne légitiment en quelque sorte la domination masculine dans tous les autres domaines – les affaires, la vie professionnelle, l'économie, la politique ? Au fond, peut-être que ces idées de domination et de soumission sexuelles, de conquête et d'assujettissement, d'agressivité et de capitulation (sans considérer lequel des deux partenaires joue tel ou tel rôle), ne pouvaient pas cadrer avec les idéaux d'équité, de compromis et d'égalité qui soustendent le mariage moderne ?

Le fait que je sois un peu une étrangère au sein de la société américaine m'a amenée à penser que les réactions du public, lors de cette conférence, reflétaient des hypothèses culturelles plus profondes. Les cliniciens présents dans la salle croyaient-ils que les pratiques sexuelles de ce couple, même consenties et non violentes, étaient trop brutales et « perverses » – donc inappropriées et irresponsables – dans le cadre si sérieux du mariage et de la famille ? Comme si le plaisir sexuel et l'érotisme devaient être supprimés du répertoire des couples adultes, aimants et stables, dès lors que ceux-ci s'égaraient sur les chemins transgressifs du fantasme et du jeu (et en premier lieu ceux qui impliquent l'agressivité et le pouvoir).

Après la conférence, j'ai eu des conversations passionnées avec des thérapeutes conjugaux venus d'Amérique du Sud, du Moyen-Orient et d'Europe. Nous nous sommes rendu compte que nous nous sentions un peu en décalage par rapport à l'attitude des Américains devant la sexualité, mais qu'il n'était guère facile d'identifier ce qui, dans ce domaine, relevait de différences culturelles. Généraliser, sur un sujet aussi chargé de tabous, peut vite mener sur un terrain glissant. Mais au risque de paraître inconvenante, je dirais que l'égalitarisme, la franchise et le pragmatisme (enracinés dans la culture américaine à l'origine, mais qui ont gagné le reste du monde) influencent la façon dont nous pensons et expérimentons l'amour et le sexe. Par ailleurs, l'attitude des Latino-Américains et des Européens a tendance à refléter d'autres valeurs culturelles. Elle laisse fonctionner les mécanismes de la séduction, accorde une place centrale à la sensualité, et exprime une idée de complémentarité – être différents mais égaux – plutôt que celle d'une similitude absolue.

Politique en chambre

Ce que l'Amérique a de meilleur – sa foi en la démocratie, l'égalité, la construction du consensus, le compromis, l'équité et la tolérance mutuelle – peut, transposé de façon trop scrupuleuse dans la chambre à coucher, aboutir à une sexualité très ennuyeuse. Car le désir et la citoyenneté ne suivent pas les mêmes règles du jeu. Alors que l'égalitarisme éclairé est une des plus grandes avancées de nos sociétés modernes, il peut coûter cher dans le domaine de l'érotisme.

Depuis vingt ans, Elizabeth tient Vito éloigné des traditions machistes du sud de l'Italie, au profit de l'égalité postféministe caractéristique de la banlieue new-yorkaise. Quand j'entends Vito me dire : « Je pense qu'ainsi, nous sommes de meilleurs partenaires », avec une voix qui fait penser à celle de don Vito Corleone, je mesure l'ampleur du changement culturel qui s'est opéré en lui.

Elizabeth est une femme d'environ quarante-cinq ans, qui se décrit elle-même comme « hyperresponsable ». Psychologue dans une école primaire, elle veille au bien-être de plus de quatre cents écoliers, tout en étant par ailleurs en charge de presque tout au sein de son foyer.

— J'ai toujours fait ce qu'il fallait, dit-elle. J'ai toujours été très active. Je fais des listes et je m'y tiens. D'une certaine façon, cela fonctionne. Dans mes relations, j'ai toujours eu la place du coordinateur compétent qui maîtrise la situation. Mais il n'y a pas un moment où je puisse me laisser aller, me sentir libre, insouciante, et peut-être un tout petit peu irresponsable.

Elizabeth s'interrompt un instant et sourit avec timidité.

— Et puis, j'ai découvert avec Vito combien j'aimais être soumise sexuellement. Peut-être que cela ne cadre pas avec l'idée que je me suis toujours faite de moi-même, ou avec ce que les autres pensent de moi, mais c'est la vérité.

Je lui demande :

— Le sexe vous permet de perdre le contrôle en toute sécurité ?

— Oui.

— Vous n'avez pas à prendre de décisions. Vous n'avez pas à vous sentir responsable de quelqu'un d'autre.

— Pour moi, ce sont presque des vacances, confirme-t-elle. Je n'ai pas à me maquiller. Je n'ai pas à répondre au téléphone. Je n'ai pas à être responsable. C'est comme être sur une île lointaine et merveilleuse, loin de ma vie ordinaire. Je peux m'évader de mon univers et devenir quelqu'un d'autre, sexy et un peu sauvage.

Dans sa vie érotique, Elizabeth veut être malmenée, qu'on lui dise ce qu'elle doit faire. Comme si elle pouvait ainsi corriger un déséquilibre de son existence et se ressourcer. Pour elle, l'abandon qui accompagne la perte de contrôle est un délice. Et je pourrais même ajouter qu'elle prend du plaisir à jouer dans la zone interdite de l'inégalité.

— Quand il me prend avec force, je me sens sexy, ajoute-t-elle. Cela augmente l'excitation. Comme si son désir était si grand qu'il ne pouvait pas le contenir.

— Elle aussi s'abandonne totalement, enchaîne Vito. Quand elle cède, je me sens irrésistible.

Face à la brutale réalité de la violence, des viols, du trafic sexuel, de la pornographie à caractère pédophile, des crimes de haine, nous devons être très attentifs aux abus de pouvoir qui s'insinuent dans les rapports sexuels entre les gens. Mais la poétique du sexe, quant à elle, est souvent politiquement incorrecte, puisqu'elle prospère au sein des jeux de pouvoir, des renversements de rôles, des avantages inéquitables, des demandes impérieuses, des manipulations de séduction et des cruautés subtiles. Marqués par le mouvement féministe et ses idéaux égalitaires, nous nous retrouvons souvent confrontés à ces contradictions. Dans le champ sexuel, nous avons peur de jouer avec les déséquilibres du pouvoir, même dans le cadre d'une relation entre adultes consentants. En effet, cela ne met-il pas à mal le respect essentiel à toute relation humaine ?

En aucune façon je n'appelle à une inversion de l'histoire et n'ai d'objectifs antiféministes en tête. Un débat sur les couples modernes et la sexualité n'aurait en effet aucun sens s'il ne reconnaissait pas l'influence immense et salutaire qu'a eue le féminisme sur la vie des familles américaines. Le mouvement des femmes a voulu éliminer les profondes inégalités entre les sexes, et dénoncer les structures qui ont permis de perpétuer la domination masculine dans toutes les sphères de l'existence, y compris sexuelle. Il a remis en question la morale à deux vitesses qui, d'une part, encourageait les hommes à avoir des expériences sexuelles – y voyant même une étape nécessaire dans leur développement – et, d'autre part, interdisait aux femmes une semblable liberté. Cette même morale exigeait des femmes la fidélité absolue, et fermait les yeux sur les aventures masculines, sous le simple prétexte que « les hommes sont comme ça ». Il existe encore des pays où un mari peut tuer son épouse infidèle sans aucune conséquence légale. Dans certaines cultures, c'est même le seul moyen pour lui de restaurer son honneur et celui de toute sa famille.

La différence des sexes et les tabous qui lui sont inhérents ont longtemps été considérés comme des impératifs indiscutables prenant leur source dans la biologie. Le féminisme a montré que ces truismes et ces catégorisations incontestés n'étaient en fait que des constructions sociales venant renforcer une très vieille répartition des rôles entre les genres – une répartition favorisant les hommes de façon manifeste. Des ouvrages comme *Our Bodies, Ourselves*[1], et *The Women's Room*[2] ont eu comme objectif de restaurer chez les femmes la maîtrise de leur sexualité – tant sur un plan légal que sur un plan psychologique –, et de les libérer des contraintes qui s'exerçaient en ce domaine. Il est apparu que le plaisir sexuel des femmes ne pourrait s'exprimer pleinement que lorsque celles-ci seraient relativement à l'abri des dangers traditionnels, très réels, associés au sexe : les maladies sexuellement transmissibles, les viols, les grossesses non désirées, les couvraient de honte mais signifiaient aussi leur perte. Sans oublier que l'accouchement lui-même n'était pas sans risque.

Les premières féministes étaient bien plus intéressées par le thème de la souveraineté sexuelle que par celui du plaisir. « Chaque chose en son temps, pensaient-elles. Tant que les hommes dominent totalement le monde des affaires et la vie politique, tant que les femmes sont dépendantes d'eux sur le plan économique, et tant que la charge des enfants repose entièrement sur leurs épaules à elles (déséquilibrant même les couples les plus égalitaires), on ne peut parler d'une

---

1. *Our Bodies, Ourselves*, Boston Women's Health Book Collective ; trad. *Notre corps, nous-mêmes*, Albin Michel, 1977 (*N.d.T.*).
2. *Toilettes pour femmes*, de Marilyn French (*N.d.T.*)

sexualité féminine libérée. » Indéniablement, les féministes ont contribué à améliorer tous les aspects de la vie des femmes. Aucune vraie liberté, sexuelle ou autre, ne serait concevable sans elles.

Mais ces améliorations ont eu des conséquences involontaires. Sans dénigrer ces acquis significatifs d'un point de vue historique, je crois que l'accent mis sur une sexualité égalitaire et respectueuse – purgée de toute expression de pouvoir, d'agressivité et de transgression – va à l'encontre du désir érotique, aussi bien celui des hommes que celui des femmes.

L'espace délimité de l'érotisme

Elizabeth et Vito ont tout fait pour que leur mariage soit fondé sur l'équité, mais la sexualité les a emmenés sur un autre terrain. Le différentiel de pouvoir qu'elle ne saurait accepter vis-à-vis de son mari sur le plan affectif est précisément ce qui excite Elizabeth sur le plan érotique. Au départ, lorsqu'elle avouait ses préférences sexuelles, elle était embarrassée. Cela n'allait pas avec l'image qu'elle se faisait d'elle-même : une femme libérée et forte.

— Je me suis battue pour accepter ce qui m'excitait. J'ai longtemps été perturbée par mes fantasmes. La soumission, ce n'était pas moi. J'ai mis des années à concilier cela avec mes convictions politiques. Entre mon mariage, mes enfants et ma carrière, j'ai compris qu'il était temps que j'arrête de me voiler la face, de faire semblant, et plus que tout de m'excuser pour ce que j'étais et pour ce qui me faisait envie dans la vie. C'est l'avantage de vieillir. Je ne ressens pas le besoin de me justifier. C'est peut-être cela, le sens de la libération sexuelle.

Beaucoup de femmes acceptent mal leur désir de soumission sexuelle. Pourtant, « sortir de soi » est tout l'intérêt de l'érotisme. Quand il s'agit de désir, nous foulons aux pieds les contraintes culturelles. Les interdits que nous respectons avec véhémence au grand jour sont souvent ceux que nous aimons transgresser dans l'obscurité. Voilà un espace alternatif où nous pouvons sans danger jouer avec nos tabous. La force de l'imagination érotique, c'est de pouvoir outrepasser la raison, les conventions et les barrières sociales.

Plus j'attire son attention sur cet aspect du plaisir, plus Elizabeth semble soulagée.

Je reprends :

— Bien sûr, rien n'est plus effrayant qu'une véritable perte de contrôle dans la « réalité ». Mais le fantasme permet justement de transcender les contraintes morales et psychologiques de la vie de tous les jours.

Quand la sexualité s'exprime de façon libérée, nous cédons à nos pulsions incontrôlées, à ce qui en nous est refoulé et trivial. Mordechai Gafni, un spécialiste du mysticisme juif, explique que les fantasmes sont comme des miroirs. Nous les tenons en face de nous dans le but de voir ce qu'il y a derrière. Ainsi, nous apercevons des images de nous-mêmes qui nous seraient autrement inaccessibles. Lorsque nous nous engageons, nous troquons notre liberté contre de la sécurité ; l'érotisme, lui, nous ouvre le chemin de retour vers cette liberté. Au cœur du vaste bouillonnement de notre imagination, celle-ci nous permet alors de supporter les limites de la réalité.

Si on érotise les dynamiques de pouvoir et d'autorité qui sont à l'œuvre dans une relation affective, elles peuvent devenir très excitantes. Dans nos fantasmes, nous utilisons les aspects les plus contrariants de l'amour – la dépendance, la capitulation, la jalousie, l'agressivité et même l'hostilité – pour en faire de puissantes sources d'excitation. Un de mes patients, Oscar, ne peut pas supporter que sa tyrannique épouse lui dise ce qu'il faut faire, mais il aime qu'elle le bouscule quand ils font l'amour. Dès qu'elle lui ordonne de faire la vaisselle, il a l'impression d'être de nouveau dans la cuisine de sa mère. Mais, une fois que les lumières sont éteintes, il ne ressent plus cette menace régressive. Ce qu'il déteste dans la sphère domestique devient sa préférence dans celle de l'érotisme. Mawxell, quant à lui, surveille de près les nombreux admirateurs de sa petite amie, mais imagine qu'ils sont là lorsqu'il lui fait l'amour. Ce qui lui fait peur en public devient un enchantement en privé. De ses peurs diurnes, il fait des séductions nocturnes. Quant à Elizabeth, la femme responsable, elle aime que Vito prenne le pouvoir sexuellement, afin de pouvoir souffler un peu. Pour elle, cette prise de contrôle n'a rien d'une oppression. Au contraire, elle a l'impression que Vito prend soin d'elle. Et elle éprouve un respect accru pour lui, quand, « pour changer, il sait ce qu'il faut faire ». L'autorité qu'il exerce alors sur elle lui offre un cadre pour libérer son propre désir. Ce déséquilibre du pouvoir est à la fois sécurisant et excitant, protecteur et libérateur.

Renverser le pouvoir

Certains diraient que le désir de soumission d'Elizabeth n'est rien de plus qu'une réaffirmation de la traditionnelle domination masculine. Pour ceux-là, les jeux sexuels dans lesquels l'un des partenaires domine et exerce le contrôle, tandis que l'autre est passif et faible, sont de nature hiérarchique et oppressive, rien de plus qu'une reprise sexiste du patriarcat. Mais les prisonniers ont rarement le désir de se revendiquer comme tels. Seuls ceux qui sont libres peuvent le faire. À mon avis, être capable de jouer ces différents rôles indique d'une certaine façon qu'on ne les subit plus. Le jeu a le potentiel de semer la confusion dans la catégorisation des genres. Pour Elizabeth, être contrôlée sexuellement est en soi un acte subversif et en fin de compte libérateur.

Il en va de même pour Marcus, qui dirige une unité de recherche et de développement dans une grande entreprise informatique internationale. Il est l'exemple même de la personnalité de type A : compétitif, ambitieux, passant plus de temps dans les avions que sur terre. Ses solides capacités mentales et son agressivité en ont fait un leader naturel dans son domaine de compétences. La notion de force est associée à la plupart de ses activités et revient souvent dans son discours : il participe à des marches sportives, boit des cocktails corsés, fait de copieux déjeuners d'affaires, et récupère grâce à de courtes siestes d'une dizaine de minutes.

Et, durant son temps libre, il aime recevoir une bonne fessée.

Quand Marcus arrive le soir chez sa petite amie, il a passé une longue journée à être le patron. Une femme sexuellement dominatrice lui permet de se relâcher après s'être contrôlé. Quand son amie joue le rôle d'une maîtresse femme, il peut se laisser aller, car il sait qu'elle est capable de faire face à l'intensité de ses désirs. Il aime capituler sur le plan érotique, mais cela le nourrit également sur le plan émotionnel. Grâce au jeu de miroir de l'érotisme, Marcus peut, comme Elizabeth, découvrir une facette enfouie mais essentielle de sa personnalité.

Dans nos cultures, la passivité est perçue comme un signe de faiblesse et de féminité. C'est pourquoi elle est source de grands conflits émotionnels pour les hommes (et pour beaucoup de femmes). Mais cela ne la fait pas disparaître pour autant de notre psychisme, ni ne la rend moins désirable. Ainsi, Marcus éprouve à la fois une peur de se soumettre et un intense besoin de le faire. Son fantasme lui permet une passivité limitée, autrement dit un retour sécurisant mais déguisé dans les bras de sa mère. Négligeant les pesantes explications psychologiques qui le poussent à agir ainsi, ses préférences érotiques viennent défier les stéréotypes de la répartition du pouvoir, ceux qui placent toujours l'homme au sommet.

Pas d'amour sans haine

Les défenseurs de l'intimité moderne – conseillers conjugaux et auteurs d'ouvrages de développement personnel en tête – ont toujours cherché à neutraliser l'épineuse question du pouvoir dans le couple. La relation idéale est censée assurer une égalité absolue dans tous les domaines, comme si, règle en main, il était possible de mesurer le pouvoir. Certains, pris dans l'idéologie de l'équité et de la réciprocité, ne veulent rien de moins.

Reste que les négociations de pouvoir font partie intégrante des relations humaines. Nous le reconnaissons avec plus de facilité quand elles s'expriment de façon aiguë à travers l'autorité, la contrainte, la brutalité, l'agressivité et le châtiment. Le plus fort décerne les punitions et les récompenses, selon la façon dont on a répondu à ses souhaits. Mais les faibles aussi détiennent une forme de pouvoir, qui se manifeste à travers la déférence, la passivité, la retenue, le fait de s'insinuer dans les bonnes grâces de quelqu'un, d'utiliser la posture morale de la victime. On ne peut échapper au pouvoir et à ses déséquilibres.

Ethel Person, dans *Feeling Strong*[1], écrit que notre connaissance des écarts de pouvoir nous vient en premier lieu de notre famille. « Toutes les relations de pouvoir, tous les désirs de dominer ou de se soumettre, trouvent leurs racines psychologiques dans le fait que nous avons tous été de petits enfants face à d'immenses parents, et leurs racines existentielles dans notre sentiment d'être de petites personnes dans un monde vaste et sans contrôle, un monde que nous avons besoin d'apprivoiser. » L'enfance est un terrain d'entraînement fondamental en ce qui concerne les stratégies de pouvoir. Nous avons nos volontés ; nos parents ont les leurs. Nous demandons ; ils refusent. Nous marchandons pour obtenir ce que nous voulons ; ils nous disent ce que nous pouvons avoir. Nous apprenons à résister et nous apprenons à nous rendre. Dans

1. « Se sentir fort ».

le meilleur des cas, nous faisons l'apprentissage de l'équilibre, de la médiation et de la compréhension.

Toutes ces alternances sont inscrites dans nos rapports intimes à l'âge adulte, et le sexe a son importance dans ce processus. En effet, garçons et filles reçoivent une initiation radicalement différente en ce qui concerne l'exercice du pouvoir. Les hommes apprennent ainsi à s'exprimer franchement dans ce domaine, tandis que les femmes apprennent à le faire de façon indirecte. Et ces différences sont perceptibles dans nos scénarios sexuels.

Adultes, nous cherchons à prendre le contrôle pour lutter contre la vulnérabilité inhérente à l'amour. Lorsque nous plaçons nos espoirs en quelqu'un, notre dépendance s'en trouve accrue. Tout comme nos frustrations et nos déceptions. Plus nous sommes sans défense, plus la menace de l'humiliation est grande. Plus nous désirons quelque chose, plus nous éprouvons de la colère si nous ne l'obtenons pas. Les enfants savent cela. Les amants aussi. Qui, à part notre conjoint, peut nous mener aussi vite jusqu'au point d'ébullition ? Personne, sauf peut-être nos parents, qui incarnent pour nous le lieu originel de la rage mêlée à la dépendance. La haine accompagne toujours l'amour.

Si certains d'entre nous sont effrayés par la profondeur de leur dépendance, beaucoup ont encore plus peur de la puissance de leur rage. Et nous avons recours à de complexes contorsions relationnelles pour contrôler toute cette force explosive. Cependant, les couples qui parviennent à mettre en place de façon efficace ce modèle de tranquillité sont rarement des amants passionnés. Lorsque nous confondons revendication et agressivité, lorsque nous neutralisons l'altérité, ajustons nos désirs et maîtrisons notre hostilité, nous atteignons une paix qui nous rassure mais qui n'est pas très excitante. Stephen Mitchell fait remarquer que la capacité à contenir notre agressivité est une condition préalable à l'amour. Mais nous devrions l'intégrer plutôt que l'éradiquer. « La dégradation du sentiment amoureux et le fléchissement du désir ne sont pas dus à la contamination de l'amour par l'agressivité, mais à l'incapacité à maintenir la tension nécessaire entre les deux. »

Jérôme et Cora

Jérôme est quelqu'un de modeste. Cet homme rasé de près est un brillant architecte aux manières douces et à l'élocution soignée. Très aimable, il n'est pas le genre de personne à s'emporter pour une broutille. Mais, sexuellement, c'est un autre homme. Jérôme a découvert le SM (le sadomasochisme) quand il était adolescent et, pendant des années, il a utilisé l'érotisme comme une façon d'extérioriser son agressivité. Il aime le cuir, les surfaces dures, les chaînes, les menottes.

— J'étais timide et j'avais du mal à m'affirmer, explique-t-il. Mais, en même temps, je ressentais une grande colère dont je ne savais pas quoi faire. J'avais trop peur de blesser quelqu'un. Alors, je la gardais pour moi.

Je lui réponds :

— Je peux comprendre pourquoi le SM vous a tellement attiré. Vous pouviez imposer vos désirs sans la crainte de faire mal à qui que ce soit. Les règles claires et les négociations préalables vous permettaient de vous sentir en sécurité. Émotionnellement, vous avez tendance à faire passer les autres au premier plan. La domination sexuelle est pour vous le moyen de fouler aux pieds la suprématie d'autrui. C'est une réponse intelligente à votre habituelle subordination émotionnelle.

— Exactement, confirme-t-il. Mais, en même temps, tout ça vise à satisfaire mes partenaires. Je leur fais plaisir, c'est le maître mot. Et elles doivent vraiment le vouloir, sinon ça ne marche pas pour moi.

Pendant des années, Jérôme a évité toute relation sérieuse avec les femmes. Pour lui, la proximité aurait signifié l'anéantissement. Hanté par le souvenir du petit garçon qu'il a été, il redoutait de se sentir dépendant et impuissant.

— Cora a été la première femme que j'ai aimée sans me sentir redevable. Avec elle, je n'étais pas constamment sur mes gardes en me demandant si je n'allais pas être étouffé par la relation.

Jérôme a grandi dans la solitude. Il avait peu d'amis, et il a passé son adolescence à lire de la science-fiction et à écouter du heavy-metal dans sa chambre. Cora, qui a grandi au même endroit que lui, ne se souvient pas de l'avoir croisé au lycée. Elle était populaire, jolie, extravertie. Elle a même dirigé la publication de l'annuaire de l'école.

— Je ne faisais pas partie des meneurs, mais j'avais une place tout à fait honorable, explique-t-elle.

Aujourd'hui encore, Cora a beaucoup d'amis. Elle est au centre de son réseau social, et elle a de multiples pôles d'intérêt en plus de sa carrière prometteuse de réalisatrice de documentaires.

Onze ans après avoir quitté le lycée, Jérôme et Cora

se sont rencontrés par hasard lors d'un mariage. Depuis tout ce temps, Jérôme avait appris à masquer sa timidité sous la satire, et Cora a été séduite par son sens de l'humour juste et cocasse. Sans compter qu'il était devenu un très bel homme. Elle s'est arrangée pour quitter la fête avec son numéro de téléphone, car elle a tout de suite su que ce serait à elle de faire le premier pas. Ils ont commencé à se voir, et ils sont ensemble depuis six ans.

Tous les deux sont merveilleusement compatibles dans la plupart des domaines de la vie, mais ils ont des sensibilités très différentes sur le plan sexuel.

— Je ne comprends pas ce qui le motive, dit-elle. Je n'ai jamais connu ça avant. Et pourtant, j'ai été avec beaucoup d'hommes et il y a des tas de choses un peu spéciales qui m'excitent. Mais, là, je ne peux pas – peut-être parce que j'ai grandi dans le monde très féministe du politiquement correct et du respect dû aux femmes. Dans un sens, je ne me sens pas respectée. Je trouve ça minable et sordide, et j'ai l'impression d'être...

Je lui demande :

— Une salope ?

— Non, il n'y a rien de mal à être une salope. Je l'ai été moi-même pendant longtemps. Mais, là, je me sens moins désirable, comme si cela ne me concernait pas. Cela ne me motive pas et ne m'intéresse pas. Vous comprenez ?

— Oui, intervient Jérôme, mais, pour moi, ce n'est pas comme si j'oubliais qui tu étais, comme si j'oubliais ton identité. Pour moi, c'est une façon de t'honorer en étant prêt à quitter mon armure défensive et à te dire : « J'ai assez confiance en toi pour te montrer ça. »

Pour que nous puissions avancer, Jérôme et Cora ont besoin de mieux se comprendre l'un l'autre. Nous faisons donc un exercice dans lequel chacun prend une feuille de papier qu'il divise en deux colonnes : dans la colonne de gauche, il s'agit de noter les idées que leur suggère spontanément le mot « amour ». Je les guide avec des débuts de phrases qu'ils doivent compléter : « Quand je suis amoureux, je me sens… », « Quand je suis aimé, je me sens… », « En amour, je cherche… »… Dès qu'ils ont terminé, ils écrivent les réponses à une autre série de questions dans la colonne de droite : « Quand je pense au sexe, je pense… », « Quand j'éprouve du désir, je me sens… », « Quand je suis désiré, je me sens… », « Dans la sexualité, je cherche… »…

Bien que simple, cet exercice est très significatif. D'abord parce qu'il montre exactement comment l'amour se distingue du désir dans l'esprit de chaque partenaire – comment ils sont à la fois distincts et entrelacés. Enfin parce qu'il me permet de comparer les réponses des deux partenaires.

Comme je le supposais, Jérôme et Cora vivent le sexe de façon opposée, et ils en attendent des choses différentes. Cora y voit un contact intime et son désir trouve sa source dans le sentiment amoureux. Elle associe ce dernier à la chaleur et à la sécurité. Être aimée lui donne l'impression d'être en sécurité, tout comme le fait d'être désirée. Pour paraphraser Baudelaire, « luxe, calme et volupté » sont les mots qu'elle associe au sexe.

— Je me suis sentie liée à chaque personne avec laquelle j'ai fait l'amour. Même après une aventure d'une nuit, je repartais le matin en souriant et en pensant que j'étais amoureuse. Ensuite, j'ai dû apprendre que le sexe et l'amour, ce n'était pas toujours la même chose, et que je commettais une erreur en voulant épouser tous les hommes avec lesquels je couchais.

Pour Jérôme, le contact intime apparaît après l'acte sexuel ; l'amour et le sexe ne se mêlent pas aussi étroitement que pour Cora. L'amour est synonyme de sécurité, mais aussi de confinement ; il est lié au conflit.

— J'ai l'impression de devoir faire attention à tout ce que je fais, à tout ce que je dis, pour éviter de la blesser. Je me sens vulnérable, exposé et désorienté. J'en souffre. Parfois, je pense que je ne mérite pas l'amour de Cora, parce que je ne m'en sens pas digne. Parfois aussi, j'ai du mal à comprendre ce qu'elle aime en moi. Et ça m'angoisse.

En revanche, en matière de sexe, son expérience est toute différente.

— Le sexe m'a toujours fasciné. C'est le lieu où je peux être vraiment moi-même, où je peux exprimer toutes sortes de sentiments que je ne dévoile pas d'ordinaire. Pour moi, sexe et pouvoir sont profondément liés, il est même difficile de les distinguer.

L'agressivité est une part intrinsèque de sa sexualité. Elle lui donne du courage. Il n'a pas à se soumettre aux besoins et aux sentiments de sa partenaire, pas plus qu'il ne se perd en eux.

— J'ai besoin d'avoir le pouvoir parce que je me suis très longtemps senti impuissant dans la vie. J'ai besoin de compartimenter.

Je lui suggère :

— Quand il est trop intense, le lien affectif entrave la sexualité, parce que vous vous sentez enfermé. Ce même enfermement que vous avez noté dans la colonne « amour ».

— Si je tiens trop à une femme, je ne peux pas mettre à nu mon agressivité. Ce qu'elle pense de moi m'importe, vous comprenez ? Elle ne peut pas être trop proche de moi, ou bien je me sens menacé. J'ai besoin de distance pour être excité.

Jérôme est en train d'essayer de donner les grandes lignes de sa sexualité à Cora. L'agressivité en est la motivation initiale, mais l'autonomie qu'elle lui permet de développer en constitue le véritable enjeu.

— C'est comme si les usages ne comptaient plus. Comme si l'opinion des autres ne comptait plus, comme si la dignité ne comptait plus. Il n'y a plus que l'envie, le désir brut. C'est la liberté, celle que j'ai voulu conquérir toute ma vie.

Soyons lucides : les idéaux sexuels de Jérôme et de Cora ne coïncident pas. Et il est possible que cette partie de leur relation ne ressemble jamais à *9 semaines 1/2*. Mais à chaque fois qu'ils ont songé à se séparer, ils ont pris conscience qu'ils pourraient peut-être trouver un meilleur partenaire sexuel, mais jamais un meilleur partenaire de vie.

Voici ce que j'ai décidé : étant donné la capacité de Jérôme à dominer essentiellement dans le domaine sexuel, j'appuie la demande de Cora qui voudrait ressentir quelque chose de cette domination au-delà de la chambre à coucher.

— Ce qui me semble si étrange, c'est que Jérôme soit tellement passif dans tous les autres aspects de notre vie. Le contraste est déstabilisant. J'aimerais qu'il fasse preuve de plus de caractère et de moins de déférence en général.

J'encourage Jérôme à commencer à s'affirmer en

dehors de la sphère sexuelle. Il est novice dans ce domaine : il lui est difficile de choisir un restaurant ou un film à voir au cinéma. Dire à Cora qu'il veut rester à New York pour les fêtes de fin d'année, au lieu d'aller comme chaque année dans sa famille, relève presque de l'impossible. À aucun moment je ne lui suggère qu'il devrait modifier sa sexualité, mais je le pousse à faire l'apprentissage du pouvoir dans d'autres domaines de sa vie. Il est important qu'il sache que sa volonté peut être reconnue en dehors des rites du SM.

De son côté, il aimerait bien que Cora apporte dans leur lit à baldaquin un peu de l'audace et de l'énergie qu'elle manifeste dans sa salle de montage. Cora, elle aussi, pourrait donner plus de caractère à leur vie sexuelle.

— Quand tu as fini de te laver les dents et de mettre ton pyjama, et que tu me demandes si nous allons faire l'amour ce soir, d'une façon si terre à terre, cela ne me fait pas d'effet. Il m'en faut plus. Dis-moi ce dont tu as envie, fais glisser la fermeture Éclair de mon pantalon, marche toute nue dans la chambre. Quelque chose, n'importe quoi, plutôt que « On fait l'amour ce soir ? » Je fais des efforts pour toi. J'allume des bougies pour créer l'atmosphère que tu aimes, je te fais l'amour avec lenteur. Oui, je fais des efforts, toi non.

Cora n'aura peut-être jamais les mêmes préférences sexuelles que Jérôme, mais je l'encourage à se montrer assez ouverte pour les comprendre. En le jugeant, et en échouant à comprendre ses goûts particuliers, elle se condamne à se sentir humiliée. Elle échoue à voir que Jérôme prend vraiment un gros risque en la laissant entrer dans les zones troubles et primaires de son identité érotique.

Rééquilibrer la culture dominante

La plupart des adeptes d'une sexualité différente, du moins ceux que j'ai rencontrés, sont attirés par l'érotisme du pouvoir, et non, comme d'aucuns pourraient le croire, par la violence et la souffrance. En réalité, les contrats soigneusement négociés qui spécifient ce qui peut et ce qui ne doit pas être fait, par qui, à qui, et combien de temps, sont là pour garantir le plaisir et la sécurité. On se soumet tant qu'on est prêt à le faire. On domine aussi longtemps qu'on y est autorisé.

Dans cet univers sexuel parallèle, prendre le pouvoir est un jeu, une expérience, une façon de vivre des relations qui nous répugneraient dans la vie réelle. Si, au quotidien, nous évitons d'être dépendants, il en va autrement dans notre vie érotique. Alors que nous nous sentons mal à l'aise face à notre propre agressivité, les jeux sexuels nous permettent de faire l'expérience du pouvoir en toute sécurité. Quelle que soit notre aversion pour la soumission dans la vie réelle – comme chez Elizabeth – ou pour l'autonomie – Jérôme –, le théâtre du sexe peut agir comme une catharsis.

Le sadomasochisme et la domination-soumission ont longtemps été des pratiques marginales, à la périphérie de la sexualité conventionnelle. À l'origine, ce sont les homosexuels masculins qui s'y adonnaient, parce qu'ils sont capables – davantage que les hétérosexuels, comme le note le sociologue Anthony Giddens – d'isoler leur agressivité pour ressentir le plaisir sexuel. Mais, depuis quelques années, ces pratiques sont devenues plus courantes. Un nombre croissant de citoyens du début du XXIᵉ siècle – qu'ils soient homo ou hétéro, hommes ou femmes, qu'ils se définissent comme conservateurs ou comme réformistes, qu'ils vivent en centre-ville, en banlieue ou à la campagne – éprouvent du plaisir en donnant ou en recevant des ordres. Et ils sont bien trop nombreux pour correspondre au profil d'une minorité psychologique.

La critique féministe Camille Paglia y voit l'expression d'un fantasme collectif qui vient légèrement déranger notre culture égalitaire. Pour ma part, je pense que ces rituels de domination et de soumission sont un moyen subversif d'appréhender une société qui glorifie la maîtrise, déprécie la dépendance et réclame l'égalité. Dans les sociétés qui donnent la première place à ces valeurs – les États-Unis, par exemple –, on trouve de plus en plus de gens qui veulent abandonner tout contrôle, éprouver de la puissance à se sentir dépendants, et qui acceptent ces injustices dont personne ne veut parler. Dans cette perspective, les clubs de rencontre sont de véritables sanctuaires où l'on admet ce que la société rejette par ailleurs. Ce renversement explicite du pouvoir, qui circule ainsi librement et de façon consensuelle, est loin de la répartition rigide qui existe dans nos sociétés. Dans la vie réelle, le pouvoir est bien plus difficile à négocier, presque impossible à acquérir, mais aussi à céder. Personne ne veut lâcher sa part du gâteau.

Je suis profondément consciente des disparités qui s'insinuent dans notre société en termes de pouvoir, et pas un jour ne se passe sans que je sois le témoin des conséquences concrètes de la violence intime. Mais je sais aussi que l'agressivité, en tant qu'émotion humaine, ne peut être éliminée de nos relations, surtout de nos relations amoureuses. L'agressivité est la part d'ombre de l'amour. Elle est aussi un élément intrinsèque de la sexualité, et elle ne pourra jamais être totalement supprimée.

Dans mon travail, j'ai pour objectif de mettre au jour les dynamiques de pouvoir au sein du couple. Je cherche à les rendre manifestes, à examiner les tensions et à réparer les injustices. Je considère également le déséquilibre harmonieux propre à chaque couple. Toutes les injustices ne sont pas source de difficultés. Elles servent parfois de fondement à la bonne entente du couple. Je ne cherche pas simplement à neutraliser le pouvoir, je cherche à l'exploiter. Avec mes patients, nous recherchons le moyen de l'exprimer sans danger et sans peur, de façon créative et sexuelle.

5

« Quand on veut, on peut ! »

Quand la morale protestante s'attaque à l'érosion du désir

> « L'énergie et la persévérance peuvent tout conquérir. »
>
> Benjamin FRANKLIN

Dans le domaine de l'amour, comme dans beaucoup d'autres, l'Amérique est une société tournée vers l'objectif. Nous préférons les messages explicites et sincères, les discours clairs, à tout ce qui est impondérable, ambigu et allusif. Nous comptons sur le concret des mots pour exprimer nos sentiments et nos besoins, sans pour cela emprunter les voies plus subtiles de l'intimité. « Va à l'essentiel », « Vide ton sac », « Ne tourne pas autour du pot »… N'oublions pas que l'Amérique a inventé les stages d'affirmation de la personnalité. Quant aux thérapeutes, nombre d'entre eux nous poussent à suivre notre penchant pour la précision et la franchise sans fard : « Si vous voulez faire l'amour à votre partenaire, pourquoi ne le dites-vous pas clairement ? Dites-lui exactement ce que vous voulez. »

Avec un but bien défini, une solide organisation et un travail acharné, nous croyons que tout est possible. Voilà l'idée qui se cache derrière l'optimisme américain. Un effort ciblé et une détermination sans faille permettent de venir à bout de tous les obstacles ; le travail est toujours couronné de succès. Inversement, échouer est le signe probable d'une paresse, d'un manque de motivation, d'une complaisance envers soi-même, d'une volonté défaillante. On manque de courage et on ne peut s'en prendre qu'à soi-même. Dès lors, pourquoi cette vision pleine d'énergie, inspirée en grande partie du monde des affaires, ne s'étendrait pas également à tous les dilemmes existentiels ou amoureux de la vie ? Appliquez ce modèle à l'amour, et vous obtenez des livres comme : *Find a Husband After 35 Using What I learned at Harvard Business School*[1], de Rachel Greenwald, *5 Minutes to Orgasm Every Time You Make Love*[2], de Claire D. Hutchins, ou *Seven Weeks For Better Sexe*[3], de Domeena Renshaw. Les Américains aiment cette capacité à définir ce qu'on désire, puis à aller droit au but. De la même façon, si on sait ce qu'on veut dans une relation, il faut agir pour l'obtenir. Se fixer un certain nombre

1. « Trouver un mari après trente-cinq ans, en vous servant de ce que j'ai appris à Harvard » (*N.d.T.*).
2. « Atteindre l'orgasme en cinq minutes, à chaque fois que vous faites l'amour » (*N.d.T.*).
3. « Une meilleure sexualité en sept semaines » (*N.d.T.*).

d'étapes pour y parvenir – pas plus de dix – garantit l'entrée dans le jardin des délices terrestres, sans qu'une minute ait été perdue.

En tant qu'Européenne, j'ai toujours admiré l'optimisme des Américains, à l'opposé du fatalisme et de la résignation présentes dans tant d'autres cultures, plus traditionnelles. Cet optimisme exprime un sentiment positif de prise sur la réalité. Ici, les gens n'aiment pas dire : « C'est comme ça, on ne peut rien y faire. »

Mais cette attitude volontariste nous amène à penser que la diminution graduelle du désir est un problème de fonctionnement qui peut donc être résolu. Que ce soit dans les magazines ou les ouvrages de développement personnel, on nous pousse à voir dans l'absence de sexualité une question de mauvaise gestion de l'emploi du temps ou de communication insuffisante. Et si le problème vient d'une déficience en testostérone, se faire prescrire un médicament représente alors une excellente solution technique. Quant aux difficultés sexuelles qui ne relèvent pas de façon aussi nette de la médecine, les remèdes ne manquent pas : livres, vidéos et gadgets sont là non seulement pour nous aider à renouer avec la sexualité, mais pour nous conduire à des sommets d'extase inimaginables. Dans son livre *Contre l'amour. La déroute des sentiments*, Laura Kipnis écrit : « Des secteurs entièrement nouveaux de l'économie sont apparus, une multitude d'industries annexes et de marchés auxiliaires se sont développés, et de gigantesques investissements sociaux ont été entrepris dans les technologies dernier cri, depuis le Viagra jusqu'au porno conjugal, en une sorte de Lourdes du capitalisme tardif pour mariages moribonds. Comme ces toubibs qui s'acharnent à faire respirer de presque cadavres au moyen de machines et de prothèses rutilantes, les couples eux aussi, armés du high-tech, peuvent désormais repousser la mort de la passion. »

Cette approche pragmatique est caractéristique de la façon dont on affronte les problèmes aux États-Unis, le grand pays du « destin manifeste ». On les décompose, on en analyse chaque partie, et on établit un plan progressif à partir duquel on va travailler pour obtenir une solution dont les résultats seront mesurables. Mais en appliquant cette méthode aux problèmes sexuels, on oublie les sentiments. La sexologue Leonore Tiefer nous met en garde contre ce paradigme qui divise le corps en une série d'éléments indépendants les uns des autres, et qui ne voit dans la satisfaction sexuelle que le résultat de leur bon fonctionnement.

L'accent mis sur l'exploit physique, au détriment du désir et du plaisir, va de pair avec la valorisation des organes génitaux, et renforce la tendance à la domination masculine. Comme si le pénis devenait le patient, en lieu et place de son propriétaire. La capacité à avoir et à maintenir une puissante érection éclipse tout. Et le Viagra, lui, vient renforcer cette idée (n'oublions pas les recherches en cours sur le Viagra féminin : bonne nouvelle pour les maris obligeants qui veulent remplacer les tâches ménagères par du sexe, mais mauvaise nouvelle pour leurs femmes, qui pensent que leur manque de désir a plus de rapport avec l'amour qu'avec la tumescence…). L'expérience subjective du plaisir sexuel est remplacée par une liste de critères objectifs. Une liste facile à dresser mais tronquée : érections, rapports, orgasmes.

Le domaine de la sexualité est envahi par les statistiques auxquelles nous pouvons nous comparer pour savoir si nous sommes à la hauteur. Ainsi, le magazine *Newsweek* nous informe qu'en dessous de dix rapports sexuels par an, les experts parlent aujourd'hui de couples asexuels. Ceux qui font l'amour onze fois peuvent donc pousser un soupir de soulagement. Quant aux autres, ils n'ont plus qu'à se compter au nombre des 15 ou 20 % de couples n'ayant pas de sexualité. Nous sommes devenus très préoccupés par la fréquence des rapports et par le nombre d'orgasmes. Combien de fois ? Avec quelle intensité ? Pour quelle performance ? Les aspects les plus diffus et les moins quantifiables de l'expression sexuelle – l'amour, l'intimité, le pouvoir, la soumission, la sensualité, l'excitation – font rarement la une des journaux ou la couverture des magazines. L'érotisme, expression non mesurable de notre vitalité et de notre imagination, se trouve réduit à ce que Jean-Claude Guillebaud appelle une « arithmétique physiologique ».

Mais en ramenant le sexe à une fonction, nous faisons également surgir l'idée du dysfonctionnement. Nous ne parlons plus de l'art de la sexualité, mais de ses règles. L'autorité n'est plus incarnée par la religion mais par la science, et quel arbitre plus redoutable que cette dernière ? La médecine sait comment effrayer même ceux qui se moquent de la religion. Que vaut un simple péché face à un diagnostic ? Nous avions tendance à moraliser, aujourd'hui nous normalisons, et l'anxiété de la performance est la version laïque de notre vieille culpabilité religieuse.

Mon expérience m'a appris qu'un traitement qui place au premier rang la performance et la fiabilité accentue les problèmes qu'il prétendait résoudre. Le culte de la « performance sexuelle parfaite » génère ses propres inhibitions et ses propres angoisses. La plupart du temps, la beauté et l'énergie d'une rencontre se déploient dans une ambiance sécurisée, sans compétition ni record à atteindre. Or, la sensualité ne peut tout simplement pas se réduire à la sécheresse d'un résultat.

Cela ne veut pas dire que l'avis médical et les solutions des spécialistes ne sont jamais utiles ou nécessaires. Bien sûr, il est important d'être informé pour mieux comprendre certaines choses, de travailler à mieux communiquer, de chercher à dégager du temps pour faire l'amour. Des problèmes physiologiques – âge, changements hormonaux, diabète, cancer de la prostate, hystérectomie – nécessitent une consultation et un soutien médicaux. De nombreux livres peuvent également apporter une aide sérieuse dans ce domaine. Il n'en reste pas moins vrai qu'avec cette façon de résoudre les problèmes sexuels, nous échouons à prendre en compte les éléments chimériques et profondément existentiels de l'érotisme humain, qui se situent bien au-delà d'un ennui technique circonscrit.

Quand le travail ne suffit pas

Les États-Unis s'enorgueillissent de leur efficacité. Là est l'ironie de la chose : l'érotisme n'a rien à voir avec l'efficacité. Au contraire, il aime la flânerie et le gaspillage. Ce produit de notre imagination ne peut être quantifié. En glorifiant l'efficacité, nous échouons à voir l'espace érotique comme un intermède radieux pendant lequel nous pourrions, indifférents aux critères de la productivité, nous abandonner avec délices : le plaisir serait notre seul horizon. C'est un saut dans un autre monde.

Ce saut implique une perte de contrôle dont nous avons appris à nous méfier depuis notre plus tendre enfance. Notre éducation nous apprend à domestiquer ce qu'il y a de sauvage en nous : nos pulsions anarchiques ou sexuelles, notre avidité. Bâti sur la contrainte, l'ordre social menace, sans elle, de tourner au chaos. Parce que se laisser aller est la plupart du temps considéré comme négatif, nous n'envisageons pas qu'il soit possible d'apprendre en cédant, que ce soit sur un plan émotionnel ou sur un plan spirituel. Pourtant, suspendre quelque temps l'exercice de notre moi sensible est souvent libérateur et épanouissant. J'ai vu tant de gens chanceler parce qu'ils ne parviennent pas à résoudre leur problème de désir. Mal maîtriser celui-ci les laisse perplexes et effrayés. Je leur apprends à renoncer volontairement au pouvoir, et à trouver dans ce renoncement un moyen de se grandir et de se découvrir soi-même.

Rémi et Christine suivent une thérapie depuis un an. Je les reçois à la fois ensemble et séparément, tandis qu'ils passent, avec difficulté, du statut de couple passionné à celui de parents de trois jeunes enfants. Après la naissance de leurs jumelles, ces deux amants ont vu faiblir leur inspiration érotique. À l'inverse de certains couples qui acceptent avec une résignation souriante de s'installer dans une affectueuse camaraderie, Rémi et Christine ne veulent pas céder. Le souvenir de ce qu'ils ont vécu leur est trop cher. Pour eux, il y a une nette distinction entre avoir des rapports sexuels réguliers et faire l'amour, et, justement, ils n'ont pas fait l'amour depuis un moment. Ils ont loué des vidéos, pris des bains ensemble, et ils continuent de se ménager des sorties en amoureux. Ils ont essayé des tas de solutions. Certaines ont pu avoir quelques résultats, d'autres ont été une vraie perte de temps. Pourquoi ? Parce que avoir une simple relation sexuelle n'est pas vraiment leur problème. Bien sûr, ils voudraient que cela leur arrive plus souvent, mais l'intensité les intéresse davantage que la fréquence. Ce qui les préoccupe, ce n'est pas tant la diminution quantitative de leur sexualité que le fait qu'elle devienne ennuyeuse. Ils refusent la passivité.

Si j'adhérais à l'approche pratique de l'érosion du désir, je pourrais leur conseiller beaucoup de choses. Mais je m'interroge sur l'efficacité de cette méthode dans le domaine amoureux. Je pense que maintenir le désir sur le long terme est un processus d'une tout autre nature. Nous ne savons pas toujours à l'avance quels buts nous cherchons à atteindre. Le conflit habite nos désirs, la contradiction traverse nos passions. Nos rêves d'amour n'ont que faire de la volonté et de la raison. Cette dernière ne sait rien des origines de nos rêves, pas plus qu'elle ne connaît les mystérieux besoins de notre cœur. Dans nos vies amoureuses et érotiques, nous ne pouvons pas toujours raisonner en termes de pertes et de profits. En ce domaine, en effet, user d'une philosophie qui prévaut dans le monde du travail est délicat. Même la plus logique des approches ne peut venir à bout de l'ambivalence de l'amour.

Je dis à Rémi et Christine :

— Je n'ai rien de nouveau à vous offrir dans le domaine pratique. Vous sortez en amoureux, vous brûlez de l'encens quand vous faites l'amour, vous avez testé ce qui se fait de mieux en matière de lubrifiant. De quoi mettre au point un régime sexuel satisfaisant, peut-être, mais guère gratifiant. Est-ce cela ?

— Oui. Mais qu'est-ce que vous êtes en train de nous dire ? Que c'est tout ? Comme dans la chanson *Is that all there is ?*[1], demande Christine.

— Il n'y a pas de logique là-dedans. La passion n'est pas prévisible, elle n'obéit pas à une loi de cause à effet. Ce qui fonctionne le lundi peut être sans effet le jeudi. La solution est souvent une surprise, et non le résultat du genre de travail que vous avez fait jusqu'à présent. Alors, ne parlons plus de travail. Parlons plutôt de liberté. De jeu.

— Comment ça ?

Je leur suggère :

— Nous allons tenter quelque chose qui va peut-être vous surprendre. Mais dans la mesure où vous êtes dans une impasse, pourquoi ne pas essayer ? Ce qui fige le désir, c'est l'enfermement. J'aimerais que vous pensiez à son contraire : la liberté. Parlez-en de la façon la plus large possible : quand vous sentez-vous le plus libres dans votre relation ? En quoi votre mariage a-t-il accru votre sentiment de liberté ? En quoi l'a-t-il limité ? Quelle liberté accordez-vous à l'autre sans problème ? Et à vous-même ?

J'entame cette discussion dans mon bureau, avec l'espoir que Rémi et Christine la poursuivront chez eux.

J'aime secouer les gens et les sortir de leur complaisance ou au moins leur apporter une nouvelle manière d'envisager les choses. J'aime créer du malaise à partir

---

1. « C'est tout ce qu'il y a ? » (*N.d.T.*).

du statu quo. Bien que Rémi et Christine soient malheureux, je ne suis pas sûre qu'ils le soient suffisamment pour affronter le changement. Au cours d'une thérapie, je lance beaucoup de propositions, sans jamais savoir si elles vont tomber à plat ou produire quelque chose. Je laisse donc l'idée de liberté s'installer un moment, pour voir si elle va germer.

Quelques mois plus tard, Rémi annonce au début d'une séance :

— Vous voulez entendre une histoire typique de la cinquantaine ? En voilà une. Barbara, la meilleure amie de ma femme depuis le lycée, est venue nous rendre visite récemment. Je travaille à la maison, vous savez, et nous avons donc déjeuné plusieurs fois ensemble, avec la baby-sitter et les enfants. Comme vous le voyez, pas vraiment le meilleur endroit pour flirter.

Âgée d'environ quarante-cinq ans, Barbara travaille dans l'humanitaire et dirige des programmes pour les zones de conflits à travers le monde. Elle n'a pas eu d'enfants avec ses compagnons successifs, elle est indépendante mais un peu lasse de son mode de vie.

Rémi continue :

— En plus, elle est belle. Est-ce que je vous l'ai dit ? Elle mène la vie que je n'ai pas eue. À côté d'elle, je sens que j'ai cinquante ans et que je suis un parfait bourgeois. Rien de mal à cela, allez-vous dire, mais son énergie est contagieuse. Elle a touché une corde sensible en moi, et elle m'excite. Elle me plaît énormément. Vous vous souvenez que je me suis plaint de ressentir une sorte d'engourdissement, un manque d'énergie, une pesanteur ? Comme si, en me rangeant, quelque chose s'était éteint. Eh bien, son énergie m'a réveillé. J'ai envie de l'embrasser.

J'ai peur de le faire et j'ai peur de ne pas le faire. Je me sens bête et coupable, mais je ne peux pas cesser de penser à elle. Vous savez, j'étais vraiment sincère en prononçant les vœux du mariage, et j'aime profondément ma femme. Cela n'a rien à voir avec elle. Il s'agit de quelque chose que j'avais perdu et que je craignais de ne jamais retrouver.

Quand il a épousé Christine, Rémi a renoncé à draguer les filles. Il a laissé tomber sa carrière d'acteur et ses fins de mois difficiles, échangé son travail d'auxiliaire juridique au noir contre un travail à plein temps. Il s'est inscrit dans une école de droit. À présent, il travaille comme avocat dans une association écologiste. Même si Rémi semble désorienté, je vois dans son attirance pour Barbara le signe d'un réveil de ses sens endormis. Je ne le décourage pas dans ses envies « immatures », je ne le sermonne pas. Pas plus que je n'essaie de lui faire entendre raison ou de décortiquer les dynamiques émotionnelles à l'œuvre derrière son amourette d'« adolescent ». Je cherche simplement à évaluer son expérience. Il est en train de vivre quelque chose de beau : fantasmer sur Barbara est pour lui le moyen d'accéder à cette vie qu'il n'a pas eue. Je m'émerveille avec lui de cet enchantement, tout en l'appelant par son vrai nom : un fantasme. Sachant qu'il insiste sur la fidélité, je lui demande comment il va pouvoir prendre plaisir à cette expérience, sans céder à une euphorie passagère qui mettrait son mariage en danger.

— Ce que vous vivez est à la fois magnifique et pathétique. C'est formidable de savoir que vous pouvez ainsi renaître. Mais vous savez aussi que cette ivresse ne peut pas être comparée à la vie conjugale, tout simplement parce que celle-ci relève d'autre chose : la sécurité. Avec Barbara, vous tremblez, vous marchez en terrain mouvant. Cela vous plaît, mais vous redoutez également que cela ne vous mène trop loin. Or, je suis presque sûre que vous ne laissez pas votre femme susciter en vous de telles émotions. L'anthropologiste Helen Fisher explique que le désir sexuel représente une grande dépense pour notre métabolisme. De plus, il est difficile d'en assumer la conséquence naturelle : les enfants. On devient alors si concentré sur les incessantes sollicitations de la vie quotidienne qu'on court-circuite toute tension entre l'autre et soi.

À la séance suivante, à peine Rémi a-t-il mis le pied dans mon cabinet qu'il commence à parler tout de suite. Plus tôt dans la semaine, Christine et Barbara avaient prévu de dîner ensemble. Christine, comme d'habitude, s'est sentie coupable à l'idée de sortir sans Rémi, et elle l'a invité à les suivre, pour l'ignorer ensuite toute la soirée. Pour une fois, cela n'a pas ennuyé Rémi de passer ainsi au second plan et d'écouter les deux femmes parler de leurs souvenirs (après le lycée, elles ont passé une année ensemble au Togo avec le Peace Corps ; à l'issue de cette mission, Christine est rentrée à la maison, Barbara, elle, ne l'a jamais fait). Comme souvent, elles en sont arrivées à exprimer leur admiration et leur envie devant leurs vies respectives.

— Nous venions juste de terminer un grand cru australien, un shiraz, explique Rémi, et nous étions tous un peu pompettes. Soudain, j'ai eu la stupéfaction d'entendre Christine lancer à Barbara : « Je te regarde et je me demande si ça vaut le coup. Franchement, je ne pense pas être faite pour ça, les enfants, la maison, le boulot. Parfois, je me demande si je n'ai pas fait tout ça juste pour me prouver que je pouvais le faire. » Elle a ajouté : « Je trouve cela si oppressif. » Valoir le coup ? Oppressif ? J'étais assommé.

Rémi répète ces mots d'une voix hébétée, comme s'il ne pouvait pas croire les avoir vraiment entendus. Je le pousse à me raconter la suite, et il poursuit en expliquant que Christine a exprimé le sentiment d'avoir toujours fait ce qu'on attendait d'elle, que c'était plus facile que de comprendre les choses par elle-même. Sur un ton à la fois moqueur et admiratif, Rémi poursuit en imitant sa femme : « Je sais que ce n'est pas bien de se plaindre quand on a tout ça. Pourquoi est-ce que je ne ressens pas de gratitude ? J'ai une sacrée chance d'avoir les enfants, Rémi, une carrière à peu près décente, de bons amis. Quand on n'a pas de famille, quand on n'est pas en couple, on a tendance à idéaliser tout cela sous un jour très romantique. Du moins, c'est ce que j'ai fait. Mais quand on l'a enfin, on se sent pris au piège. J'ai des moments merveilleux, mais, la plupart du temps, je me sens embourbée dans les corvées. »

Rémi n'a rien dit à ce moment-là, mais il s'est senti sous le choc.

— Comment aurais-je pu savoir qu'elle ressentait ça ? me dit-il. Elle m'a toujours paru assez heureuse. Je pensais qu'elle avait ce qu'elle voulait. Je pensais être le seul à me sentir mal.

À présent, il est partagé. D'un côté il ressent de la colère parce que Christine n'a pas vécu selon ses espérances à lui, et de l'autre il est angoissé par le tableau qu'elle a dressé et par ce que cela implique pour lui.

— Dans mon esprit, elle est un roc. C'est moi qui

éprouve un malaise. J'ai travaillé dur pour être celui que je croyais qu'elle voulait que je sois, et pour construire cette vie commune. J'ai l'impression d'être déprécié. Si elle se sent prise au piège, embourbée dans les corvées, qu'est-ce que je deviens dans tout ça ?

— Avez-vous besoin qu'elle reconnaisse vos efforts ?

— J'imagine que oui. D'une certaine façon, ses doutes diminuent la valeur de mes efforts. Mais, en même temps, quelque chose de bizarre s'est produit.

Il s'interrompt avant de reprendre :

— J'ai commencé à aimer ça.

— Expliquez-moi.

— C'est un peu comme si j'avais fait un virage à 180°. Je ne pouvais pas l'interrompre, comme je l'aurais probablement fait si nous avions été seuls – mais elle ne m'aurait pas dit toutes ces choses, alors. Et puis, j'étais intrigué. Elle ressentait les mêmes choses que moi, elle exprimait ce que je n'avais osé dire. Elle voulait davantage. Elle était en manque, elle aussi. Sa liberté lui manquait. Cela lui a donné plus d'intérêt à mes yeux, plus d'étrangeté. Le vin lui avait vraiment délié la langue.

— Qu'a-t-elle dit d'autre ?

Moi aussi j'étais curieuse. L'acteur qui était en Rémi ne pouvait résister au plaisir de répéter les paroles de Christine, en imitant sa voix. Il reprend : « J'ai l'impression qu'on est coincés ensemble. Parfois, je fantasme sur d'autres vies, d'autres hommes. Pas un homme en particulier, juste quelqu'un avec qui repartir à zéro. Une histoire sans encombre et sans problèmes. Quelqu'un avec qui je pourrais être différente.

J'éprouve tant de ressentiment à me sentir coincée dans cette maison, dans cette famille, dans mon propre corps. J'aimerais pouvoir dire : laissez-moi tranquille. »

Rémi me raconte le dénouement surprenant de la soirée.

— J'ai commencé par me sentir choqué, puis sur la défensive, et enfin en colère. Mais, étrangement, plus elle parlait, plus j'avais envie d'elle. Elle était enflammée. Au début j'ai pensé : Oh, arrête avec ta diatribe ! Mais, ensuite, j'ai été captivé, je me suis identifié à elle. Bizarrement, je me sentais plus proche d'elle et plus excité par elle que depuis bien longtemps. Et ma fascination pour Barbara s'est évanouie. J'ai compris que si j'avais été marié avec elle, j'aurais eu très envie de Christine.

Je lui explique que son regain de désir pour Christine vient du fait qu'elle a revendiqué ses propres désirs et ses propres rêves. En exprimant des désirs bien à elle, elle a autorisé Rémi à libérer les siens.

Mais il n'existe pas de recette facilement applicable. Chez un autre couple, le même scénario aurait suscité une peur de l'abandon qui, à son tour, aurait déclenché la bataille conjugale du siècle. Personne ne peut rien prévoir en ce domaine. Le désir est une énigme : indiscipliné, il s'irrite quand on cherche à lui imposer quelque chose. Ce soir-là, Rémi a été réceptif aux paroles de Christine. L'honnêteté dont elle a fait preuve lui a permis de redécouvrir qui elle était. Plus important, il l'a choisie une nouvelle fois. C'est ce choix, et la liberté qu'il implique, qui garde une relation en vie.

La flamme qu'ils ont partagée cette nuit-là n'avait rien d'efficace ou d'opportun. Ce n'était pas quelque chose qu'ils auraient pu introduire dans leur routine hebdomadaire. Christine a secoué la cage, et Rémi s'est senti délogé. Elle a affirmé son individualité pour obtenir au final une meilleure intimité. Le désir a émergé de ce paradoxe : la reconnaissance mutuelle des limites de la vie conjugale les a liés l'un à l'autre. Admettre l'altérité renforce l'intimité.

Il n'est pas possible d'« institutionnaliser » ou de mettre au point une politique conjugale particulière pour Christine et Rémi, qui vont devoir veiller, d'une manière ou d'une autre, à poursuivre cette expérience ou à la renouveler. Comme thérapeute, je sais que la mise en place d'un programme pour les aider à conserver cette ardeur retrouvée est au-delà de mes capacités. Mais même si je ne peux pas utiliser ce qu'ils ont vécu pour mettre au point des exercices ou fixer des objectifs à atteindre, j'espère néanmoins que cet épisode de leur vie va modifier leur regard sur eux-mêmes et sur l'autre.

« Un paradoxe à gérer, et non un problème à résoudre »

Si le désir est si difficile à maintenir avec le temps, c'est qu'il faut pour cela réconcilier deux forces opposées : la liberté et l'engagement. Ce n'est donc pas seulement un problème psychologique ou pratique, mais également un problème systémique. Et c'est ce qui le rend plus difficile à traiter. Il appartient à la catégorie des dilemmes existentiels, aussi insolvables qu'inévitables. N'est-il pas ironique de penser que même le monde des affaires, tout de pragmatisme et d'efficacité, reconnaît que certains problèmes n'ont pas de solution évidente ?

Dans tous les systèmes, on retrouve les mêmes polarités : stabilité et changement, passion et raison, intérêt individuel et bien-être collectif, action et réflexion, pour n'en nommer que quelques-unes. Ces tensions existent en chacun de nous, au sein des couples ou dans de plus grands ensembles. Elles sont le reflet des dynamiques qui constituent en partie la nature profonde de la réalité. Barry Johnson, expert en leadership et auteur de *Polarity Management : Identifying and Managing Unsolvable Problems*[1], décrit les polarités comme des séries de contraires interdépendants, appartenant au même ensemble ; on ne peut en choisir une de préférence aux autres, le système a besoin de tous les pôles pour survivre.

Benjamin, par exemple, a une nouvelle petite amie tous les six mois. Et, à chaque fois, il est persuadé d'avoir trouvé « la » bonne. Mais quand l'intensité érotique faiblit, même légèrement, il panique et s'échappe, en pensant : « Cela ne va faire qu'empirer. Finalement, ce n'était pas l'amour. » Il parle beaucoup de son envie d'avoir une relation stable – il veut s'engager, il est prêt à faire équipe – mais sa tolérance à l'ennui sexuel confine au néant. Selon son expérience, l'engagement et l'excitation s'excluent mutuellement.

Pourtant, dans son imagination, il existe une femme toute-puissante qui pourra concilier les deux. Les pouvoirs magiques dont elle dispose permettront au désir sexuel de demeurer intense – signe le plus évident d'un

1. « La gestion de la polarité : identifier et gérer les problèmes insolubles » (*N.d.T.*).

amour qui dure. Cette femme sera si extraordinaire, si étonnante, que sa perfection à l'état pur incitera Benjamin à vouloir se fixer (comme si tout cela n'avait rien à voir avec lui). Bien entendu, le fait qu'elle ne soit pas disponible est son trait de caractère le plus séduisant. Benjamin explique la même chose depuis des années :

— J'ai rencontré des tas de femmes, mais je n'ai tout simplement pas rencontré la bonne personne, celle avec qui je pourrais vraiment rester. Je demande à mes amis avec qui ils me verraient, mais ils ne savent pas non plus. Alors...

Benjamin est en quête perpétuelle de la femme parfaite. Bien sûr, il la cherchera encore longtemps : même la créature la plus idéale finit par se révéler simplement humaine, et donc imparfaite.

Au début de chaque rencontre, il se sent entraîné, libéré de son agitation intérieure. Invariablement, quand la phase ascensionnelle se stabilise, ses fantômes réapparaissent, car même la plus belle des princesses ne peut le délivrer de lui-même et des défis de l'amour. Quelles que soient ses qualités, elle ne peut le protéger de l'ennui qui vient avec le temps et le désenchantement qui s'installe. Après chaque échec, il plonge dans ce qu'Octavio Paz appelle le « marais de la concupiscence » ou dans ce que nous nommons plus communément une frénésie sexuelle. Ces nombreuses rencontres lui offrent des plaisirs divins pendant la nuit, mais le degré zéro du dialogue quand vient le matin. Et comme toutes se révèlent vides de sens, il finit par s'attendrir de nouveau sur le fantasme d'une partenaire stable. Après des mois de sexualité sans implication affective, il aborde sa nouvelle conquête avec une panique intacte. À chaque fois que Benjamin tombe amoureux, il bascule d'un seul coup dans l'attitude inverse. Il ne sait pas se ménager, il n'en a jamais assez. Il fusionne avec la femme qu'il aime, et pas uniquement sur le plan sexuel. C'est un retour de balancier – un mouvement parfaitement symétrique et aussi intense dans les deux cas.

Les gens comme Benjamin peuvent être facilement critiqués pour leurs réactions extrêmes, mais ils offrent aussi de fascinants sujets de conversation. On jase à leur propos, avec un mélange de pitié (du côté des femmes) et d'envie (celui des hommes). Ils sont l'incarnation de ce conflit que tant d'entre nous vivent en silence, ou dans une version plus feutrée.

Connaissant la nature romantique de Benjamin, je suis peu enthousiaste à l'idée de lui indiquer des exercices pratiques pour stimuler sa libido. Les solutions pragmatiques ne fonctionnent pas avec lui, car son dilemme vient moins de quelque chose à réparer que de quelque chose à reconnaître. Consciente de cela, j'emprunte un exercice à Barry Johnson.

— Je veux que vous inspiriez et reteniez votre respiration aussi longtemps que vous pouvez.

Quand l'oxygène se transforme en dioxyde de carbone, Benjamin doit exhaler pour ne pas suffoquer. Le sentiment de libération est alors merveilleux. Mais, peu de temps après, il a de nouveau besoin de reprendre une bouffée d'oxygène.

Je lui dis :

— On ne peut pas choisir entre expirer et inspirer. On doit faire les deux. C'est la même chose avec l'intimité et la passion.

J'explique à Benjamin que la tension entre la sécurité et l'aventure est un paradoxe à gérer, pas un problème à résoudre. C'est comme un casse-tête.

— Peut-on accepter l'existence de ces polarités contraires ? On a besoin des deux à des moments différents. En fait, il ne s'agit pas de choisir, mais d'avoir les bénéfices de l'un tout en admettant les limites de l'autre. Comme un mouvement de flux et de reflux.

L'amour et le désir sont deux rythmes qui s'entrechoquent, toujours fluctuants et toujours en quête du point d'équilibre.

Benjamin sort avec Ada depuis huit mois – un record pour lui – et quelque chose de différent est en train de se produire.

— Je pense que je suis amoureux de cette femme, dit-il. D'accord, je le suis à chaque fois, mais celle-ci est différente. Vraiment. Elle me stabilise. Quand je pique une crise – vous savez comment je suis –, elle ne réagit pas. Non qu'elle s'en moque ou qu'elle n'ait pas envie de me répondre, mais elle ne rentre pas dans mon jeu, elle reste en dehors de cette folie. Elle a quelque chose de tranquille, et vous savez que je suis tout sauf tranquille. Je pense que cela pourrait marcher. J'aime être avec elle. Et le sexe reste toujours aussi appréciable…

Je lance :

— J'attends le « mais »…

— Mais je sens que ça change. Je deviens nerveux, agité. Je n'ai pas envie de tout foutre en l'air. J'ai quarante-trois ans, bon sang ! J'ai envie d'avoir un enfant, mais j'ai peur de ne pas pouvoir tenir.

Je n'ai jamais rencontré Ada, mais quelque chose me rend optimiste dans sa façon de s'y prendre avec Benjamin. Sans qu'il s'en rende compte, elle lui permet de repousser sa peur de l'intimité. Auparavant, les petites amies de Benjamin se montraient heureuses de fusionner avec lui. Ada, elle, se débrouille très bien toute seule – elle semble avoir une vraie conscience de son identité et de son indépendance. Même après huit mois, elle défend farouchement sa vie privée. Elle respire la sérénité, une intelligence sobre et subtile. Infirmière dans un service d'oncologie pédiatrique, elle côtoie constamment la présence menaçante de la mort. Benjamin la fait rire, il illumine son univers. Sa soif de vivre l'égaie. Sa vitalité érotique est tout le contraire de la morbidité. Et elle aime ce contraste.

Derrière la situation difficile de Benjamin se cache bien sûr toute une histoire émotionnelle ; il doit faire face à beaucoup de choses. Mais sa difficulté à réconcilier sécurité et excitation n'est pas la conséquence de ses seuls problèmes personnels. C'est le défi posé à l'idéal moderne de l'amour. En gardant cela à l'esprit, examinons ce que la sexualité signifie pour Benjamin.

Face à la passion érotique qui se fane, certains deviennent mélancoliques, ou bien acceptent tranquillement la situation. D'autres, enfin, s'agitent beaucoup. Mais, pour autant, maintenir la vitalité érotique ne devient pas le principe directeur de nos vies. À l'inverse de Benjamin. La sexualité est ce qui lui donne l'impression d'être vivant. Le pouvoir régénérateur dont elle dispose lui permet d'évoluer dans le monde avec la sensation d'être plus riche et comme vivifié. Faire l'amour lui procure un sentiment de proximité et une énergie qu'il ne peut trouver nulle part ailleurs. Dans le même temps, il est vulnérable et dominateur, mis à nu et confiant. Le cerveau en ébullition, il se laisse guider par ses puissantes pulsions libidinales et réagit au quart de tour. Il s'affole, se désorganise, alors même que cette hyperactivité l'a aidé à créer sa propre entreprise de messagerie. Pour lui, le sexe est l'expérience régulatrice par excellence, celle qui permet de contenir son énergie débordante : une extrême tension suivie d'une totale libération. Ce n'est qu'en atteignant le point culminant du plaisir qu'il se sent vraiment calme. Il connaît alors un moment d'harmonie parfaite avec le monde. Alors qu'Ada aime le sexe, Benjamin, lui, en a besoin. Cela l'aide à vivre – il aurait l'impression de mourir si on l'en privait. Dès lors, comment s'étonner lorsqu'il panique à l'idée que la sexualité décline dans son couple ?

Benjamin est l'homme moderne par excellence. Tourné vers l'action, il répond de manière typique à ses angoisses en mettant fin à la relation. Puis il recommence à sortir et à coucher avec des femmes. Enfin, il se lance dans une nouvelle histoire, qu'il espère immunisée contre la mort de l'érotisme.

Je fais remarquer à Benjamin que, contrairement à la croyance générale, l'action n'est pas toujours la meilleure des démarches.

— La première chose, c'est de ne pas réagir instantanément sous l'effet de la panique, et de laisser tomber Ada pour vous débarrasser de votre peur. Moins de sexe ne veut pas nécessairement dire moins d'amour.

Je lui propose de contenir son angoisse naissante en l'encourageant à penser aux contradictions du désir, au lieu de vouloir les vivre. Cela pousse Benjamin à sortir de son schéma habituel de pensée. Je lui demande d'admettre son dilemme et de le considérer avec compassion et lucidité à la fois. Assumer un conflit et vouloir l'éliminer sont deux choses très différentes. Or, la survie du désir réside dans la reconnaissance et la gestion de la dualité.

La sexualité procure à Benjamin une solution à court terme. Elle offre un soulagement temporaire à son angoisse, et lui permet d'esquiver les questions plus difficiles : Que faudrait-il pour qu'il se sente exalté et en sécurité dans la même relation ? Pourquoi n'associe-t-il pas l'euphorie et l'allégresse à l'amour et à l'engagement ? Et comment peut-on préserver le sentiment de liberté au cœur d'une relation intime ?

Je donne un autre sens à l'anxiété de Benjamin en lui suggérant de s'en servir comme d'un système d'alerte contre la complaisance envers soi-même.

— Par le passé, vous réagissiez à votre angoisse en laissant tout tomber. J'aimerais que vous la considériez plutôt comme un outil. Elle est votre alliée, le baromètre qui mesure votre envie de prendre des risques. Quand vous commencez à vous sentir nerveux, c'est qu'il est temps que quelque chose – et non quelqu'un – change.

À la fin de la séance, je lui demande de réfléchir à une citation du maître zen Charlotte Joko Beck : « Nous pestons contre les difficultés qui jonchent notre chemin ardu, nous maudissons chaque pierre tranchante sous nos pieds, jusqu'au moment où, enfin, au cours de notre maturation, nous baissons les yeux pour voir qu'il s'agit de diamants. »

Nous vivons à une époque où la vitesse est reine, où le contrôle est synonyme de pouvoir, où la performance compte davantage que les moyens de l'obtenir, et où le moindre risque est calculé. Nos vies surinvesties font naître en nous la tentation de simplifier nos complexités existentielles. Tout simplement, nous n'avons ni le temps ni la patience nécessaires pour mener une réflexion ouverte. Au lieu de cela, nous préférons être proactifs et, ainsi, réaffirmer notre maîtrise. Mon travail m'amène à voir des couples qui se plaignent de la routine abrutissante de leurs vies. Mais en ne cessant d'investir dans les solutions pragmatiques pour faire l'amour, et qui promettent une certaine régularité (disons une moyenne décente), nous risquons d'accentuer la fadeur à laquelle nous voulions échapper. L'érotisme nous pousse à chercher une solution différente, à accepter l'inconnu et l'insaisissable, et à mettre à mal les limites du monde rationnel.

6

Le sexe, c'est sale : réservez-le à la personne que vous aimez

L'affrontement de l'hédonisme et du puritanisme

« Le sexe sans péché, c'est comme un œuf sans sel. »

Luis Buñuel

« J'ai le regret de dire qu'au FBI nous sommes impuissants à agir dans les cas d'intimité bucco-génitale, à moins qu'ils n'aient d'une manière ou d'une autre entravé le commerce entre États. »

J. Edgar Hoover

Comment expliquer l'aliénation érotique chez tant de couples ? La liste des facteurs qui contribuent à la baisse de l'excitation est longue, mais celui qui est le plus souvent invoqué est le stress. « Dès que je m'assois, je pense au linge à plier, au courrier à traiter, aux jouets qui traînent, et cela m'ôte toute envie de faire l'amour », « Entre nos nouveaux boulots, nos vieux parents et nos jeunes enfants, je suis vidée. Ma libido n'a jamais été très forte. Mais là, je n'ai pas du tout envie. Ne le prends pas pour toi »… Pourtant, lorsque mes patients mettent en avant le stress bien réel de la vie moderne pour expliquer le déclin de la passion, je leur suggère de voir au-delà. Après tout, le stress faisait partie de leurs vies bien avant qu'ils ne se mettent en couple, et cela ne les a pas empêchés de tomber dans les bras l'un de l'autre.

Ils passent ensuite à un autre niveau de justification, en égrenant la liste des problèmes plus profonds rencontrés par le couple : les disputes passionnées, les bouderies glaciales, le manque de confiance, les déceptions chroniques, les reproches récurrents. « Faire l'amour ? Tu plaisantes ! Après ce que tu m'as dit ? », « Et depuis quand ça t'intéresse ? », « Tu ne pourrais pas faire un petit effort pour être plus attirante ? », « Coupe au moins la télé, j'ai l'impression d'être un morceau de viande »…

Malgré cette litanie désenchantée, je crois qu'il y a un niveau d'explication supplémentaire à la mort du désir, et qu'il relève de la profonde ambivalence de notre culture vis-à-vis de la sexualité. Tout en reconnaissant l'importance de celle-ci, nous hésitons entre deux extrêmes : une licence excessive et une démarche répressive : « Pas avant le mariage », « Fais-le si tu en as envie », « Ce n'est pas un problème », « C'est un enjeu énorme », « Il faut être amoureux », « Qu'est-ce que l'amour a à voir avec ça ? »… C'est tout ou rien. Et pendant que les sites pornographiques prolifèrent sur Internet, nous continuons à débattre au sujet de l'éducation sexuelle à l'école et du nom que nous pourrions lui donner : « éducation sexuelle » ou, plus terre à terre, « apprentissage de l'hygiène ».

Même si l'Amérique connaît une ère de liberté sexuelle sans précédent, on continue, tout comme à l'époque des puritains, à encadrer sévèrement la sexualité. Si l'intervention des pouvoirs publics en ce domaine est un soulagement pour certains, elle en terrorise d'autres : apologie de l'abstinence pour des raisons qui tiennent à la peur, menace *d'impeachment* pour les politiciens qui s'égarent, combat contre le mariage homo, attaques contre les fragiles lois sur l'avortement. Même si la virginité s'apparente aujourd'hui à une relique d'un autre temps, nos élus n'en renforcent pas moins chaque jour un peu plus la législation sur le sexe. Avortement, homosexualité, adultère et « valeurs familiales » sont des thèmes omniprésents dans la politique depuis plus de trente ans. Ce conservatisme trouve sa source dans la tradition puritaine, dans sa profonde méfiance à l'égard du plaisir, son attitude moralisatrice envers tout ce qui s'écarte de l'hétérosexualité, de la monogamie, du mariage et de la reproduction.

Dans le même temps, les producteurs de la télévision nous invitent à les contacter si nous comptabilisons plus de cent partenaires sexuels. Jamais on n'a autant exhibé le sexe : où que l'on pose les yeux s'offre à nous un flot continu d'images explicites. Le sexe, éternelle solution de facilité pour la publicité, est devenu une matière première à part entière. Écoutez presque n'importe quel talk-show : des mères avouent coucher avec le petit ami de leur fille, des hommes confessent être des voyeurs, des femmes au foyer révèlent à leur mari, qui ne se doutait de rien, qu'elles se prostituent. Le sexe est partout, dans toutes ses manifestations, comme le décrit de manière exhaustive Lillian Rubin : « La pornographie, l'impuissance, la sexualité avant le mariage, au sein du mariage, hors du mariage, l'amour à plusieurs, l'échangisme, le sadomasochisme et autant d'autres variations du comportement sexuel auxquelles on puisse penser, qu'elles soient ordinaires ou bizarres. »

La façon dont s'organisent les relations sexuelles entre les gens, ainsi que les positions diamétralement opposées dont nous sommes chaque jour les témoins, pénètrent dans la chambre à coucher des individus et s'insinuent dans les recoins de leur intimité. Les couples que je reçois vivent au milieu de cette ambivalence, et doivent se débrouiller avec ces systèmes de valeurs concurrents. L'héritage du puritanisme place le mariage au centre de la société, et attend de lui qu'il soit raisonnable, sobre et fécond : on travaille, on épargne, on fait des projets et on prend ses engagements au sérieux. Mais à côté de la notion typiquement américaine de responsabilité individuelle et de tempérance, on trouve celle de liberté individuelle, non moins caractéristique. Nous croyons en l'épanouissement personnel, que ce soit dans la vie, dans l'expression de la liberté individuelle dans la recherche du bonheur. Nous savourons l'idée selon laquelle la liberté satisfait spontanément nos désirs. Et nous sommes assurés, grâce à l'économie de consommation dans laquelle nous vivons, que ces désirs ne cesseront de se renouveler. La culture du sexe nous indique ce qui doit nous attirer et ce que nous devons vouloir (comme si nous étions incapables de savoir par nous-mêmes ce qui nous excite et quelle personne désirer). C'est une véritable industrie du plaisir qui rôde à la périphérie du mariage, en nous rappelant constamment ce que nous avons sacrifié en échange de la sexualité tempérée de l'amour conjugal.

Les couples d'aujourd'hui seront-ils jamais assez forts pour résister au chant des sirènes qu'est le plaisir illimité ? Quand on nous exhorte chaque jour à remplacer l'ancien par du neuf, quand les représentations sexuelles mettent sans cesse la jeunesse et la beauté en scène (comme si personne ne vieillissait sauf nous), quand Internet permet de satisfaire les lubies les plus singulières, peut-on raisonnablement espérer être satisfait de faire l'amour avec la même personne pendant cinquante ans ? Cela reste à voir. Cette promesse d'épanouissement immédiat serait faite à tous sauf à nous ? Tout cela ne fait que renforcer la coupure profonde entre ce qu'on nous pousse à désirer et ce qu'on nous autorise à posséder. C'est là le conflit entre l'hédonisme et le puritanisme.

Le sexe, c'est sale : réservez-le à la personne que vous aimez

Ne nous bernons pas en pensant que cette déferlante d'images reflète des comportements sexuels éclairés. Ce marketing virulent pourrait bien être plus excessif que progressiste, et ses racines se trouver davantage dans le profit et la liberté de marché que dans la liberté de penser. En bref, il s'agirait d'ouvrir son porte-monnaie et non son esprit. C'est peut-être pour cela que la morale qui sert de fondement à notre culture (celle de « la ville sise au sommet d'un mont[1] ») demeure intacte en dépit des images explicites qui dansent sur nos écrans : l'idée fondamentale que le sexe est sale demeure incontestée.

Notre profond malaise à ce sujet apparaît clairement dans notre façon d'aborder la sexualité des adolescents. Un nombre assez considérable d'Américains croient qu'en limitant l'accès à la contraception et à l'éducation sexuelle, on va détourner les jeunes des tentations de la chair. Des campagnes comme « *Not me, not now*[2] » font la promotion de l'abstinence comme un moyen d'éviter les grossesses juvéniles et les maladies sexuellement transmissibles. Quant à nos politiques de santé publique, elles expriment l'idée que la sexualité adolescente est une conduite déviante, et qu'elle doit être réprimée. Peu importe que les médias paraissent libérés : beaucoup d'Américains considèrent la sexualité comme dangereuse – comme un facteur de risque.

Les Européens, eux, voient dans la sexualité des adolescents un stade de développement normal vers une sexualité équilibrée et adulte. Pour eux, ce n'est pas le sexe qui est un problème, mais l'irresponsabilité. Par conséquent, le contre-slogan de « *Not me, not now* » est « Protégez-vous ou abstenez-vous ». Notons également qu'en Europe, l'activité sexuelle des adolescents commence en moyenne deux ans plus tard que

---

1. « La ville sise au sommet d'un mont » est une expression souvent utilisée en référence au célèbre sermon de John Winthrop, « Un modèle de charité chrétienne » (1630). Elle reprend une des métaphores présentes dans le « Sel de la terre et lumière du monde » du *Sermon sur la montagne* : « Vous êtes la lumière du monde. Une ville ne peut se cacher, qui est sise au sommet d'un mont » (*N.d.T.*).

2. « Pas moi, pas maintenant » (*N.d.T.*).

celle de leurs homologues américains, et qu'elle s'accompagne d'un nombre de naissances huit fois moins élevé. Quelle est donc cette société qui manifeste une tendance si marquée à condamner la sexualité chez les jeunes, et qui produit dans le même temps des statistiques aussi embarrassantes ?

Tabou et licence convergent de manière troublante, nous poussant à nous dissocier psychiquement de l'acte sexuel lui-même. Une société qui voit le sexe comme une souillure ne l'élimine pas pour autant. Au contraire, cette atmosphère anxiogène élève le seuil de la culpabilité et de la honte ; le malaise devient général et omniprésent. Le sexe ne s'inscrit plus dans une continuité émotionnelle et sociale. Or, c'est justement ce qui nous manque : pouvoir l'intégrer à une relation stable afin d'y faire prospérer le plaisir. Et je ne parle pas seulement du grand amour. Je parle aussi de l'attention et de la reconnaissance élémentaires que nous sommes susceptibles de témoigner à quelqu'un.

On couche ensemble, ce soir ?

Reva, âgée de vingt-deux ans, étudie dans une université de l'Ivy League[1]. Elle est la fille d'un médecin et d'un programmeur en informatique, tous deux immigrant indiens, dont les années de travail acharné ont été récompensées par l'accession à un mode de

1. L'Ivy League se compose de huit universités du nord-est des États-Unis : Harvard, Yale, Pennsylvania, Princeton, Columbia, Brown, Dartmouth et Cornell. Réputées pour la qualité de leur enseignement, elles ont créé une association visant à encourager les compétitions sportives interuniversitaires (*N.d.T.*).

vie haut de gamme. Reva a passé douze ans dans les meilleures écoles publiques de New York, et espère à présent suivre sa mère dans la carrière médicale. J'ai rencontré cette dernière à une fête donnée par un ami. Quand je lui ai parlé du sujet de mon livre, elle a insisté pour que j'interroge sa fille.

— Vous ne pourriez pas croire ce que je l'ai entendue raconter ? C'est si triste, la façon dont ces enfants se traitent les uns les autres. On a vraiment envie de comprendre ce qui se passe. Vous devriez parler à ma fille. Moi, je ne peux pas m'y résoudre.

C'est ce que j'ai fait. Reva est intelligente et s'exprime bien. Elle me fait une description édifiante de la situation sexuelle sur le campus.

— Nous n'avons pas vraiment le temps de sortir ensemble, m'explique-t-elle. Alors, la solution de fortune, c'est le sexe occasionnel du vendredi et du samedi soir. On va dans un bar ou dans une fête et tout le monde boit, vraiment beaucoup. Puis les couples se forment. Quand le lundi arrive, le temps que tout le monde raconte ses aventures sexuelles du week-end pendant le déjeuner, tout est bel et bien fini. Le « sexe occasionnel » est un terme large qui désigne le simple flirt ou le coït, en passant par les rapports sexuels oraux.

Elle poursuit :

— À l'université, l'idéal est d'avoir un ami avec lequel on couche de temps en temps[1]. C'est-à-dire un ami proche de sexe masculin, avec qui on s'amuse vraiment bien, et avec lequel il y a une certaine tension sexuelle. Cela commence un soir alors que vous

1. Aux États-Unis, on appelle ces amis des *friends-with-benefits* (*N.d.T.*).

avez pas mal bu tous les deux. Vous vous retrouvez par hasard dans un bar, par exemple. Vous rentrez et vous couchez ensemble (que ce soit formidable ou non n'a aucune importance). Puis, vous faites comme si rien ne s'était passé. La semaine d'après, vous recommencez, et ainsi de suite, jusqu'à ce que vous sentiez que vous n'avez plus besoin du prétexte de la sortie et de la boisson. À partir de ce moment, vous l'appelez quand vous avez envie de quelque chose de sexuel, ou simplement parce que vous vous ennuyez.

Sans gêne aucune, Reva et ses amies appellent cela des *booty calls*, c'est-à-dire des appels pour solliciter des faveurs sexuelles. Mais un désagrément émotionnel subsiste tout de même dans cette forme d'accouplement très abrégée.

— Il arrive un moment, explique Reva, où l'un des deux se sent plus impliqué que l'autre. L'heure de la pénible discussion a alors sonné. Car les règles du jeu sont claires : c'est une affaire de sexe, rien de plus, rien de moins. Si l'un des deux ne voit plus les choses comme ça, c'est terminé. Et on passe à quelqu'un d'autre. Nous essayons vraiment de ne pas faire intervenir nos émotions dans tout cela.

Elle prononce ces derniers mots sans la moindre trace d'ironie.

Ce qui m'intéresse dans les explications de Reva, c'est qu'il n'y a pas de charpente dans son récit : pas d'intrigue, pas de déroulement, pas de point culminant, pas de conclusion. En fait, il n'y a pas du tout d'*histoire* dans cette histoire. Et le sexe en est distinct alors qu'elle l'a pourtant rendu possible.

— Nous essayons, et pas seulement les garçons, de laisser les émotions en dehors du sexe, précise

Reva. Filles et garçons séparent les deux, comme s'ils n'avaient rien à voir ensemble.

Elle s'interrompt avant de reprendre.

— Bien sûr, je suspecte beaucoup de mes amies de vouloir de vraies relations, qu'elles l'avouent ou non.

Loin de moi l'idée de déprécier le sexe occasionnel ou récréatif, et l'émancipation qu'il exprime. Une rencontre érotique peut être plus ou moins intense, et n'exclut pas forcément l'attachement. Mais ce type particulier de sexualité me paraît moins le signe d'une libération qu'une façon d'exprimer une angoisse sous-jacente.

En écoutant Reva, je me demande comment cette nouvelle sociologie du sexe se manifestera au sein des couples que ces jeunes formeront plus tard.

Je lui demande :

— Et l'amour, le mariage ? Vous ne vous posez jamais la question ?

— Pour nous, l'engagement est synonyme de condamnation à perpétuité. Je sais que cette idée terrifie beaucoup de mes amis hommes. Ils ne peuvent déjà pas imaginer avoir la même partenaire plus d'une semaine. Alors, dix ans...

Reva ajoute d'un ton plus sérieux :

— Pour les femmes, c'est différent. Elles ne voient pas l'intérêt. Certaines semblent vraiment vouloir s'engager, mais beaucoup ont intériorisé la peur stéréotypée des hommes, qui voient la monogamie comme une restriction. S'engager signifierait sacrifier ses buts et ses ambitions propres pour quelque chose qu'on ne peut contrôler et qui peut rater. Le couple représente une perte d'indépendance. Quand on laisse quelqu'un entrer dans sa vie amoureuse, on a moins d'espace pour soi.

— Ainsi, vous pensez seulement à ce que vous allez perdre dans une relation, pas à ce que vous allez y gagner ?

— Oui.

— Et les histoires d'amour ?

— Il n'y en avait pas au lycée. À l'université, les quelques couples se démarquent des autres et paraissent presque bizarres, comme s'ils étaient mariés ou quelque chose comme ça.

Je suis intriguée par la façon dont Reva évoque le couple. Il m'a toujours semblé que celui-ci (ou du moins les rêveries amoureuses) nous grandissait grâce à ce que l'autre pouvait nous faire découvrir. C'est ce que je pensais lorsque j'avais l'âge de Reva. Mais elle et ses amies semblent trouver plus sécurisant d'obtenir un MBA que d'instaurer un lien stable et plein d'amour. Pourquoi voient-elles les choses ainsi ?

Une des raisons vient peut-être de l'impératif culturel qui nous pousse à être autonomes. En l'adoptant, ces jeunes femmes se sentent inquiètes au sujet des relations qu'elles pourraient nouer.

— Mêler l'amour au sexe rend très vulnérable, me dit Reva. Je pense que ce manque de confiance pourrait bien être, pour ma génération, au cœur du problème. On nous a appris à ne compter que sur nous-mêmes, à ne pas dépendre des autres.

Certes, c'est une attitude bien peu romantique, mais elle est peut-être sage en ces temps de mariage précaire. L'égalité des sexes se manifeste ici dans toute son ironie : les hommes comme les femmes ont maintenant le droit d'être terrifiés par l'engagement. Mieux vaut se lancer dans une sexualité qui comporte des risques plutôt que de s'exposer aux dangers des sentiments.

Rien n'est plus inutile que de prédire le futur à quelqu'un qui n'a pas envie de l'entendre. Mais, parfois, je ne peux résister, et je me hasarde à en donner un aperçu à Reva.

— Ce que vous dites me laisse penser que c'est peut-être à cause de ça que nombre de gens qui viennent me voir ont tant de mal à avoir une sexualité excitante avec la personne qu'ils aiment. Cela ne concerne pas uniquement votre génération. Il existe dans notre culture un profond malaise au sujet de la vulnérabilité et de la dépendance. Or, on a besoin des deux pour avoir une bonne intimité.

— Peut-être, me répond Reva. Mais qui a dit qu'un rapport sexuel enivrant devait rimer avec intimité ? Et que se passe-t-il si « enivrant » signifie pour moi être prise contre un mur et quittée avant que je ne me réveille le lendemain matin ? C'est cette spontanéité que j'aime, et l'excitation qui l'accompagne. Les partenaires multiples, les rencontres idéales où rien ne cloche parce que après le petit déjeuner, on se quitte sans avoir le temps de voir les défauts de l'autre. Il y a des moments où je me sens dépendante de cette excitation, mais il y en a d'autres où je reconnais que tout ça est très superficiel et où j'ai envie d'une relation plus profonde. J'ai eu des petits amis, et c'était agréable, quoique un peu ennuyeux. J'espère trouver un jour un bon équilibre dans tout ça – si je ne me suis pas dégoûtée avant des relations à long terme.

Loin d'être la dernière tendance de l'amour libre,

cette attitude de défi dissimule un mal-être sous-jacent. Je me demande dans quelle mesure cette sexualité « éclair » ne constitue pas en réalité une manière de se défendre contre un malaise lié au sexe, de la même façon que la conduite d'évitement fondée sur les tabous est une forme de défense. Ce sont les deux faces d'une même médaille : même angoisse, mais réponse différente. Ces jeunes boivent et couchent ensemble, puis ils font *comme si rien ne s'était passé*. Ainsi, ils ne s'impliquent pas. Cela s'est juste produit : personne n'a à le reconnaître. Mais ces prétendus libertins sont peut-être loin d'avoir renié l'héritage des puritains, comme leurs ébats amoureux du samedi soir pourraient nous le faire croire. Car leurs rencontres furtives ne sont pas vraiment une célébration des plaisirs de la chair. S'il n'y avait pas au moins une once de morale, certes dissonante, dans leur désir de sexualité, ils n'auraient pas besoin de s'abrutir pour le mettre en pratique. S'ils se sentaient plus à l'aise, ils vivraient ces moments pleinement et auraient à cœur de s'en souvenir.

Peut-être ne reverrai-je jamais Reva, mais beaucoup de personnes qui viennent me voir me font penser à elle. Ils ont découvert que leur parcours de nomades sexuels ne leur était d'aucune aide lorsqu'il s'agissait de conserver une sexualité active sur le long terme. Pour eux, le sexe avant le mariage et le sexe après le mariage constituent deux entités distinctes. La sexualité en célibataire n'est pas censée préparer à celle du couple. Elle serait plutôt considérée comme le dernier tour de piste avant une vie marquée par le déclin sexuel.

Le sexe, quelle importance de toute façon ?

Une relation équilibrée à l'érotisme se construit sur une attitude décontractée, généreuse et libérée envers les plaisirs du corps – attitude que notre culture puritaine continue de combattre. Chaque jour, je mesure dans mon cabinet les répercussions de cette ambivalence. Une grande partie de mon travail avec les couples que je reçois nécessite d'aborder la honte et l'angoisse liées à la sexualité, ces sentiments qui poussent les gens à se désengager de leur relation, de peur d'être jugés ou rejetés. Je donne mon approbation, je réduis l'anxiété, je normalise les fantasmes et les désirs, et je m'intéresse aux distorsions engendrées par la mauvaise image dont souffre le corps. Ensemble, nous exhumons les secrets et les silences qui vont de pair avec l'éducation sexuelle, et nous nous attaquons aux messages culturels et familiaux qui entravent l'expression de l'érotisme. Au cours de la thérapie, un processus de levée des inhibitions se met en place, qui encourage l'expression corporelle et la négociation de certaines limites. Pas à pas, les couples apprennent à s'accorder. Et cela prend le temps qu'il faut.

J'ai rencontré Maria alors qu'elle se remettait tout juste d'un chagrin d'amour. Elle venait de passer deux ans sur la côte ouest avec un homme qu'elle pensait épouser. Mais cela ne s'est pas passé ainsi, et elle est rentrée chez elle anéantie et désillusionnée. Ses amis ont alors décidé qu'il était temps pour elle de sortir avec quelqu'un de gentil, un homme vraiment bien. Ras le bol de ces « himbos » (pour ceux qui ne connaissent pas ce terme, les himbos sont des sortes de bimbos mâles, dont les femmes qui ont réussi sont parfois friandes). Ils ont donc organisé un dîner pour lui faire rencontrer un homme, tout en dissimulant avec tact qu'il s'agissait d'une première rencontre. Cela a marché.

Pour Maria, sortir avec Nicolas a été une rééducation amoureuse, un épanouissement progressif étonnamment exempt d'inquiétude. Elle n'est pas tombée amoureuse de lui : elle a appris à l'aimer. Mais un an après leur rencontre, elle me demande :

— Le sexe, est-ce réellement important ? Je n'arrête pas de me poser la question sans pouvoir y répondre. Je sais qu'on ne peut pas construire sa vie sur la passion : j'ai essayé. Ma grand-mère me disait : « De quoi veux-tu vivre, d'amour ? Ah ! Tu as encore beaucoup de choses à apprendre. » Avec ma mère, ce n'était pas mieux. Son credo ? « La passion mène à la ruine. Crois-moi, disait-elle, il faut que tu trouves quelqu'un avec qui tu peux vivre. Quelqu'un qui t'apprécie, qui partage tes valeurs. Et, tu sais, l'argent ne fait pas de mal non plus. » J'aime Nicolas. Auprès de lui, je ne me suis jamais sentie autant en sécurité et en confiance. Après des années passées à sortir avec des pauvres types, à en avoir plus que mon compte, je suis enfin libre de penser à d'autres choses dans la vie. Mais je ne sais pas. Je pense qu'entre nous ça ne marche pas très bien sexuellement. C'est un problème… Mais est-ce que c'en est vraiment un ? Tout le monde dit que le désir tend à diminuer, de toute façon, même s'il est intense au début. Alors, quelle importance ?

— À vous de me le dire.

— Ce que je me dis ? Ma fille, tu t'es assez amusée, il est temps de grandir. C'est un type bien. Fais-toi une raison.

Trois ans après m'avoir posé cette question – « Le sexe, est-ce réellement important ? » –, Maria revient me voir. Visiblement, elle n'a pas encore trouvé de réponse. Au début, elle était si émue de se sentir enfin en sécurité qu'elle a repoussé le moment où il lui faudrait affronter son manque de dynamisme sexuel dans les bras de Nicolas. Elle conservait l'espoir de voir le problème se résoudre de lui-même, de constater un beau jour que le blocage avait disparu. Alors, tout serait clair. Nicolas, quant à lui, se montre patient. Mais même s'il ne lui met pas la pression, il est manifestement tout sauf heureux de leur vie sexuelle anémique. Cependant, pour éviter d'être rejeté, il s'abstient de soulever la question.

Au cours de nos séances, Maria a toujours esquivé le sujet de la sexualité. Les rares fois où elle en a parlé directement, c'était toujours à la fin de l'heure, quand il ne restait plus de temps pour en discuter. Je décide alors de faire passer nos entretiens à la vitesse supérieure.

— Le sexe, c'est difficile, n'est-ce pas ?

Elle me répond par une autre question :

— Que voulez-vous dire ? Que c'est difficile d'en parler ou que c'est difficile en soi ?

— Difficile de se l'approprier.

— Disons que j'ai plus de mal à parler de sexe qu'à faire l'amour.

— Et avec Nicolas ?

— Avec lui, c'est plus facile de ne pas faire l'amour que d'en parler.

— Expliquez-moi.

— Le sexe, *c'est* difficile. La plupart du temps, je

158

n'en ai pas envie, ce qui est étrange parce que je me suis toujours considérée comme quelqu'un qui aimait ça. J'ai lu des articles sur les femmes qui ont une faible libido, et je ne m'identifie pas à elles, même si, ces derniers temps, on pourrait dire que je leur ressemble.

— Était-ce plus facile avec les autres hommes que vous avez connus ?

— Mon Dieu, non ! Mais je n'avais pas à en parler avec eux. Dans mon esprit, le sexe n'a jamais été quelque chose à travailler. Soit ça venait naturellement et ça fonctionnait bien, soit la relation ne durait pas. Et, dans ce cas, pourquoi s'embêter avec ça ? À présent, je suis avec un homme que j'aime. Je le trouve beau, il me traite comme une reine, mais je n'ai pas envie de faire l'amour avec lui. La frustration de Nicolas grandit devant mes rejets quotidiens. Quant à moi, je n'aime pas me sentir aussi indifférente au sexe. J'aimerais croire que je le suis devenue quand j'ai été enceinte de notre fille, mais, pour être sincère, j'étais plutôt soulagée d'avoir l'excuse de la grossesse. Ensuite, le « je suis enceinte » s'est changé en « je viens juste d'avoir un bébé », puis en « j'allaite » et enfin en « j'ai besoin de dormir ». Honnêtement, c'est un problème depuis le début.

— Est-ce qu'on se jette à l'eau ?

— Je suis lasse d'éviter le problème, d'attendre que quelque chose change. Je ne peux pas échanger Nicolas contre un nouveau modèle. Je vais me dessécher si ça ne marche pas avec lui.

Fille d'un policier et d'une enseignante remplaçante, Maria a grandi dans une famille modeste. La religion occupant une place fondamentale dans sa famille, elle a été scolarisée dans des écoles catholiques pour filles, et ce jusqu'au lycée.

— Nous ne parlions jamais de sexualité à la maison. Ma grand-mère a eu dix enfants sans savoir qu'une femme pouvait avoir des orgasmes. Vous imaginez ? Depuis que j'ai trois ans, je n'ai jamais vu ma mère nue. Quant à mon père, cela n'est jamais arrivé. Je suis la cadette de cinq enfants, et chacun de nous s'est rebellé à sa façon, même si les garçons n'ont pas eu à faire face aux mêmes contraintes que les filles.

Maria met en lumière la culture du tout ou rien (festin ou famine) qui envahit le domaine de la sexualité aux États-Unis.

— J'ai perdu ma virginité à dix-sept ans. Et pour les filles catholiques, une fois que vous avez couché avec un homme, vous pouvez tout aussi bien avoir couché avec toute la ville. Et, franchement, certaines d'entre nous l'ont fait. Je sais que cela peut paraître archaïque, mais c'était vraiment comme ça là où j'ai grandi. Staten Island ressemble à une réserve naturelle pour catholiques en voie de disparition. Le message était clair : à moins d'être marié, la sexualité était un péché.

— Oui, le sexe, c'est sale. Réservez-le à la personne que vous aimez.

Maria a quitté Staten Island, elle est entrée à l'université. Aujourd'hui, elle travaille sur des castings et vit dans un monde tout différent de celui de son enfance. Mais cette ouverture intellectuelle n'a pas réussi à mettre à bas les interdits : le désir charnel est honteux, surtout pour les femmes. En dépit de vingt ans d'histoires brèves ou durables, les vestiges de ces interdits lui collent encore à la peau, tant ils sont inscrits en elle et dans son corps. En effet, agir de façon libérée ne signifie pas forcément qu'on est libre. Tant qu'elle a été célibataire, Maria a pu contenir son malaise sexuel latent. Il lui était plus facile d'être désinhibée en étant moins investie sur le plan émotionnel. Mais une fois qu'elle a choisi de vivre à l'intérieur des limites bien définies de la famille, les échos du passé ont de nouveau résonné en elle.

— Tous les six mois et des poussières, j'aborde le problème avec Nicolas. Je lui dis : « Notre vie sexuelle est nulle, il faut faire quelque chose. Je voudrais que tu lises ce livre. » Mais il n'a aucune envie de lire quoi que ce soit, il déteste ce genre de livres. Il me répond : « Ce n'est pas mon truc. Passons plutôt du temps ensemble. Plus on fera l'amour, plus on en aura envie, non ? » C'est sa réponse toute faite.

— Je vous ai recommandé des livres par le passé. Mais, dans ces ciconstances, on dirait que vous vous cachez derrière eux. Pourquoi avez-vous tant de mal à parler de vous ? À vous faire l'avocate de votre propre cause ? Qu'arriverait-il si vous disiez : « Nicolas, je veux te parler de moi, de ce que je pense du sexe, de ce que je ressens sexuellement » ?

— Le sujet dans son ensemble est si écrasant que cela me donne envie de dormir.

Maria a appris que rien n'est gratuit, que tout se mérite. Les privilèges sont l'apanage de ceux qui n'ont jamais dû travailler dur, et ils sont en cela horriblement suspects. La règle, c'est de se sacrifier pour le bien de sa famille. La répugnance de Maria à s'exprimer est particulièrement forte dans le domaine sexuel.

Je lui explique :

— Demander quelque chose dont vous avez vraiment besoin ne semble pas vous poser de problème. En revanche, il vous paraît égoïste de demander une chose simplement parce que vous en avez envie ou qu'elle vous plaît. Le plaisir en lui-même est douteux, sauf si vous l'avez mérité. Voilà qui soulève également la question de ce que vous pensez être digne de recevoir, de ce que vous pensez valoir. Car c'est cela, l'érotisme : le plaisir pour le plaisir, offert gratuitement par Nicolas.

Toutes deux, nous travaillons à développer une meilleure estime de soi afin qu'elle se persuade qu'elle a le droit à certaines choses. Cela passe par le fait de s'asseoir quand elle boit son café le matin, de lire le journal alors que la cuisine n'est pas encore rangée, ou de sortir avec des amis même si Nicolas doit pour cela s'occuper du bébé deux soirs d'affilée. Elle doit cesser de penser que le plaisir se paie – à l'avance – avec l'accomplissement d'un devoir. Nous essayons de déjouer ce système complexe fait d'impartialité et de mérite, où tout doit être parfaitement équitable dans le but de neutraliser l'égoïsme.

L'idée fait son chemin dans l'esprit de Maria.

— Je pense que la faiblesse de mes désirs est due avant tout à l'impression de ne pas être propriétaire de ma sexualité, et à mon rapport conflictuel au plaisir, surtout avec mon mari. Je ne peux pas expliquer pourquoi je me sens si mal à l'aise à l'idée de m'ouvrir à lui sur le plan érotique, mais ce dont je suis sûre, c'est que je ne me suis jamais tournée vers ma famille pour obtenir le moindre petit cadeau.

— Exact. Pour vous la famille est le lieu du sacrifice de soi, pas celui du plaisir. Pourtant, avoir le sentiment positif qu'on y a droit est une condition préalable pour établir une intimité physique.

C'est seulement quand Maria commence à réfléchir à sa part de responsabilité dans l'impasse érotique où se trouve son couple, que celle de Nicolas devient évidente. Elle lui pose les mêmes questions que celles que nous avons fini par résoudre en séance : « Que signifie le sexe pour toi ? Est-ce que vous en parliez dans votre famille, et comment ? Quels sont les événements importants qui ont façonné ta sexualité ? Qu'est-ce que tu aimerais essayer avec moi ? Et qu'est-ce qui te ferait le plus peur ? » Ils se lancent dans des conversations audacieuses et stimulantes, davantage centrées sur les possibles que sur les problèmes.

Maria apprend ainsi que, pour Nicolas, le sexe est à la fois une libération et l'expression d'un lien, une marque éloquente d'amour. Quand Maria le repousse, il ne se sent pas aimé. Nicolas n'est pas quelqu'un de bavard. Il a plutôt tendance à agir pour témoigner son affection : laver la vaisselle, cirer les chaussures de sa femme, avoir toujours du chocolat pour elle dans le réfrigérateur. Le week-end, il s'assure qu'ils vont pouvoir sortir tous les deux, sans culpabilité (ce que Maria trouve difficile), et sans que les interminables tâches ménagères ne viennent les submerger. Il est généreux dans son affection, à la fois avec Maria et avec leur fille. Mais ses caresses s'arrêtent quand le sexe commence. Même s'il aime ça, il se sent moins dans son élément face à la séduction.

— Il a tellement envie du rapport sexuel, où il sait quoi faire, qu'il ne prend pas son temps et renonce à tout badinage amoureux. Il n'y a pas de jeu... Je finis par me sentir pressée. Il faut à peu près deux minutes à Nicolas pour passer de la télé au coït, que ce soit physiquement ou émotionnellement. Moi, j'ai besoin de plus de temps. Mais, comme j'ai tendance à vouloir prendre soin de lui, je ne veux pas qu'il se sente mal. Alors, j'essaie d'être très vite excitée. Et nous aboutissons au fiasco complet.

Pour Nicolas, le sexe est une pièce en un seul acte. Pour Maria, c'est un enchaînement de plaisirs, un épanouissement progressif. Leur problème vient du fait qu'ils se limitent au rapport sexuel lui-même et à l'orgasme, éludant ainsi tout érotisme. Maria se débat alors avec l'idée que prendre son temps témoigne d'un égoïsme et d'une avidité coupables. Quand la précipitation de Nicolas vient s'ajouter à son propre manque d'initiative et de confiance en soi, cela renforce son sentiment de ne pas être digne d'attention. Bien sûr, elle pourrait prendre son temps si elle pensait que son mari était dans les mêmes dispositions. Mais, pour lui, la lenteur suscite une autre forme d'anxiété : la peur de ne pas en faire assez, et pas assez bien.

Je suggère à Maria qu'ils devraient sortir de ce modèle de sexualité centrée sur la performance, de cette exigence rigide d'orgasme mutuel. Cette approche, vouée à l'échec, est trop sérieuse pour ne pas ôter au sexe sa dimension ludique.

— Vous vous souvenez des caresses du début ? C'était quand la dernière fois ?

— Cela fait des années. Au tout début de notre histoire, nous avons passé une soirée à nous peloter et à nous embrasser sur la promenade de Coney Island. C'était incroyable. Mais nous ne faisons plus ce genre de choses.

Les mécanismes en jeu dans la relation de Maria

et Nicolas sont subtils, comme chez la plupart des couples que je rencontre. Il ne s'agit jamais d'une cause unique, et le problème ne provient jamais d'un seul des deux partenaires. Ainsi, Maria prétend vouloir être séduite, mais elle se montre résistante à l'idée de considérer Nicolas comme quelqu'un de séduisant.

— Être en couple m'empêche de me sentir attirée par lui. Parfois, quand je le regarde sortir de la douche ou quand il rentre à la maison après le sport, je me dis : Mon Dieu, qu'il est sexy ! Pourquoi me paraît-il si séduisant jusqu'au moment où je me rappelle qu'il est mon mari ?

J'explique à Maria qu'il est angoissant de s'exposer sur le plan érotique devant la personne avec laquelle nous partageons par ailleurs une intimité affective. Et cela est particulièrement vrai quand on pense que le sexe est, d'une manière ou d'une autre, quelque chose de honteux.

— Une part de vous-même ne participe pas encore à votre relation. Et l'énergie psychique que vous dépensez pour la tenir cachée suffit à vous épuiser. Pas étonnant, dans ces conditions, que vous préfériez aller vous coucher plutôt que de faire l'amour avec votre mari.

Comme beaucoup d'entre nous, Maria a grandi en apprenant à dissimuler ses rêveries érotiques et ses rêves éveillés pleins de frivolité. Garder le secret sur nos plaisirs est un élément fondamental de notre apprentissage de la sexualité. Maria se rappelle encore la honte qu'elle a ressentie, enfant, lorsque sa mère l'a surprise dans un moment de délicieuse découverte érotique, et lui a dit avec un air de profond dégoût : « Arrête ça tout de suite. » Même les plus chanceux, ceux dont les parents ont admis que ces petits jeux sexuels participaient au bien-être personnel, se souviennent de cette réprimande : « Cela ne regarde que toi. » Dès lors, il est difficile de faire ressortir au grand jour ce que nous avons caché pendant des années.

Sans surprise, Maria doit lutter pour intégrer à sa sexualité conjugale les rêveries érotiques qu'elle a appris très tôt à refouler et à considérer comme des ennemis. Je l'encourage à sentir la réceptivité de Nicolas, à accepter son propre désir et à se sentir digne d'être courtisée. Dans le même temps, je l'incite à regarder Nicolas d'un œil neuf.

— C'est trop facile de l'enfermer dans le rôle du mari doté de toutes les qualités domestiques requises, et de se plaindre ensuite d'une absence de libido. Vous en restez toujours à la même vision de lui, en négligeant la complexité de sa géographie intérieure.

Quel est le défi posé à l'intimité sexuelle ? Ramener l'érotisme à la maison. De toutes les formes d'intimité, elle est la plus redoutable parce qu'elle englobe tout. Elle touche notre personnalité la plus profonde, dévoile des aspects de nous-mêmes invariablement liés à la honte et à la culpabilité. Cette nudité est effrayante, car elle révèle bien plus que nos corps simplement dévêtus. En exprimant nos aspirations érotiques, nous prenons le risque d'être humiliés et rejetés – sentiments aussi dévastateurs l'un que l'autre. J'ai été témoin de scènes douloureuses où les goûts sexuels d'une personne étaient catalogués comme pervers, déviants ou dégoûtants par son ou sa partenaire. Dès lors, comment s'étonner que tant de gens préfèrent la sécurité d'une sexualité viable, véritable carapace contre un tel scénario, aussi pénible à vivre ? Nous sommes peut-être loin de la passion, mais, au moins, nous sommes normaux. Dans l'ordre général des choses, ce n'est pas un si mauvais compromis. Mais il y a aussi ceux qui aspirent à être reconnus différemment, à s'adonner à autre chose, et qui se risquent à franchir ce seuil. Ils s'arment de courage pour affronter les interdits culturels frappant les pratiques sexuelles débridées dans le cadre du foyer. Ils désirent exprimer pleinement leurs aspirations érotiques, et résistent à l'envie pressante de se cacher pour le faire. Pour eux, la communion sexuelle n'a rien de sale. Au contraire, elle permet une fusion sacrée qui donne accès au divin.

L'intimité érotique agit comme un révélateur sur les souvenirs, les souhaits, les peurs, les attentes et les luttes qui entrent en jeu dans la relation sexuelle. Quand nos désirs les plus secrets sont révélés à la personne que nous aimons, et acceptés par elle, la honte disparaît. Le cœur, le corps et l'âme font alors l'expérience profonde de la responsabilisation et de l'affirmation de soi. En étant capable de faire coexister l'amour et le sexe, on transcende le champ de bataille du puritanisme et de l'hédonisme.

7

Les modèles érotiques

Dis-moi comment tu as été aimé
et je te dirai comment tu fais l'amour

> « Les grandes personnes ne comprennent jamais rien toutes seules, et c'est fatigant, pour les enfants, de toujours et toujours leur donner des explications… »

Antoine de SAINT-EXUPÉRY

> « Ainsi toujours en nous, comme un feu oublié, une enfance peut reprendre. »

Gaston BACHELARD

Une multitude d'institutions se préoccupent de nos intérêts majeurs. La religion, le gouvernement, la médecine, l'éducation, les médias et la culture populaire, travaillent ainsi sans relâche à définir et réguler les paramètres de notre bien-être sexuel. La société repose sur les incitations et les interdits qui entourent les voluptés du corps. Beaucoup de ce que nous savons sur le sexe vient de la rue, des films, de la télévision et de l'école. Mais, avant d'y avoir accès, c'est dans notre famille que tout commence. Nous sommes des citoyens, mais nous sommes également les enfants de nos parents (cela inclut les grands-parents, les beaux-parents, les tuteurs, les parents adoptifs, et tous ceux qui ont participé à notre bien-être précoce). Aucune histoire n'a autant de répercussions durables sur nos amours que celle que nous avons écrite avec les premières personnes qui se sont occupées de nous.

L'archéologie du désir

La psychologie de notre désir se cache souvent dans l'histoire de notre enfance et nous en dévoilons l'archéologie en creusant jusqu'au seuil de nos vies. Il est alors possible de se remémorer notre apprentissage de l'amour et de comprendre comment il s'est fait. Avons-nous appris à éprouver du plaisir, à faire confiance aux autres, à recevoir ou bien à être privés ? Nos parents se sont-ils montrés attentifs à nos besoins, ou attendaient-ils de nous que nous soyons attentifs aux leurs ? Avons-nous bénéficié de leur protection, ou avons-nous dû les fuir pour nous protéger ? Avons-nous été rejetés ? Humiliés ? Abandonnés ? Nos parents nous prenaient-ils dans leurs bras ? Nous berçaient-ils ? Nous apaisaient-ils ? Nous ont-ils appris à ne pas trop espérer, à cacher nos émotions, à regarder les autres droit dans les yeux ? Au sein de la famille, nous savons quand nous pouvons nous épanouir, et quand notre enthousiasme est susceptible de blesser les autres. Nous apprenons à nous positionner par rapport à notre corps, à notre sexe et à notre sexualité. Cela et bien d'autres choses encore sur la façon d'être et de nous comporter : se montrer ouverts ou fermés, chanter ou soupirer, pleurer ou cacher nos larmes, oser ou avoir peur.

Toutes ces expériences façonnent l'opinion que nous avons de nous-mêmes, ainsi que nos attentes vis-à-vis d'autrui. Elles font partie de la dot que chaque homme, chaque femme apporte, à l'âge adulte, dans ses relations amoureuses. Mais si cette configuration émotionnelle est en partie évidente et manifeste, elle relève pour beaucoup de l'implicite et demeure cachée, même à nos propres yeux.

Nos préférences sexuelles sont issues des émotions, des défis et des conflits que nous avons connus au début de notre vie. Leur influence sur les rapports que nous entretenons avec les autres, et le plaisir que nous prenons avec eux, constituent justement l'objet de notre recherche. Qu'est-ce qui nous excite et qu'est-ce qui nous rebute ? Nous attire ? Nous laisse froid ? Et pourquoi ? Quel degré de proximité tolérons-nous ? Supportons-nous d'éprouver du plaisir avec la personne que nous aimons ?

Lorsque le père de Steven a abandonné sa femme, celle-ci a recollé les morceaux et s'est consacrée à l'éducation de ses enfants, en jurant qu'elle ne laisserait plus personne lui faire du mal. Infirmière urgentiste, elle est aujourd'hui propriétaire de sa maison et a poussé ses trois enfants à faire des études supérieures. Steven est rempli d'admiration et de respect pour sa mère, et il a passé la plus grande partie de sa vie à faire attention à ne pas devenir comme « ce salaud », selon ses propres termes. Mais, au bout de six ans de mariage avec Rita, il cherche à se soustraire aux avances de sa femme et à esquiver ses accusations au sujet de sa passivité sexuelle. Derrière les excuses qu'il invoque, Steven se sent déconcerté par son propre manque d'intérêt en la matière, et par le manque de fiabilité de ses érections.

Plus il aime et respecte sa femme, plus il lui est difficile de la « baiser ». Dans son esprit, la sécurité émotionnelle demande un contrôle constant de toute tendance à l'égoïsme et à l'agressivité. Cette conviction, qui a dépassé son amour pour sa mère, fait maintenant partie de sa sexualité. Plus il aime Rita, plus il dépend d'elle, et plus il se montre prudent et inhibé sexuellement. Dans ce contexte affectif, il ne sait pas comment aborder l'espace libre du désir sexuel. Son inconscient reste fidèle au passé.

Pour Dylan, un gérant de magasin d'une vingtaine d'années, la sécurité affective est impossible, que ce soit avec ou sans excitation sexuelle. Sa mère, morte quand il avait douze ans, incarnait l'émotion dans leur famille. À l'enterrement, comme ses yeux se remplissaient de larmes, son père lui a dit : « J'espère que tu ne vas pas t'effondrer devant moi. » Pour rester proche de son père, Dylan a supprimé toute émotion en lui. Il explique que les sentiments étaient chez eux un signe de faiblesse. Dès qu'il éprouve quelque chose pour quelqu'un, il se fustige avec son dégoût de lui-même, dans l'espoir de contrôler ainsi son insupportable vulnérabilité. Sa solution ? Deux fois par semaine, il va dans des clubs pour « lever » des hommes dont il ne saura jamais rien et qui – plus important encore – ne le connaîtront jamais. Dylan se sent protégé par l'absence de sentiments associée à cette sexualité anonyme.

Ainsi, il ne revit pas les humiliations de son enfance. Et, en même temps, il peut ressentir le délicieux frisson d'être désiré et choisi par plusieurs à la fois.

Un aspect de nos modèles érotiques illustre l'irrationalité de notre désir : bien souvent, ce qui nous excite le plus résulte des blessures et des frustrations de notre enfance. Le sexologue Jack Morin explique que l'imagination érotique se montre ingénieuse en annulant, en transformant et en réparant les traumatismes du passé. En d'autres termes, les expériences qui ont été les plus douloureuses pour nous deviennent parfois, plus tard, des sources de plaisir et d'excitation.

Prenons l'exemple de Melinda. Son père est un don Juan. Mais alors qu'elle compatit au désespoir de sa mère, elle refuse également de devenir comme elle : abattue, malheureuse, démunie. Elle s'est donc muée en une séductrice, l'opposé de la femme abandonnée. Melinda cherche à battre les hommes à leur propre jeu. Dans son esprit, est désirable ce qui n'est pas disponible, et un homme devient tout de suite moins attirant une fois qu'elle l'a séduit. Afin de consolider encore son propre pouvoir, elle jette alors son dévolu sur un autre homme, puis un autre, et ainsi de suite. Sans obstacle à franchir, elle n'a aucun moyen d'évaluer sa propre valeur. Pour elle, il n'y a rien de plus excitant que de séduire un homme dominateur et distant, mais c'est en le plaquant qu'elle éprouve le frisson suprême. N'est-ce pas la meilleure façon de prouver qu'elle a pris sa revanche sur le passé ? En congédiant ces hommes avec dureté, Melinda cherche à montrer qu'à l'inverse de sa mère elle est forte et indépendante, qu'elle mène la barque, qu'elle choisit, drague et se débarrasse de ses amants au gré de son caprice. Bien entendu, le paradoxe est qu'en chassant sans pitié toute vulnérabilité de sa vie, elle se retrouve aussi seule et mal aimée que sa mère.

L'imagination humaine est le principal moteur de l'érotisme, mais, pour beaucoup de gens, la découverte de leur sexualité est entravée par les messages parentaux, des messages qui provoquent la peur, la culpabilité, la méfiance. Ce qui est censé protéger les enfants se transforme souvent en une source d'angoisse, une fois transposé dans la sexualité adulte.

Lena a grandi en se conformant à la liste des choses dont une femme comme il faut pouvait ou non rêver, ce qu'elle devait respecter, et comment elle devait prendre du plaisir. Fille aînée dans un foyer conservateur et très religieux, elle a appris que les femmes convenables suivaient les normes strictes de la féminité, ne se montraient jamais agressives ou arrogantes, et faisaient toujours passer les besoins des autres avant les leurs. Comme sa mère (et tant de femmes avant elle), elle a construit son estime de soi en étant celle qui donne, et non celle qui reçoit. En se rendant indispensable, elle espérait neutraliser les vicissitudes de l'amour. Mais la gentillesse dont elle fait preuve est précisément ce qui rebute son mari. Il se sent inhibé par sa façon mièvre de faire l'amour et son manque d'assurance sexuelle.

Ces derniers mois, Lena a commencé à se demander à quoi ressemblerait son mariage si elle se montrait moins conciliante. L'idée qu'elle pourrait être appréciée pour ce qu'elle est, et pas seulement pour ce qu'elle donne, fait son chemin. Toutes les deux, nous avons décortiqué l'angoisse, la culpabilité et l'abnégation qui constituent son héritage de gentille fille.

Lena voudrait non seulement trouver le courage de savoir ce qu'elle aime, mais aussi d'être capable de le demander. Aller avec son mari chez Victoria's Secret pour s'acheter de la lingerie peut sembler anodin, mais cela lui remonte le moral, comme un Wonderbra lui gonfle les seins.

Les tensions internes qui lézardent la sexualité de Steven, Dylan, Melinda et Lena résultent des conflits apparus dans l'enfance. Ce qui détermine nos tendances et nos appréhensions sur le plan érotique se trouve affiné tout au long de notre vie, mais provient souvent de nos expériences enfantines, qu'elles soient bonnes ou moins bonnes. Un peu d'investigation psychologique est parfois nécessaire pour trouver un sens à tout ça, mais bien peu de choses, au sein de notre imagination érotique, relèvent du hasard.

Le « moi » face au « nous »

Par sa durée ou son ampleur, notre dépendance physique et affective vis-à-vis de nos parents est plus grande que chez toutes les autres espèces vivantes. Elle est si entière – et notre besoin de sécurité si intense – que nous sommes prêts à tout pour ne pas les perdre. Pour cela, nous étouffons nos désirs et réprimons notre agressivité. Nous prenons sur nous la responsabilité des mauvais traitements, nous nous soumettons, nous devenons autonomes et nous renonçons à nos envies. En bref, nous utilisons une large gamme de stratégies d'autopréservation, toutes destinées à maintenir ce lien élémentaire.

Les choses se compliquent si l'on considère que

l'autonomie est l'un de nos besoins les plus importants dans notre développement. Dès que nous marchons à quatre pattes, nous commençons à arpenter les chemins périlleux de la séparation, en essayant d'équilibrer notre besoin fondamental d'attachement et celui de voler de nos propres ailes. Nos parents doivent prendre soin de nous mais aussi nous laisser assez d'espace pour que nous puissions poser les bases de notre liberté. Nous voulons qu'ils nous soutiennent et qu'ils nous laissent partir.

Toute notre vie, nous nous débattons ainsi entre dépendance et indépendance. Le degré d'ingéniosité avec lequel nous réconcilions les deux dépend en grande partie de la façon dont nos parents ont fait face à cette dualité solidement ancrée dans nos personnalités enfantines. Il est important de souligner que l'attitude et les actes réels de nos parents ne sont qu'un aspect de la situation, et que l'interprétation que nous en faisons en est un autre. Chaque enfant dispose de sa propre faculté de résistance (ou résilience) pour faire face à la loterie de la vie : ce qui semblera bénéfique à l'un paraîtra écrasant à l'autre. Certains d'entre nous auraient aimé que leurs parents s'impliquent davantage, alors que d'autres se hérissent au souvenir du regard scrutateur et intrusif des leurs. Chaque famille privilégie un certain type de réponse à la question de la dépendance et de l'autonomie – de quelle façon l'une et l'autre sont-elles valorisées ou contrariées ? Dans les concessions mutuelles que nous faisons avec nos parents, nous apprenons à déterminer la part de liberté que nous pouvons sans danger nous octroyer, et jusqu'à quel point assujettir nos besoins pour que le lien subsiste. Au bout du compte, nous

nous fabriquons un système de croyances, de peurs et d'attentes – quelques-unes conscientes, mais pour la plupart inconscientes –, relatif au fonctionnement des relations humaines. Nous faisons de tout cela un paquet bien emballé, et nous le donnons à ceux que nous aimons. Il s'agit d'un échange.

Que l'histoire émotionnelle tout entière vienne s'exprimer dans la sexualité n'est pas une coïncidence. Le corps est l'instrument le plus pur et le plus fondamental qui soit à notre disposition pour nous exprimer. Comme l'écrit Roland Barthes : « Ce que je cache par mon langage, mon corps le dit. […] Mon corps est un enfant entêté, mon langage est un adulte très civilisé… » Le corps est la langue maternelle qui sert de médiateur entre le monde et nous, et ce bien avant que nous n'ayons prononcé nos premiers mots. Dès la naissance, l'amour ne cesse de circuler sensuellement – on pourrait même dire érotiquement – de l'adulte vers l'enfant.

Les sensations physiques dominent la conscience que nous avons de notre environnement ainsi que des premières interactions avec les personnes qui prennent soin de nous. Le corps garde la mémoire de nos plaisirs sensuels. Combien de fois ai-je entendu, dans mon bureau, des hommes et des femmes implorer ainsi leur partenaire : « Pourquoi ne me prends-tu pas dans tes bras ? » À quarante ans comme à cinq, une étreinte conserve un pouvoir apaisant. Mais le corps est aussi un lieu où nous entreposons la détresse et la frustration que nous avons endurées, et la souffrance que nous avons supportée. Avec intelligence, nos corps se souviennent de ce que nos esprits ont peut-être choisi d'oublier – le positif et le négatif. Peut-être est-ce pour cela que nos peurs les plus profondes et nos désirs les plus tenaces (l'immensité de notre dénuement, la peur de l'abandon, la terreur d'être englouti, la soif de toute-puissance) surgissent dans l'intimité sexuelle.

L'intimité érotique est à la fois marquée par la générosité et par l'égocentrisme : on donne et on prend. Nous devons être capables de pénétrer le corps et l'espace érotique de l'autre, sans éprouver la terreur d'être engloutis ou de nous perdre. Dans le même temps, nous devons être capables d'entrer en nous-mêmes, de céder à notre égocentrisme, en pensant que notre partenaire sera toujours là quand nous émergerons, qu'il ou elle ne nous en voudra pas pour cette absence passagère.

L'égoïsme des plaisirs intimes

J'ai toujours été intéressée par les personnes capables d'établir un équilibre émotionnel entre elles et les autres, mais qui échouent constamment à faire de même sur le plan physique. Pour elles, la menace de fusion contenue dans l'acte sexuel – et la perte de soi qui s'ensuit – est si intense qu'elles s'en défendent en se fermant sexuellement ou en exprimant leur désir autrement. La psychanalyste Jessica Benjamin écrit : « La lutte des enfants pour l'autonomie se situe dans le domaine du corps et de ses plaisirs. » C'est la même chose pour les adultes.

La première fois que James est entré dans mon bureau, il s'est assis et m'a dit : « Mon mariage avec Stella se porte bien, mais le sexe a toujours été un problème. » Sur ce plan, il se sent inhibé avec sa femme, et leur mésentente sexuelle le stresse beaucoup. Quelle que soit l'excitation qu'il ressent quand Stella s'approche de lui, il est bientôt envahi par l'inquiétude au sujet de sa propre performance. « Mon érection va-t-elle tenir ? Est-ce que je vais jouir trop tôt ? Stella va-t-elle avoir un orgasme ? » Faire l'amour devient une course jusqu'à la ligne d'arrivée : pourra-t-il l'atteindre avant que son érection ne retombe ? Dans cette perspective réduite, son aptitude à prendre du plaisir se trouve considérablement diminuée. Il ne peut s'amuser à essayer de nouvelles choses, puisque tout ce qui sort de la routine pourrait mettre en péril sa capacité à réussir. Ces angoisses ont toujours des effets en chaîne, et les inhibitions de James ont aussi étouffé l'énergie de Stella. Elle perçoit son absence, déplore son manque d'attention, et s'en plaint amèrement depuis des années.

Je demande à James :

— Parlez-moi de votre mère.

— Ma mère ? Vous ne perdez pas de temps, n'est-ce pas ? Il y a quelques années, j'ai vu un thérapeute qui m'a aussi demandé de lui parler de ma mère. Mais cela n'a rien changé. Ma femme ne ressemble en rien à ma mère.

— Je dois toujours remonter à la source. Je vous promets que je ne vous dirai pas que vous avez épousé votre mère. Mais c'est dans notre famille que nous apprenons à aimer et à établir des relations avec les autres. Aucun autre lien – que ce soit avec nos amis, nos flirts, nos professeurs, nos maîtresses ou nos amants – n'aura ensuite la même résonance pour nous. Alors, parlez-moi de votre mère.

Il ressort de nos conversations que James était profondément à l'écoute des humeurs de sa mère, laquelle était souvent seule et triste. Elle n'aimait pas le bruit, la pagaille, et devenait nerveuse quand James et sa sœur étaient trop turbulents. C'était une bonne mère, mais très stricte.

— J'ai toujours trouvé difficile de gérer ses besoins à elle. Il fallait que des tas de choses soient réunies pour qu'elle se sente bien.

Sa mère comptait sur lui pour la soutenir, lui tenir compagnie, pour bavarder avec elle (elle ne nommait le père de James que par ces mots, le « carnet de chèques »).

— Quand j'ai été plus âgé, j'ai voulu sortir avec mes amis. Je savais qu'elle était déçue. Elle me disait : « Amuse-toi bien », mais d'une façon qui m'empêchait justement de m'amuser.

James a grandi en se sentant déchiré entre le désir de ne pas mécontenter sa mère et le besoin de mener sa propre vie.

— Obtenir une bourse d'études pour Stanford, m'en aller à l'autre bout du pays, c'était la meilleure chose qui puisse m'arriver. Elle ne pouvait pas me refuser une telle chance. Je suis parti, mais en me sentant très coupable.

La première fois que James a vu Stella, il a pensé qu'il avait une vision.

— Tout en elle était gracieux, vif, coloré. Voilà une femme qui n'avait pas peur de se distinguer. Elle était lumineuse.

Stella était l'antithèse de la mère de James, et pour la première fois, il a pu aimer une femme sans se sentir accablé par la responsabilité et la culpabilité. En fait, Stella refusait qu'il se montre trop conciliant avec elle, en lui expliquant que cela l'étouffait. Il rit en racontant combien il se sentait anxieux quand il voulait faire quelque chose sans elle : il avait toujours peur de la décevoir. Il avait une façon de lui demander : « Cela ne te dérange pas ? », qui la rendait folle. Elle a fini par lui répondre d'un ton brusque : « Écoute, je ne suis pas ta mère. Tu n'as pas à me demander la permission. » James a appris qu'on pouvait être proche de quelqu'un – avoir une relation intime, bienveillante, sécurisante – sans pour autant se sacrifier. En affirmant son indépendance, Stella a montré à James qu'elle n'était pas fragile, et que son bien-être ne dépendait pas uniquement de lui. Le prix de l'amour ne doit pas être la perte de soi.

Par bien des côtés, on peut envier le mariage de James et Stella. Ils aiment être ensemble. Il la fait encore rire aux éclats et elle sait porter un regard fiable, enthousiaste et critique sur son travail de graphiste. James ajoute : « Ça et tout le reste. »

Stella, qui sait parfaitement où elle en est, déclare :

— Même quand je ne le supporte plus, je ne m'ennuie jamais avec lui. Le jour où cela arrivera, je partirai.

Pendant leurs trente et un ans de vie commune, ils ont élevé quatre enfants, rénové deux maisons, surmonté la mort de leurs quatre parents, affronté le cancer du sein de Stella, et fêté la naissance de leur premier petit-fils. Voilà pour le côté lumineux de leur histoire.

Mais derrière ce tableau idyllique s'étend le terrain miné de la sexualité, terrain où ont eu lieu leurs pires disputes : elle en a envie, lui non ; elle veut en parler, lui reste muet ; elle se met en colère, il est sur la défensive ; ils s'affrontent, puis attendent que les choses se tassent. C'est une situation chronique et permanente, qui s'est récemment aggravée.

Pendant des années, Stella a eu du mal à accepter d'être la gardienne de leur vie sexuelle :

— Je suis la seule à y penser, à en avoir envie, à faire en sorte que nous fassions l'amour et à me plaindre quand cela n'arrive pas. Si je laissais faire James, notre vie érotique serait un désert.

En privé, James admet qu'il prend l'initiative uniquement lorsqu'il est presque sûr que Stella ne sera pas réceptive. Ainsi, il semble respecter sa part du contrat. Stella déteste être celle qui « fait tout », mais elle n'ose pas arrêter, de peur qu'il ne se passe plus rien du tout, et qu'un vide insupportable ne s'installe. Plutôt assumer le manque d'intérêt de James que de risquer de le voir se renforcer.

Depuis la ménopause, le désir de Stella a brusquement fléchi, et ses pires craintes ont été confirmées. Le manque d'initiative sexuelle de James, auparavant masqué par son ardeur à elle, éclate à présent au grand jour. Elle s'affole à la perspective de cet engourdissement sexuel qui se dessine, menaçant.

— Nous ressemblons à des camarades de chambre. Cette fois, j'ai vraiment besoin qu'il fasse un effort. Et il ne le fait pas.

Je fais remarquer à Stella que, même si James semble ne faire aucun effort, il est plus probable qu'il ne sait pas comment s'y prendre. La perturbation liée à la ménopause est un défi au modèle établi depuis si longtemps dans leur couple. Ils vont bientôt découvrir que cette perturbation leur offre de nouvelles possibilités.

James a tendance à se focaliser sur les questions

de performance pour justifier son absence de désir. Il anticipe l'échec, et son anxiété le provoque en effet. Chaque fois qu'il échoue, il se sent diminué dans sa virilité. Par peur de l'impuissance, il veut tout arrêter avant même d'avoir commencé. L'ironie involontaire de la situation, c'est qu'il est tellement obsédé par le souci de bien faire, de rester en érection, qu'il perd entièrement Stella de vue. Et alors qu'il croit ne penser qu'à elle, Stella a l'impression qu'il est complètement ailleurs. Cela a souvent été un sujet de dispute entre eux. Je précise à James que se braquer ainsi sur l'aspect purement physique du sexe – donc vu comme une performance – constitue une approche résolument non érotique. C'est un angle de vue trop restrictif. Selon moi, James est écrasé à l'idée de laisser libre cours à sa sexualité avec sa femme : revendiquer son propre désir, érotiser son corps à elle, se sentir libre d'exprimer un désir licencieux.

Je demande à James s'il a déjà eu des expériences sexuelles sans éprouver d'anxiété.

— Seulement quand je me masturbe, me répond-il.

C'est important, puisque cela me confirme qu'il n'a aucun problème physiologique et qu'il peut avoir une relation sexuelle aboutie. Dans le plaisir solitaire, James peut être attentif à lui-même sans sentir peser sur lui la pression provoquée par les demandes de l'autre. Les femmes qui peuplent ses fantasmes sont lascives, aguicheuses, et ne montrent aucun signe de vulnérabilité. Il a besoin de sentir que son égoïsme ne leur fera pas de mal pour profiter de cette excitation exempte de toute culpabilité. C'est une liberté qu'il ne ressent jamais avec sa femme. Cette prise de conscience nous amène à explorer les causes de son blocage érotique.

Si James peut s'affirmer face à elle sur le plan affectif et intellectuel – il déteste ses goûts musicaux, refuse de porter des costumes italiens, et l'a défiée une année en votant républicain –, cette maîtrise de soi disparaît lorsqu'il s'agit de faire l'amour. Il a peur qu'en cédant à sa concupiscence et en oubliant Stella, même pour quelques instants, il ne la blesse de façon impardonnable.

Même si James n'en a pas conscience, sa relation avec sa mère malheureuse a laissé de multiples traces dans son schéma érotique. Lorsqu'il fait l'amour avec Stella, il revient directement à la configuration qu'il a connue dans son enfance : un choix impossible entre faire attention à lui, et maintenir le lien de protection entretenu avec sa mère. La culpabilité qu'il a ressentie étant enfant s'est transformée en inhibition sexuelle. C'est peut-être pour cela qu'il vit le désir de sa femme comme une demande plutôt que comme une invitation, comme une obligation et non comme un acte de séduction. L'érotisme s'est déplacé dans le domaine du devoir. La pression, la culpabilité et l'inquiétude – de parfaits antiaphrodisiaques – pèsent sur lui.

Rallumer le désir

James et Stella ne savent pas quoi faire. Ils ont mis leur problème sexuel sur le compte d'une mauvaise entente et ils considèrent qu'il est aussi permanent et irréversible qu'une amputation. Depuis des années, James est coincé dans son histoire d'impuissance, qui pourrait se résumer ainsi : « Notre problème doit bien venir de quelque part. Quelqu'un est fautif, mais pas moi. Alors qui ? Stella. Rejetons la responsabilité sur elle. » Afin d'en donner une autre interprétation, je relie fermement l'absence de désir de James aux répercussions que son enfance a eues sur lui. Il commence alors à ressentir de la compassion pour lui-même. Parallèlement, je l'invite à en assumer la responsabilité dans le présent. Ensemble, nous démêlons cet écheveau de reproches et de responsabilités, et nous déterminons la façon d'agir. Cela lui apporte un immense soulagement. Pour Stella, cette nouvelle répartition des rôles est un modeste pas vers une estime de soi restaurée.

Je travaille avec James pour installer un sentiment plus confortable de distance sur le plan sexuel, en insistant sur le fait que « distance » ne veut pas dire « indifférence ». Je lui demande, au lieu de rester concentré sur Stella, de penser d'abord à lui. Avec cela en tête, je lui propose plusieurs choses.

— D'abord, laissez tomber la chambre. Trop d'idées négatives y sont associées. Maudissez ce lit sur lequel est inscrit le mot « échec » et qui est devenu le symbole de la privation. Trouvez d'autres endroits dans la maison. Ensuite, je voudrais que vous vous masturbiez à côté de Stella, pour connaître la possibilité d'être satisfait en sa présence. Prenez note de la tension et de la culpabilité que vous ressentez. Soyez-y attentif, n'essayez pas de les éviter.

J'ai choisi la masturbation pour plusieurs raisons. Premièrement, c'est la seule manière qu'a James de se laisser aller librement sur le plan sexuel. Deuxièmement, cela l'incitera à être totalement centré sur lui-même, et lui ôtera la responsabilité de devoir satisfaire sa femme. Troisièmement, cela lui prouvera – je l'espère – que Stella ne se sent pas blessée quand il fait attention à lui. Être regardé renforcera sa capacité à céder sans culpabilité à son individualité érotique. Enfin, cette expérience prendra le contre-pied de son angoisse de la performance. Se masturber en présence de sa femme est en soi une formidable performance. Pour la première fois, James aura la possibilité de voir qu'elle peut prendre du plaisir quand il en ressent lui-même. Qu'il lui permette de le regarder pendant qu'il parcourt son propre territoire érotique est en soi une offrande intime.

Chacune de ces étapes l'aidera à créer une réalité entièrement différente de celle qu'il a connue avec sa mère. Après tout, nous ne nous masturbons pas devant nos parents, alors que nous pouvons le faire avec nos amants.

Bien entendu, je n'ai pas fait cette suggestion sans considérer par ailleurs la situation difficile de Stella. Quand James se montre hésitant à la toucher, et attend d'elle qu'elle lui donne l'impulsion, elle se sent envahie par le ressentiment. Le regard ciconspect de James la rebute. La déférence qu'il lui témoigne suscite en elle un sentiment d'accablement. L'attention obstinée qu'il lui porte lui pèse. Quelque temps auparavant, James m'avait fait une remarque au sujet du caractère de Stella.

— C'est peut-être vrai, lui ai-je dit, mais si vous lui aviez fait l'amour plus souvent, votre femme aurait un caractère très différent. La frustration que les gens éprouvent lorsque leur corps n'est pas touché, caressé, étreint et satisfait, les amène à se sentir acculés. La tension sexuelle se transforme alors en rage.

Je dis à Stella ce que j'ai dit à beaucoup de conjoints aimés et pourtant délaissés sexuellement par leurs partenaires :

— Vous savez qu'il vous aime, vous n'en avez jamais douté. Et c'est pour ça que vous êtes restée avec lui toutes ces années. Ce qui vous blesse, c'est que vous ne vous êtes jamais sentie désirée par lui. Vous avez l'impression que c'est à vous seule que revient la charge de faire vivre ce désir, et c'est vrai. Pour obtenir la sécurité affective, vous avez dû renoncer à la complicité sensuelle. C'est un marché cruel.

Comme un barrage qui cède soudainement, les larmes se mettent à couler sur les joues de Stella. Elles en disent long sur son désir et sur le sentiment de rejet qu'elle ressent depuis si longtemps. En effet, comment ne pas prendre pour soi ces rebuffades continuelles, ne pas se sentir indésirable, et ne pas douter de soi ?

Voici ce que je dis à James :

— L'amour et le désir sont deux choses différentes. Tout comme le confortable et le sexy. Votre femme sait que vous l'aimez. Ce qu'elle veut, c'est que vous la désiriez. Elle veut sentir que vous avez faim d'elle. Elle veut goûter la délicieuse saveur de votre envie irrépressible, et voir que celle-ci est à la mesure de la sienne. Votre incapacité à vous laisser aller, à céder à vos propres conceptions du plaisir, se situe à l'opposé de l'extase sans retenue dont elle rêve. Votre vigueur validerait sa propre ardeur. C'est difficile de s'abandonner avec quelqu'un qui ne le fait pas.

L'expérience de la masturbation n'a eu qu'un succès

relatif, et n'a pas transformé la situation de façon spectaculaire. La gêne de James l'a emporté. Celui-ci a toujours considéré la masturbation comme un plaisir privé, et il n'avait pas envie de le partager. En revanche, ce qui s'est passé quelques jours plus tard a été un véritable tournant pour James et Stella. Ils étaient en train de se disputer. Elle était énervée, convaincue que les choses ne changeraient jamais. La première impulsion de James a été de la prendre dans ses bras, mais il a eu peur de la contrarier : elle avait l'air tellement en colère contre lui. Néanmoins, il a surmonté son embarras et l'a tout de même serrée contre lui. Au début, Stella ne s'est pas montrée réceptive, mais James a maintenu son étreinte. Par le passé, il avait toujours battu en retraite, attentif uniquement aux signes de bonne volonté qu'elle lui envoyait. Il agissait en fonction d'elle. Cette fois, il a fait son propre choix et fait valoir ses sentiments. Et, étrangement, il s'est senti très excité. Il a commencé à lui masser le dos, et elle s'est peu à peu calmée. Stella a su qu'il était là et qu'il pouvait la maîtriser, qu'il pouvait résister à sa véhémence. Une chose en entraînant une autre, ils en sont arrivés à « faire l'amour de façon merveilleuse », comme ils le racontent, chacun de leur côté. Pour eux, pas d'extase délirante. Ils se sont délectés de cette passion paisible, de la simple entente de leurs deux corps réunis après une longue absence.

Il faut être deux pour créer un modèle, mais un seul peut le changer. Au cours d'une séance ultérieure, James jubile en se décrivant lui-même comme « intrépide et persévérant ». Il est stupéfait que le sentiment d'être responsable puisse lui redonner tant d'énergie. En prenant le contrôle, il est enfin capable de s'abandonner. La prison sexuelle que lui et Stella avaient soigneusement bâtie commence à s'ouvrir. En cessant, même temporairement, de se montrer toujours aussi réactif, James renoue avec l'espoir et entrevoit des possibilités érotiques à découvrir. Pour la première fois depuis des années, il fantasme sur sa femme (ce qu'ils devraient essayer, à quel endroit…). Il est en train de reconquérir une part de lui jusque-là complètement étouffée par l'angoisse.

Il est important de noter que dans ce combat (et ceux à venir), James n'a pas eu de problème d'éjaculation précoce, et ne s'en est même pas inquiété. Quand la sexualité est vécue comme une obligation, jouir rapidement est une solution très efficace pour mettre fin à la gêne éprouvée. Lorsque des amants font l'amour librement, lorsqu'ils s'abandonnent dans un acte de libre affirmation de soi, ils ne ressentent pas le besoin d'en finir au plus vite. Précipiter le moment de la jouissance ne constitue pas une fin en soi, il s'agit plutôt de savourer la confiance mutuelle et l'intimité.

Le terme d'« éjaculation précoce » est inapproprié. Loin d'être une question de timing, elle correspond à un manque d'attention. « Éjaculation involontaire » correspondrait davantage à la réalité. Une fois que James s'est senti responsable de son désir, il s'est également senti responsable de son éjaculation.

Étonnant revirement, James me confie également que depuis qu'ils ont entamé une thérapie, chaque fois que Stella et lui ont une relation sexuelle, c'est après une dispute.

— Cela commence à m'ennuyer, confesse-t-il, j'aimerais que nous puissions faire l'amour sans ça.

Je lui réponds :

— La colère et l'excitation sexuelle entretiennent une relation complexe. Sur le plan physiologique, elles ont beaucoup en commun. Sur le plan psychologique aussi. Dans votre cas, je pense que la colère vous donne du courage. Elle diminue votre tendance à l'acquiescement et vous permet de vous sentir plus impliqué. Elle met en évidence la séparation entre vous et Stella et offre un contrepoint à la dépendance. Voilà pourquoi la colère peut alimenter le désir de façon si puissante. Elle vous donne la distance dont vous avez besoin. Lorsqu'elle est systématique, elle devient un problème, mais on ne peut nier qu'elle est un puissant stimulant.

Au fil du temps, j'ai rencontré bien des couples semblables à celui de Stella et James. Des couples dont la relation, riche par ailleurs, était à deux doigts de verser dans une austère sensualité. Avec eux, je cherche les courants émotionnels sous-jacents qui entraînent cette stagnation érotique. Nous remontons aux origines des blocages et des mécanismes relationnels qui les ont maintenus en place. Mes patients trouvent utile de commencer ainsi, et ils sont réconfortés d'apprendre que comprendre le passé peut les aider à modifier le présent.

De l'importance d'être sans pitié

On pense couramment que plus on est proche de quelqu'un, plus on pourra se dépouiller de ses inhibitions. Mais ce n'est pas si simple. Bien sûr, l'intimité nourrit le désir, mais le plaisir sexuel a par ailleurs besoin de distance pour exister. Afin d'être excités, nous devons sortir un instant de cet attachement, et rentrer en nous-mêmes pour nous concentrer sur les sensations qui montent en nous. Nous devons être capables d'égoïsme pour nous sentir érotiquement liés à notre partenaire.

C'est dans les liens sécurisants de notre enfance que s'est forgée notre aptitude à nous éloigner de la personne que nous aimons, tout en croyant à sa loyauté. Plus nous faisons confiance, plus nous pouvons avancer. Lorsque nous jouons à nous cacher le visage pour faire rire un tout petit enfant, la distance maximale que celui-ci peut supporter est très réduite. Le jeu fonctionne parce que le bébé sait que même s'il ne peut pas nous voir, nous n'en continuons pas moins d'exister. Les enfants plus âgés jouent à cache-cache en toute sécurité, parce qu'ils savent que quelqu'un va venir les chercher. L'émotion de se cacher est suivie du soulagement d'avoir été trouvé. Disons que l'intimité érotique est la version adulte de ce jeu de cache-cache. Comme lorsque nous étions enfants, plus le lien est fort et plus nous osons lui donner de l'amplitude. Nous savons que celui ou celle que nous aimons attendra notre retour, qu'il ne nous punira pas pour nos passe-temps égoïstes, et pourra même nous en féliciter.

Dans *Arousal*[1], Michael Bader relie l'idée d'égoïsme au concept d'une sexualité sans pitié, qu'il définit comme « la qualité de désir qui permet à quelqu'un de s'abandonner à la force entière de ses propres rythmes de plaisir et d'excitation, sans culpabilité, sans inquiétude ou honte d'aucune sorte ». L'explication de Bader

1. « L'excitation sexuelle » *(N.d.T.)*.

met en relief l'importance de la différenciation, c'est-à-dire la capacité à continuer d'exister en présence d'autrui. Sans cette capacité, nous sommes comme James, qui n'arrive pas à oublier Stella assez longtemps pour vivre son propre désir.

Le caractère brut de notre désir peut paraître cruel, bestial, et même dénué d'amour ; il peut ressembler à une emprise prédatrice et vorace. Quelle que soit la culpabilité que nous ressentons à prendre – et quelle que soit notre honte lorsque nous sommes libertins, passionnés, indécents –, celle-là s'intensifie face à la vulnérabilité primitive éprouvée dans le cadre de la sexualité. Nous intégrons à nos rencontres érotiques et intimes toute une vie d'injonctions contre l'égoïsme en amour, dont les spécificités sont inscrites dans notre modèle érotique. En plus de notre héritage familial, nous portons aussi le poids de notre héritage culturel. Nous avons appris à nous contrôler, à contenir nos pulsions, à dompter l'animal en nous. Comme de bons citoyens et d'obéissants conjoints, nous nous conditionnons à masquer nos appétits féroces et à dissimuler notre besoin fugace à faire de la personne que nous aimons un objet.

Pour beaucoup de gens, les interdits qui empêchent d'être vorace dans une relation aimante sont tout simplement trop forts pour permettre l'abandon érotique. Car l'égocentrisme inhérent à l'excitation sexuelle annihile notre partenaire d'une manière qui heurte notre idéal d'intimité. Ces gens pensent qu'ils ne peuvent se montrer voluptueux et sans retenue qu'avec des personnes qu'ils ne connaissent pas très bien, ou qui ne sont pas très importantes pour eux. Le sexe récréatif, la pornographie et le cybersexe ont un point commun : ils intègrent un élément de distance, et même d'anonymat, qui permet d'éviter le fardeau de l'intimité et de rendre possible l'excitation sexuelle. Il est clair que ce type de situations, où l'on ne s'engage pas sur le plan affectif, se rencontrent plus souvent à l'extérieur du foyer, où ce besoin de différenciation est moins intense. Avoir une relation avec une personne qui n'est pas disponible nous donne un garde-fou : quand on ne peut pas être trop proche de quelqu'un, il n'y a pas de raison d'avoir peur d'être enfermé ou de se perdre soi-même.

À mon avis, le fait de cultiver l'aspect impitoyable de nos relations intimes est une solution fascinante aux problèmes de désir. Si, au premier abord, cette attitude peut paraître distante voire peu attentionnée, elle trouve en réalité sa source dans l'amour et dans la sécurité de l'attachement. C'est une expérience rare que d'être capable de se laisser aller complètement, sans culpabilité et sans nervosité, tout en sachant que notre relation est assez vaste pour y résister. Lorsque nous faisons une rencontre érotique, nous parvenons à une forme unique d'intimité. Cela transcende la civilité présente dans le lien affectif, et satisfait nos pulsions indisciplinées tout comme nos appétits primaires. La flamme qui embrase deux corps naît difficilement dans des versions plus domestiquées de l'amour. Paradoxalement, être sans pitié est une façon d'atteindre l'intimité. L'érotisme nous invite à entrer dans un espace illimité où nous pouvons connaître une liberté exquise. Nous pouvons nous oublier un instant, oublier ce qui nous vient de notre enfance ainsi que les habitudes de notre couple et nos contraintes culturelles respectives.

Aimer l'autre sans se perdre soi-même est le

dilemme central de l'intimité. Notre aptitude à gérer ce double besoin de lien et d'autonomie nous demande bien souvent toute une vie de pratique. Cela affecte non seulement notre façon d'aimer mais aussi notre façon de faire l'amour. L'intimité érotique porte en elle une double promesse : pouvoir simultanément se trouver et se perdre. Elle constitue une expérience à la fois fusionnelle et égocentrique, réciproque et égoïste. Être en même temps dans l'autre et en soi est une position qui touche au mystique. Le sentiment momentané de ne faire qu'un avec la personne que nous aimons dérive de notre capacité à admettre la distance indissoluble qui nous sépare. Pour ne faire qu'un, on doit d'abord apprendre à être deux.

8

Être parents

Quand l'enfant menace le couple

« Avant, vous aimiez les dessous en satin et
en dentelle. Qui aurait pu croire que la lingerie vous semblerait un jour moins excitante
qu'une grenouillère ? Avoir un enfant change
votre vie. »

Johnson and Johnson,
Pajamas with Feet (publicité)

« Il fut un temps où votre partie de poker était ce
que vous attendiez toute la semaine. Qui aurait
jamais pensé que les sorties entre copains n'arri-
vaient pas à la cheville des soirées à la maison ?
Avoir un enfant change votre vie. »

Johnson and Johnson,
Frogs (publicité)

En faisant l'amour, il nous arrive de faire des bébés.
N'est-il pas ironique de penser que ces enfants, véri-

tables incarnations de l'amour, représentent si souvent une menace pour le couple ? Pourtant à l'origine de toute l'affaire, la sexualité est souvent abandonnée une fois que l'enfant entre en scène. Et même chez les couples qui ont eu recours à d'autres moyens pour devenir parents, cela n'en reste pas moins un événement aux effets spectaculaires sur la vie sexuelle. Beaucoup de ceux que je reçois font remonter la mort de leur vie érotique à la naissance de leur premier enfant. Pourquoi le fait de devenir parents porte-t-il si souvent ce coup fatal ?

Le passage de deux à trois est l'un des plus grands défis qu'un couple doit affronter. Il faut du temps – un temps qui se chiffre en années et non en semaines – pour s'orienter dans le meilleur des mondes. Avoir un bébé est un bouleversement psychologique qui modifie notre rapport à presque tout ce qui nous entoure : la perception de nous-mêmes, notre identité, nos relations avec notre conjoint, les amis, les parents, la belle-famille. Notre corps change, tout comme notre budget et notre vie professionnelle. Les priorités se déplacent, les rôles sont redéfinis, et l'équilibre entre liberté et responsabilité s'en voit complètement modifié. Nous sommes en extase devant nos bébés, et, comme nous l'avons autrefois vécu avec notre partenaire, cette extase est une chose qui nous dévore et qui exclut tout le reste. Fonder une famille nécessite de redistribuer les ressources, qui se trouvent soudain moins nombreuses pour le couple : moins de temps, moins de communication, de sommeil, d'argent, de liberté, de caresses, d'intimité. Même ceux qui se disent heureux et comblés sur le plan personnel par l'agrandissement de leur famille parlent néanmoins d'une période éprouvante pour le couple.

Au bout du compte, nous finissons en général par trouver nos marques dans ce nouvel environnement. Quand tout se passe bien, nous apprenons à maîtriser les compétences de base pour élever les enfants. Nous mettons en place l'aide dont nous avons besoin, nous établissons une répartition des tâches – domestiques et professionnelles – acceptable pour tous. Nous organisons la prise en charge des enfants, nous rencontrons d'autres parents. Peu à peu, nous volons des bribes de temps pour nous. Avec un peu de chance, nous recommençons à dormir la nuit, à faire de la gym. De nouveau, nous avons le temps de lire un magazine de A jusqu'à Z, et nous réussissons à dégager un espace où nous pouvons avoir des rapports avec les autres, en tant qu'adultes.

Pour certains d'entre nous, c'est le moment où l'amour fait son retour dans notre vie. Nous nous rappelons alors que le sexe est quelque chose de plaisant, qu'il nous aide à nous sentir bien, à nous sentir proches. Comme le dit mon amie Clara : « C'est facile d'oublier qu'avant d'être parents, on était amants. Mais le sexe se rappelle à vous. Grâce à lui, je me souviens que j'ai choisi Meyer par amour. Je le choisirais encore aujourd'hui s'il le fallait, et je trouve ça très romantique. »

Mais alors que ces couples renouent avec le désir, d'autres s'égarent lentement sur le chemin de la désunion. Faire la reconquête de sa vie érotique n'est pas toujours facile. De nos jours, les parents américains, quel que soit leur milieu, sont souvent surchargés et accablés de travail. Conséquence, nous déprogrammons pratiquement le sexe de nos vies, le mettant en attente permanente afin de prêter attention à des problèmes plus urgents. Dans la vie de famille, on fixe sans cesse les priorités : Qu'est-ce que je dois faire tout de suite, et qu'est-ce que je peux remettre à plus tard ? Sans répit, nous trions des demandes contradictoires afin de les hiérarchiser selon leur véritable importance : il y a les choses cruciales ou importantes, celles dont on rêve et celles qu'on devrait faire, les négligeables, les non-pertinentes, les impératives, les insignifiantes, celles qu'on fera peut-être un jour et celles qu'on ne fera sans doute jamais. Bien souvent, le sexe végète en bas de liste, et jamais une tâche plus ordinaire ne lui volera sa place de bon dernier.

Pourquoi le lien érotique fléchit-il ainsi ? Au fond, est-ce si grave que la vaisselle ne soit pas faite ? Ou bien y a-t-il quelque chose de plus profond dans notre mystérieux empressement à renoncer au sexe pour accomplir une multitude d'autres choses ? S'agit-il d'une spécificité de la culture moderne, qui vient accentuer la morosité érotique des parents ? Ou bien l'érotisme est-il simplement trop difficile à faire vivre dans le contexte familial ?

L'entreprise parentale

Sécurité et stabilité prennent une tout autre signification quand les enfants paraissent. Lisez n'importe quel livre sur la façon d'élever les bébés et les petits enfants, vous y verrez, encore et toujours, que l'accent est mis sur la routine, la prévisibilité et la régularité. Afin que les enfants se sentent en confiance pour explorer le monde qui les entoure, ils ont besoin de sécurité. En tant que parents, la stabilité, la fiabilité et le sens des responsabilités deviennent la règle. Nous tenons solidement au sol pour que nos enfants puissent apprendre à voler. Même avant que l'enfant ne naisse, nous modifions nos contrats d'assurance, nous achetons une solide voiture dotée d'airbags, nous déménageons dans le meilleur – c'est-à-dire le plus sûr – des quartiers qui soit en conformité avec notre budget. Nous buvons moins, nous arrêtons enfin de fumer, et nous commençons à mettre autre chose qu'un pack de bières ou des cornichons dans notre réfrigérateur.

Nous accomplissons tout cela pour nos enfants, mais aussi pour nous-mêmes. En faisant face au grand inconnu que représente le fait d'être parents, nous essayons de mettre en place le plus de sécurité possible. Nous cherchons à maîtriser l'imprévisible en structurant les choses. Nous organisons, nous hiérarchisons, nous devenons sérieux. Parce qu'ils sont incompatibles avec une famille, nous laissons de côté tous nos aspects frivoles, immatures, irresponsables, insouciants, excessifs et improductifs : « J'ai laissé tomber la moto quand Julien est né. Je ne peux plus me permettre de me tuer dans un accident », « Je suis sculpteur, mais j'ai accepté de faire des présentations sur Powerpoint pour une société d'investissement haut de gamme. Le salaire et les avantages sont élevés et, d'ici cinq ans, je n'aurai plus de souci à me faire pour ma retraite. Je pourrai mettre de l'argent de côté pour les études de Becky » (tout cela est dit sans que mon interlocuteur reprenne son souffle) », « Finies les fêtes jusqu'à 5 heures du matin alors que je dois me lever à 5 h 30, ou 6 h 15 quand mon bébé se montre généreux », « Avant d'avoir des enfants, nous faisions tout sur un coup de tête. Nous décidions d'aller camper et c'était parti, nous mettions la tente dans la voiture. Ou bien j'appelais Dana au bureau à 17 h 30 pour lui dire qu'un groupe donnait un concert à 21 heures, et elle me rejoignait là-bas. Maintenant, nous achetons des cartes d'abonnement et nous finissons par en distribuer la moitié »...

La vie de famille prospère dans un climat de confort uniforme, tandis que l'érotisme se nourrit d'imprévisible, de spontanéité et de risque. Le désir est une force qui n'aime pas qu'on la maîtrise. Quand la répétition, les habitudes et les règles s'installent, il suffoque. Il se change en ennui, et parfois même, dans les cas extrêmes, en répulsion. Lorsque les enfants arrivent, notre tolérance face à ces émotions déstabilisantes tombe en flèche. Peut-être est-ce pour cela qu'elles sont si souvent reléguées aux marges de la vie familiale : celle-ci doit se défendre contre tout ce qui est propice à l'érotisme.

Certaines personnes sont tellement immergées dans leur rôle de parents qu'elles ne peuvent plus s'en détacher, même quand cela est possible.

— J'ai su que nous avions un problème lorsque je n'ai plus été capable de penser à faire l'amour tant que tous les jouets n'étaient pas rangés, admet Stéphanie avec réticence. Et puis, il y a la vaisselle, le linge sale, les factures, le chien... C'est une liste sans fin. Les tâches ménagères semblent toujours devoir l'emporter, et l'intimité entre Warren et moi est passée aux oubliettes. Si quelqu'un me demandait : « Que préférez-vous, laver le sol de la cuisine ou faire l'amour avec votre mari ? », je choisirais le sexe, bien sûr. Mais dans la vie réelle ? Je repousse Warren et j'attrape la serpillière.

Il est facile de se moquer de la serpillière. Comme pour beaucoup de mères (oui, de mères), faire le ménage contrarie Stéphanie, alors qu'elle se sent tenue de s'acquitter avec le plus grand soin de cette tâche, symbole de sa maternité réussie. Elle se sent irrésistiblement attirée par la propreté, comme si l'ordre à l'extérieur pouvait amener la paix à l'intérieur. Et, dans une certaine mesure, cela fonctionne. Bien que la liste des choses à faire soit effrayante, le fait de les accomplir lui donne l'impression d'être efficace et de contrôler la situation. Vérifier qu'elle a assez de céréales et de petits pots pour les trois prochaines semaines, nettoyer les toilettes, acheter pour ses enfants des chaussures identiques dans deux tailles au-dessus : voilà des activités aux résultats immédiats et quantifiables, autrement plus faciles à gérer que l'éducation des enfants et les terreurs sans limites qui l'accompagnent.

Les enfants sont une bénédiction, un délice, une merveille. Ils sont aussi un petit cataclysme. Ces intrus que nous chérissons nous remplissent d'un sentiment profond de vulnérabilité et de perte de contrôle. Nous redoutons que quelque chose de terrible ne leur arrive ou, pis encore, nous avons peur de les perdre. Nous les aimons et nous voulons à tout prix les protéger. À cause d'eux, nous sommes les otages d'une angoisse permanente. Que nous mettions en sourdine ces pensées effrayantes ou que nous soyons obsédés par elles, nous voulons que tout aille bien. Comment se sentent-ils ? Comment le savoir ? Est-ce que je m'y suis bien pris, ou est-ce que je dois mettre de l'argent de côté, non seulement pour l'université, mais aussi pour sa future thérapie ? Confrontée à ces questions sans fin, Stéphanie empoigne son balai, même quand il n'y a rien à faire, simplement parce que cela lui donne le sentiment de contrôler un environnement émotionnel par ailleurs chaotique.

Auparavant, elle était plutôt négligée.

— Avant d'avoir un enfant, explique-t-elle, il ne m'était jamais arrivé de nettoyer le compartiment à œufs du frigo. J'étais désordonnée, je laissais traîner des livres et des papiers partout. Je ne vivais pas cela comme une absence de contrôle. Cela m'allait très bien. Mais, maintenant, je ressens le besoin d'agir sur mon environnement. Moi contre le désordre… Mon combat personnel contre le chaos commence à la minute où je veux regarder la télé ou partager un moment d'intimité avec mon mari.

Avant la naissance de Jake, Stéphanie était cadre dans une entreprise internationale de navigation. Elle avait toujours pensé retourner travailler après son congé de maternité, mais l'arrivée de son fils a tout changé. Elle n'a pas pu supporter l'idée de le quitter. Et, après quelques rapides calculs, elle a compris que la majeure partie de son salaire irait, n'importe comment, dans la poche de la baby-sitter. Et puis, la petite Sophia est arrivée à son tour.

— Avec mes enfants de sept et deux ans, je suis mère vingt-quatre heures sur vingt-quatre. Et lorsqu'il me reste un peu de temps, je veux qu'ils m'appartiennent. Alors, quand Warren s'approche, j'ai tout simplement l'impression que quelqu'un veut encore obtenir quelque chose de moi. Je sais que ce n'est pas son intention, mais c'est ce que je ressens. À la fin de la journée, je n'ai plus rien à donner.

Je lui demande :

— Depuis quand est-il le seul à avoir besoin d'une intimité sexuelle ? Cela ne vous manque pas, à vous aussi ?

Elle hausse les épaules.

— Pas vraiment. Je continue de penser que cela reviendra. Mais je ne peux pas dire que cela me manque.

Tandis que le désir de Stéphanie stagne, la frustration de Warren s'accroît.

— J'ai tout essayé, me dit-il. Quand elle me demande de l'aider, je suis là. Je fais la vaisselle, je la laisse faire la grasse matinée le week-end, je sors avec les enfants pour qu'elle puisse avoir du temps à elle. Mais je travaille. Je dois gérer des urgences toute la journée. Ce n'est pas comme si je m'amusais. Elle croit que je ne pense qu'au sexe, mais ce n'est pas vrai. Je veux rentrer chez moi et être seul, de temps en temps, avec ma femme. Mais elle n'est plus qu'une mère. Tout est pour les enfants. Nos projets, nos sorties, nos achats. On ne pourrait pas changer de disque une fois de temps en temps ?

Je lui demande :

— Avez-vous vu le film *Before Sunset* ? À un moment, le personnage principal, Jesse, dit qu'il a l'impression de diriger une crèche avec quelqu'un qu'il invitait à sortir autrefois.

— C'est tout à fait ça ! s'exclame Warren.

Je lui pose une autre question :

— Est-ce qu'il vous arrive encore de vous amuser ?

— Oh, nous avons de très bons moments. Nous

faisons beaucoup de choses en famille et j'aime ça. Nous sommes allés cueillir des pommes le week-end dernier. Nous faisons du vélo, nous nous promenons dans les parcs, ce genre de choses. Les gosses sont super, on rit beaucoup. Stéphanie est une mère géniale, elle cherche toujours de nouvelles choses à faire ensemble.

— Ensemble, cela veut dire à deux ou toute la famille ?

— Toute la famille, maugrée-t-il.

Réorienter le désir

Stéphanie déborde de créativité : projets artistiques, balades, visites de musées ou de casernes de pompiers, spectacles de marionnettes, confection de cookies, fêtes. Pas un jour sans qu'elle ne pense à quelque chose de nouveau et d'amusant à faire avec les enfants. Son amour maternel va de pair avec une étonnante vitalité. À en juger par son comportement en famille, il est évident que son énergie débordante ne s'est pas tarie quand elle est devenue mère. Mais si sa vie est excitante, c'est désormais grâce aux enfants. À présent, ce sont eux qui représentent l'aventure aux yeux de Stéphanie. Et cela rend Warren envieux.

Si on ne réduit pas l'érotisme au sexe et si on le considère comme une énergie vibrante et créative, il est facile de voir que les pulsions de Stéphanie sont bien vivantes. Mais elles ne tournent plus autour de son mari. À présent, elles sont dirigées vers ses enfants. Régulièrement, Jake a droit à des fêtes avec ses petits camarades, mais il y a seulement trois dates par an pour Stéphanie et Warren : leurs deux anniversaires et celui de leur mariage. La petite Sophia porte des vêtements dernier cri, mais Stéphanie se contente de vieux T-shirts. Pour un seul film interdit aux moins de seize ans, ils louent vingt films tout public à la vidéothèque. Les enfants ont droit à des étreintes pleines d'affection ; les adultes, eux, se contentent de rapides baisers.

Stéphanie éprouve un plaisir physique immense auprès de ses enfants. Sur ce sujet, je veux être parfaitement claire : elle fait très bien la différence entre une sexualité adulte et la sensualité des contacts physiques avec les petits enfants. Comme la plupart des mères, elle n'aurait pas l'idée de chercher une satisfaction sexuelle auprès d'eux. Mais, dans une certaine mesure, une substitution s'est effectuée. À certains égards, la sensualité des rapports que les femmes ont avec leurs enfants correspond en grande partie à la sexualité féminine en général. Pour elles, plus que pour les hommes, la sexualité existe selon ce que l'historien italien Francesco Alberoni a appelé un principe de « continuité ». L'érotisme féminin est diffus. Loin de se limiter aux organes génitaux, il s'exprime à travers le corps, l'esprit et l'ensemble de nos sens. Il relève du toucher et de l'ouïe ; il est lié à l'odeur, à la peau, au contact. L'excitation des femmes est souvent plus subjective que physique, et leur désir se déploie selon un large éventail d'émotions.

Les contacts physiques entre une mère et son enfant sont la source d'une multitude d'expériences sensuelles. La mère caresse la peau veloutée de son bébé, elle l'embrasse, le berce, l'endort. Elle mordille ses orteils, touche son visage. Il lui lèche les doigts. Elle le laisse la mordre quand il fait ses dents. Nos enfants nous captivent et nous pouvons les observer pendant des heures. Quand ils nous regardent avec leurs grands yeux, nous ressentons un amour fou pour eux, et réciproquement. Cette fusion délicieuse présente une ressemblance frappante avec ce que vivent les amants. En fait, lorsque Stéphanie décrit les débuts enchanteurs de sa relation avec Warren – longs regards enamourés, week-ends au lit, langage enfantin, orteils mordillés –, les résonances sont indéniables. Je la crois quand elle dit : « À la fin de la journée, je n'ai plus rien à donner. » Mais j'en viens également à penser qu'elle n'a plus besoin de rien non plus.

Pour les activités ludiques, les contacts charnels avec ses enfants et son implication dans leur éducation, Stéphanie puise dans son énergie érotique, au détriment de l'intimité du couple et de sa sexualité. Le désir a été réorienté. L'énergie sublimée de Stéphanie est dirigée vers ses enfants, désormais au centre de son épanouissement affectif.

Le culte des enfants

Le plaisir sensuel de s'occuper d'enfants en bas âge est naturel et universel. Du point de vue de l'évolution, c'est également une forme de sagesse : l'attachement de la mère à son enfant est une réponse physiologique puissante qui assure la survie des bébés. Toutefois, j'aimerais faire une distinction entre, d'un côté, le lien parent-enfant et, de l'autre, une façon nouvelle de prendre soin des enfants, qui dilate ce lien dans des proportions impressionnantes.

L'intense attention que Stéphanie porte à ses enfants n'est pas une simple idiosyncrasie, quelque chose qui lui appartiendrait en propre. En réalité, ce zèle parental est une tendance assez récente qui a, il faut l'espérer, atteint le point culminant de sa folie. L'enfance est sans conteste une étape essentielle de la vie, une étape qui va inévitablement façonner l'avenir. Mais la mise en avant sans pareille, ces dernières décennies, du bonheur des enfants aurait sans doute stupéfait nos grands-parents. L'enfance est si sacralisée qu'il ne semble plus aberrant qu'une femme adulte puisse se sacrifier entièrement dans le but de favoriser un développement parfait et sans douleur de sa progéniture : elle devient une véritable usine pour l'éducation des enfants, dirigée vingt-quatre heures sur vingt-quatre par elle seule. On est loin de l'époque (pas si lointaine en Amérique et toujours d'actualité dans d'autres endroits du monde) où les enfants étaient surtout considérés comme un atout économique collectif, et où les femmes mettaient au monde de nombreux bébés dans l'espoir que quelques-uns survivraient. Aujourd'hui, nous n'attendons plus de nos enfants qu'ils travaillent pour nous, mais qu'ils donnent un sens à notre vie.

Dans le même temps, l'individualisme de la société moderne – qui fait la part belle à l'autonomie et à la responsabilité personnelle – a rendu problématique la vie de famille. D'un côté, nous idéalisons nos enfants, dont l'éducation nous demande des ressources émotionnelles et matérielles considérables. De l'autre, notre société manque notablement d'aides publiques pour soutenir ce projet essentiel. Les services de base pour nos enfants – soins médicaux, crèches, écoles – ne sont pas à la portée de bien des familles, y compris celles issues des classes moyennes. Fidèles à notre culture de l'individualisme, nous avons tendance à « privatiser » les défauts des politiques publiques en y voyant des échecs personnels. Or, des parents surmenés, dépourvus de familles élargies, de réseaux de solidarité et d'une véritable aide institutionnelle, constituent des unités domestiques isolées. Avec des grands-parents à trois mille kilomètres et des crèches de qualité de plus en plus chères, les couples n'ont plus qu'à rêver de l'air, de l'espace, du temps et de l'argent qui leur font défaut.

Associée à la rareté des ressources, l'ampleur donnée à l'éducation des enfants affecte plus particulièrement les mères, qui en supportent l'essentiel de la charge dans les couples hétérosexuels. Et le problème ne s'arrête pas là. Car cette importance sans précédent accordée aux enfants dans le mariage moderne se développe sur fond de romantisme. Non seulement nous voulons être des parents parfaits et tout offrir à nos enfants, mais nous voulons aussi que nos relations conjugales soient heureuses, épanouissantes, excitantes, intimes. Ainsi, dans nos cultures, la survie de la famille passe par le bonheur du couple. Mais cultiver la relation idéale requiert des soins et de l'attention, de quoi directement concurrencer la vision du parent « total » que beaucoup d'entre nous ont embrassée. L'utopie de l'amour se dessèche au contact du foyer. Et si Stéphanie se sent submergée, c'est parce qu'elle l'est réellement.

Warren veut récupérer sa femme

Stéphanie et Warren illustrent une situation conjugale courante : elle pense constamment aux enfants, elle est épuisée et le sexe ne l'intéresse plus ; il est frustré et se sent seul. Stéphanie a l'impression que tout ce qui concerne les enfants et la maison repose entièrement sur ses épaules, et elle prétend que si Warren l'aidait davantage, elle serait plus tentée par le sexe. Elle a parfois envie d'une proximité physique, mais pas forcément sexuelle, et voit une preuve d'insensibilité dans les attentes de son mari. Elle alterne ainsi entre ressentiment et culpabilité. Warren, lui, a l'impression d'avoir été relégué au second plan, et il se plaint d'avoir dû subir, depuis des années, une longue litanie d'excuses de la part de sa femme.

— Au début, c'étaient les nausées, explique-t-il. Ensuite, elle a été trop fatiguée, puis trop grosse. Après la naissance de notre fils, il y a eu l'épisiotomie, l'allaitement, les seins douloureux. « Pas maintenant, j'allaite Jake », « Pas maintenant, je finis tout juste d'allaiter Jake », « Pas maintenant, je vais devoir allaiter Jake »… Puis, elle a pris du poids, elle n'était pas en forme… Nous avons un peu fait l'amour pour concevoir Sophia, mais, à présent, nous sommes de nouveau au point mort.

Lorsqu'ils viennent me voir, Warren et Stéphanie sont prisonniers du schéma suivant : il fait le premier pas, elle le repousse. Il se sent rejeté et s'éloigne. Elle se sent démunie sur le plan affectif et se méfie de lui.

— On ne peut même pas essayer, se plaint-elle, on ne s'entend pas assez bien pour ça.

Ils se reprochent mutuellement leur misère sexuelle, et chacun pense que c'est à l'autre de faire des efforts pour que cela aille mieux.

Je leur dis que leur situation m'inquiète. Pas parce que je pense qu'un couple ne peut avoir une relation viable sans sexe : l'absence de désir sexuel, quand il est partagé, n'est pas nécessairement le signe d'une insatisfaction. Il existe beaucoup de façons de s'engager avec bonheur, et toutes n'incluent pas le sexe. Cependant, si celui-ci manque vraiment à l'un des deux partenaires, on entre dans une spirale pernicieuse et négative. Pour ces partenaires constamment déçus, l'absence d'intimité sexuelle crée un désert affectif. Tôt ou tard, la situation devient critique. Ils se révoltent et vont chercher ailleurs ce qui leur manque : sur Internet, avec des prostituées, dans des aventures ou des liaisons. Ou bien ils partent, même s'il faut pour cela attendre que les enfants soient grands. Et s'ils restent, ils deviennent si amers, si pleins de ressentiment, qu'on préférerait qu'ils partent. Le couple de Warren et Stéphanie semble prendre une de ces inquiétantes directions.

Stéphanie ne voit pas, derrière l'insistance de son mari, le désir intense qu'il a de partager de nouveau une intimité avec elle. Pour lui, le sexe n'est qu'un prélude, une façon d'accepter la vulnérabilité affective. Face à cela, Stéphanie se comporte comme si Warren était un enfant de plus en demande, sans réaliser que cela la concerne aussi. Comme beaucoup de femmes, elle a du mal à sortir de cette logique maintenant qu'elle y est entrée. Son esprit est tellement structuré quand il s'agit de ce qu'elle doit faire pour les autres qu'elle n'est pas capable de voir que quelque chose lui est offert.

Warren trouve intolérable que sa demande aboutisse au résultat inverse de celui qu'il attendait. Il veut à tout prix susciter une amorce de désir chez sa femme, mais il voudrait que ce désir soit soudain et entier, comme le sien. Je lui explique qu'attendre de son partenaire qu'il soit dans de bonnes dispositions, simplement parce qu'on l'est, est le plus sûr moyen d'être déçu. L'absence de désir chez l'autre devient alors un rejet personnel, et nous oublions qu'une des meilleures recettes pour susciter la passion est l'attente. On ne peut forcer le désir, mais il est possible de créer une ambiance propice. On peut écouter, solliciter, aguicher, embrasser. On peut complimenter, faire la cour, séduire. Toutes ces tactiques aident à créer un environnement érotique grâce auquel notre partenaire pourra être plus facilement touché.

Même avant d'être mère, Stéphanie a toujours eu une sexualité plus passive qu'active. Son désir était rarement spontané. Warren jouait auprès d'elle un rôle merveilleusement complémentaire : sa confiance en lui dissipait sa retenue. Non seulement elle se sentait désirée et désirable, mais elle pouvait elle-même désirer. Il faisait naître lentement son envie, réveillant peu à peu ses sens, et elle finissait par y répondre avec empressement. Cette façon de réagir, au début de leur relation, a un temps masqué le manque d'activité sexuelle de Stéphanie (propre à beaucoup de femmes).

Je fais remarquer à Warren que sa femme pourrait être plus réceptive, aujourd'hui, s'il se préoccupait de cultiver son désir plutôt que de simplement le surveiller. Pour Stéphanie, l'amour et le désir sont indissociables, elle a besoin qu'une intimité s'installe avant de se laisser aller sexuellement. Autrement, elle a l'impression d'être un objet.

— Quelquefois, je me dis qu'il en a juste besoin pour se défouler, et que cela n'a rien à voir avec moi, dit-elle. De quoi vraiment vous dégoûter.

J'explique à Warren :

— Stéphanie a besoin que vous meniez la danse. Mais il ne suffit pas de la faire entrer dans la salle de bal, vous devez l'intéresser. C'est à vous que revient la tâche essentielle de maintenir la flamme du désir, mais elle se sent sous pression. Pour elle, vos incitations sexuelles sont abruptes et intrusives. Elle pense que seul le sexe vous intéresse. Prouvez-lui que non.

À la recherche de Stéphanie

J'ai eu plus de mal à atteindre Stéphanie, en raison de pressions idéologiques qui affleuraient à la surface de notre dialogue. Valider les besoins de son mari pouvait facilement être interprété par elle comme une négation des siens. Comment relier, séparément de ses enfants, une femme à son corps et à sa sexualité, quand elle s'en désintéresse complètement ou qu'elle s'en sent indigne ou incapable ? Comment éviter le piège d'un va-et-vient perpétuel entre les désirs de ses enfants et ceux de son mari qui lui ferait constamment négliger ses propres envies ? Je ne veux pas inciter Stéphanie à renouer avec la sexualité si cela représente encore plus de pression pour elle.

— Vous ne m'entendrez jamais vous dire qu'il faut vous forcer. Rien n'est moins érotique que le sexe sur commande. Mais je crois que le sexe est important : pour vous, pour votre mariage et pour vos enfants. Votre empressement à renoncer à une part si importante de vous-même me rend perplexe. Comment en êtes-vous arrivée à penser que les enfants n'avaient pas besoin que leurs parents aient une sexualité ?

Beaucoup de femmes doivent lutter pour faire coexister sexualité et maternité. En effet, notre culture assimile le dévouement maternel au désintéressement : sacrifice de soi et abnégation. Depuis des années, Stéphanie donne la priorité à ses enfants tout en se négligeant. Elle a renoncé à la liberté et à l'indépendance, les deux pierres angulaires du désir, et délaissé ce qui fait d'elle une personne à part entière. Pour elle, il est crucial de renouer avec son moi érotique, distinct de la maternité.

Ensemble, nous explorons son histoire et nous examinons le caractère évanescent de sa sexualité : comment parlait-on de la sexualité dans sa famille ? Quelles ont été ses expériences précédentes ? Stéphanie me raconte combien sa mère était mal à l'aise quand il s'agissait de parler de sexe, n'abordant jamais le sujet franchement mais toujours par le biais de références obscures à la moralité et au péché. Stéphanie n'a jamais pensé à sa mère comme à un être sexué. Et je comprends que l'histoire pourrait bien se répéter.

Nous évoquons les modifications de son identité sexuelle, consécutives à sa grossesse, à la naissance des enfants et à l'allaitement. Afin de situer son expérience personnelle dans un contexte culturel plus large, nous parlons de la façon dont la maternité est abordée dans le champ politique, du mythe de la chasteté et de la médicalisation de la grossesse, tous ces éléments qui concourent à déposséder la maternité de ses composantes sexuelles. Je lui recommande de lire *Sexy Mammas*, de Cathy Winks et Anne Semans, un ouvrage qui aborde la sexualité et la maternité dans une perspective accessible, réaliste et positive. Et je lui suggère de le laisser bien en vue sur sa table de nuit.

Ces conversations ont pour but de réintroduire le sexe dans l'espace psychique de Stéphanie, de l'aider à se voir de nouveau comme un être doté d'une sexualité. Pendant des années, elle a confié son désir à Warren, gardien de leur vie érotique (une tâche qui lui revient en même temps que l'entretien des pneus neige, de la pelouse et de la poubelle). Je sens que nous touchons quelque chose d'important quand Stéphanie laisse échapper :

— Toute ma vie, je n'ai jamais été à la hauteur sexuellement. Et j'en veux à Warren de se sentir impliqué dans quelque chose que je ne m'autorise pas moi-même.

Stéphanie et moi travaillons sur la consience de soi, et non plus sur le sacrifice de soi. Nous essayons de voir comment elle pourrait reconquérir son droit au plaisir – droit qui implique forcément un égoïsme déstabilisant – sans qu'elle se sente pour autant une mauvaise mère.

À la suite de ces discussions, Stéphanie fait quelque chose de radicalement nouveau (pour elle) : elle part en week-end avec sa sœur, laissant Warren et les enfants se débrouiller tout seuls. En arriver là lui a demandé beaucoup de travail, mais je sens qu'avant de s'ouvrir au sexe elle a besoin d'étendre sa perception globale du plaisir personnel. En devenant plus généreuse envers elle-même, elle pourra – je l'espère – être plus réceptive envers son mari.

En matière de thérapie, je ne suis pas une adepte des « devoirs à la maison ». Mais l'action est une condition préalable au changement. Je demande donc à Warren et à Stéphanie, à la fin d'une de nos séances, de faire chacun quelque chose de différent dans les semaines qui suivent. Ils n'auront pas besoin d'en parler, car leur effort se mesurera à l'intention et non au résultat.

— J'aimerais que vous vous dépassiez, que vous fassiez quelque chose, n'importe quoi, qui vous emmène un peu plus loin que d'habitude.

J'explique à Warren :

— Nous avons tendance à faire pour les autres ce que nous voudrions qu'ils fassent pour nous, mais ce n'est pas nécessairement ce qu'ils attendent. D'où l'importance de travailler sur nos différences et de les respecter. Il fut un temps où vous faisiez preuve d'une grande créativité pour séduire Stéphanie, mais plus maintenant. On suppose souvent – vous n'êtes pas le seul – qu'on doit séduire ce qu'on ne possède pas encore. Mais pour que notre partenaire reste impliqué sur le plan sexuel, l'astuce consiste à être plus séduisant, pas moins.

À ce stade, le sexe est relégué au rang d'une chose que Warren veut et qui lui manque. Stéphanie n'est plus réceptive mais réactive. Elle occupe une position passive où son principal pouvoir consiste à refuser.

Je lui suggère ceci :

— Gardez à l'esprit qu'il y a quelque chose de restrictif dans un refus absolu. Ce qui blesse vraiment Warren, c'est ce rejet catégorique de votre part. Vous ressentiriez davantage de liberté en disant « Peut-être » ou « Embrassons-nous » ou même « Persuade-moi de le faire ». Warren, plus que quiconque, peut vous aider à retrouver la femme qui se cache derrière la mère. Pouvez-vous envisager de l'accueillir plutôt que de le repousser ? Invitez-le à vous inviter, et voyez ce qui se passe.

Dévorée par la maternité, Stéphanie a trop vite rejeté

la valeur positive que représentait la persévérance de Warren. Je pense que son mari lui permet de garder en mémoire que l'intimité érotique a son importance. Avec lui, à travers lui, elle peut commencer à dénouer ce lien qui la relie à ses enfants, et consacrer de l'énergie à elle-même et à son couple. Lorsque le père va vers sa femme, et que celle-ci accepte de réorienter une partie de son attention, il permet de rééquilibrer l'ensemble de la famille. Les frontières se redessinent, de nouvelles régulations se mettent en place, qui déterminent des zones réservées aux adultes. Le temps, l'argent, le badinage et l'amusement sont répartis autrement, et la libido échappe ainsi à la retraite anticipée.

Mon travail avec les homosexuels m'a amenée à identifier chez eux ces mêmes dynamiques dès le moment où un des deux parents – peu importe son sexe, donc – s'occupe des enfants. Les couples homosexuels ne subissant pas la traditionnelle division du travail – les femmes s'occupent de la maison, les hommes ramènent de l'argent –, ils offrent une base utile de comparaison. J'ai ainsi pu constater, dans tous les cas, que la personne qui prend en charge l'essentiel de l'éducation des enfants doit presque toujours affronter les mêmes problèmes que Stéphanie : une immersion totale dans la vie des enfants, une soumission à leur rythme, un effacement de soi et une difficulté grandissante à s'extraire des tâches domestiques (une contrainte qui apporte à la fois frustration et raison d'être).

Le plus autonome des deux parents doit aider l'autre à se libérer des enfants et à réinvestir de l'énergie dans le couple : « Personne ne va te donner une médaille si tu ranges ces jouets. Alors, laisse tomber pour un petit moment et allons faire une sieste », « Tu n'as pas besoin de faire ce gâteau, tu en as assez fait pour aujourd'hui », « La baby-sitter est là, asseyons-nous quelques minutes et buvons un verre de vin avant qu'elle parte »... Voilà une manière différente d'aborder la division traditionnelle du travail dans le couple, en mettant l'accent sur le partage des responsabilités et la réciprocité, en étant respectueux d'une organisation impliquant chacun des deux partenaires.

Lorsque Warren demande à Stéphanie : « Tu veux bien essayer ? » et que celle-ci lui répond : « À toi de me convaincre », j'y vois le signe que leur mode de fonctionnement a évolué. Leur pénible antagonisme semble enfin marquer une pause, ce qui permet à une réciprocité jusqu'alors en souffrance de s'amorcer. Que Stéphanie lui demande de l'aider est déjà une expression de confiance en soi sur le plan sexuel. Quant à Warren, enfin soulagé de ne plus être celui qui implore, il peut partir à la recherche de sa femme. Son rôle de gardien de la flamme a pris une autre signification.

Lever l'embargo sur l'érotisme

Warren et Stéphanie sont sans doute sur la bonne voie, mais toutes les conditions pour que le désir renaisse n'en sont pas pour autant réunies. Les rituels de séduction les plus élaborés de Warren se trouvent sans cesse contrariés par une vie de famille peu accommodante. Il y a quelque chose d'absurde à voir jusqu'à quel point leur vie évolue autour des enfants : des week-ends entiers pris par les championnats de football et les fêtes d'anniversaire, les enfants qui ne vont au lit qu'une demi-heure avant leurs parents, la chambre de ces derniers dont la porte reste ouverte la nuit. En six ans, Warren et Stéphanie n'ont pas passé un week-end tous les deux seuls. Leurs envies ne sont plus intégrées dans le budget familial : ainsi, appeler une baby-sitter pour la soirée est un luxe rare, pas une nécessité vitale. Pour résumer, ils n'ont jamais pris le temps ni l'espace nécessaires pour se détendre et se ressourcer, à la fois en tant qu'individus mais aussi en tant que couple. Dès lors qu'ils n'ont plus été focalisés l'un sur l'autre, ils se sont tournés vers leurs enfants pour trouver ce qui leur manquait.

Au fil des années, j'ai remarqué que la place centrale accordée aux enfants n'était pas une simple question de mode de vie, mais parfois de configuration émotionnelle. Les enfants sont une vraie source d'enrichissement pour les adultes. Leur amour inconditionnel, leur dévouement total, insufflent du sens à nos existences. Le problème surgit lorsque nous faisons appel à eux pour obtenir ce que nous ne trouvons plus chez l'autre : l'impression que nous sommes spéciaux, que nous comptons, que nous ne sommes pas seuls. Transférer ces besoins affectifs d'adulte sur nos enfants représente pour ces derniers un fardeau trop lourd à porter. Pour se sentir en sécurité, ils ont besoin de savoir qu'il existe des limites à leur puissance et à ce qu'on leur demande de façon furtive. Ils ont besoin de nous voir vivre nos propres relations amoureuses, quelles que soient leurs formes. Si nous sommes satisfaits sur le plan affectif et sexuel (disons, de façon raisonnable), nous permettons à nos enfants de développer leur propre indépendance, en toute liberté et en toute confiance.

Si Warren et Stéphanie veulent retrouver le frisson du plaisir, ils vont devoir se libérer, affectivement mais aussi sur un plan pratique, de cette attention disproportionnée qu'ils accordent à leurs enfants. Rien de plus séduisant que la spontanéité. Or, la vie de famille demande un minimum d'organisation. Les couples sans enfants peuvent faire l'amour sur un coup de tête, mais les parents, eux, doivent se montrer plus pragmatiques. Que ce soit pour une nuit par semaine, pour un week-end tous les deux ou trois mois, ou pour une demi-heure volée dans la voiture : ce qui compte, c'est de préserver un territoire érotique qui n'appartienne qu'au couple.

Lorsque Warren et Stéphanie regimbent à l'idée d'une sexualité où tout est prévu à l'avance, je leur réponds :

— Programmer peut vous sembler prosaïque, mais, en réalité, cela implique une intentionnalité qui donne de la valeur à ce que vous faites. Quand vous prévoyez de faire l'amour, vous affirmez votre lien érotique. N'est-ce pas ce que vous faisiez à l'époque où vous sortiez ensemble ? Voyez-le comme de très longs préliminaires, qui passent de vingt minutes à deux jours.

Pour Stéphanie, planifier s'est révélé très utile.

— Warren pense que se ménager un peu de temps pour nous, cela veut dire s'approcher de moi le mardi à 23 heures pour me faire l'amour, explique-t-elle. Si je le repousse, il me demande si on peut remettre ça au lendemain. J'ai dû lui expliquer que, pour moi, programmer les rapports sexuels n'avait rien à voir avec un rendez-vous. J'ai besoin de sortir, d'aller au restaurant pour manger quelque chose que je n'aurais pas cuisiné moi-même, dans des assiettes que quelqu'un d'autre va laver. Quand nous sortons, nous parlons, nous nous embrassons, nous plaisantons. Il est possible de finir une phrase sans être interrompu. Il fait attention à moi, et cela me donne l'impression d'être séduisante.

Non seulement ces sorties aident Stéphanie à maintenir ce lien affectif si crucial pour elle, mais elles l'aident à faire la transition entre son rôle de mère à plein temps et celui d'amante.

— Depuis si longtemps, je ne pense au sexe que pour mieux l'éviter. Savoir que nous avons un rendez-vous pour faire l'amour m'aide au contraire à attendre ce moment. Je me dorlote, je prends une douche, je m'épile, je me maquille. Je fais un effort particulier pour empêcher les idées négatives de surgir et je m'autorise à ressentir des émotions sexuelles.

L'histoire de Warren et Stéphanie est typique des effets de la parentalité sur l'érotisme, mais elle n'en est qu'une parmi d'autres. Celle d'un couple hétérosexuel, blanc, marié, issu de la classe moyenne, et au sein duquel l'idéal d'égalité et les aspirations romantiques ont été impitoyablement piétinés avec l'arrivée des enfants. Mon travail avec eux n'est pas terminé. Les choses se sont sans aucun doute améliorées, mais, pour ce couple, et pour cette femme en particulier, s'occuper d'enfants petis ne s'accorde pas avec l'érotisme. J'ai le sentiment que lorsqu'ils entreront dans une nouvelle étape de leur vie – que les enfants seront à l'école et que Stéphanie aura repris son travail, comme elle prévoit de le faire –, une énergie nouvelle sera libérée. En attendant, penser qu'il s'agit d'une phase dans une longue relation conjugale les aide à se montrer patients et optimistes.

Les mamans sexy existent

De nos jours, nous devenons parents avec une identité sexuelle pleinement révélée. Nous avons profité d'une sexualité dissociée de la reproduction. Habitués au contrôle des naissances, nous avons eu pendant des années le privilège de connaître des ébats amoureux sans risques. Nous avons pu désirer en toute liberté, au moins pour un temps, et nous avons attendu de nos relations stables qu'elles nous comblent sexuellement. Pour nos parents et nos grands-parents, la sexualité après avoir eu des enfants n'était probablement pas si différente de celle qu'ils avaient eue avant : la possibilité d'une grossesse, avec les lourdes responsabilités qu'elle implique, restait une menace constante. Mais pour les baby-boomers et tous ceux qui les ont suivis, devenir parents a engendré une violente perturbation de leur mode de vie libéré et autosatisfait. Le choc que constitue l'arrivée d'un bébé est d'autant plus irritant que nous le comparons avec ce que nous avons vécu avant : « Tu aimais le sexe », « On faisait l'amour pendant des heures », « Je savais comment t'exciter »... Autant de lamentations que j'entends fréquemment. Lorsque nous devenons parents et que notre vie sans entraves cesse brutalement, nous sommes assaillis par la stupéfaction et le ressentiment.

Les hommes comme les femmes doivent faire face à ces changements, mais pas de la même manière et certainement pas dans les mêmes proportions. La libération des femmes, qui a permis à leur sexualité de s'affirmer, doit encore franchir le seuil de la maternité, qui n'a rien perdu de son aura de moralité voire de sainteté. La désexualisation de la mère est un point d'appui des sociétés patriarcales traditionnelles, ce qui rend l'invisibilité sexuelle des mères occidentales modernes particulièrement grave. Est-ce notre héritage puritain qui a privé la maternité de ses aspects sexuels ? Sommes-nous convaincus que le désir sexuel est en conflit avec le devoir maternel ?

Bien sûr, la réalité américaine est multiple, et les différences culturelles abondent dans ce pays si vaste. Mon amie June a coutume de me rappeler que tous les Américains ne sont pas descendus du *Mayflower*.

— Les Noirs ont certainement leur lot de problèmes sexuels, me dit-elle, mais nous sommes moins inhibés que vous, les Blancs. Pour nous, le sexe est naturel et fait partie de la vie. Ce n'est pas un grand secret dégoûtant. Mes enfants savent que j'ai une sexualité, je savais que mes parents en avaient une. Ils mettaient Marvin Gaye, fermaient la porte de la chambre et nous savions que nous n'avions pas intérêt à frapper.

Une amie argentine s'amuse parce que son mari l'appelle *mamita* au lit : n'est-ce pas là un moyen particulièrement efficace de mettre le tabou de son côté ? Susanna, ma collègue espagnole, me dit qu'à Madrid, c'est son fils de trois ans qui la rend sexy aux yeux des hommes.

— À New York, c'est mon accent, mes cheveux, mes jambes, mais certainement pas mon fils.

Une de mes patientes américaines, Stacey, qui vit à Brooklyn avec sa fille, connaît cet aspect sociologique sur le bout des doigts :

— Le pédiatre indien, le dentiste russe, le boulanger italien et l'épicier portoricain, voilà les seuls hommes qui ont flirté avec moi. Les Blancs ? Pas la peine d'y penser. Si je suis avec ma fille, ils ne me voient même pas.

Un homme se promenant avec un bébé obtiendra un tout autre résultat. Pas seulement parce que la force agirait comme un aphrodisiaque, mais parce qu'il donne l'image de la stabilité, de l'engagement, de l'attention. La plupart des femmes (et certains homosexuels) trouvent cela séduisant.

Dans son ouvrage *De Paris à la Lune*, Adam Gopnik montre le contraste entre le modèle américain de reproduction asexuée et la vision française, plus voluptueuse : « Les gynécologues américains commencent toujours leurs livres par le test, pas par l'acte. » Il va plus loin : « À Paris, la grossesse est un état résultant de l'activité sexuelle qui, avec aide et conseils, peut, à son terme, vous rendre la possibilité de sortir le soir et de recommencer rapidement l'activité sexuelle. À New York, la maternité est une salle de la "maison médecine" ; à Paris, c'est un chapitre de l'éducation sentimentale, une conséquence curieuse des plaisirs charnels. »

La mentalité américaine a beau se diffuser un peu partout, de nombreuses femmes se battent quotidiennement contre la négation du désir. Pour elles, la grossesse est le signe d'une confiance sexuelle nouvelle, d'une plus grande féminité, et même le moyen de soigner son corps lorsqu'il a été meurtri. Un jour que j'avais deux séances consécutives avec Stéphanie et Ambre, j'ai été frappée par l'étrange ressemblance de la vie quotidienne de ces deux femmes, dont les expériences réciproques n'auraient pu être plus éloignées l'une de l'autre.

— Il me semblait évident de dire non au sexe, m'a

dit Ambre. Pourquoi ? Ma mère, qui pesait quarante-sept kilos, m'a transmis le refus de tout désir, y compris celui de manger. Avant d'avoir des enfants, si mon mari me demandait si je voulais dîner, je répondais non. Je refusais par habitude, avant même d'avoir enregistré la question. À présent, j'ai de meilleures raisons pour dire non au sexe : l'immense fatigue due à la maternité, la rage apparemment sans limites de mon fils de deux ans à réveiller son petit frère qui dort, l'amertume de me sentir peu soutenue, un travail de titan pour s'occuper de la maison et des enfants... Et pourtant, c'est moi qui suis en demande de sexe, qui me morfonds parce qu'on ne fait pas l'amour. Je me dépense physiquement toute la journée : j'allaite, je cuisine, je me penche pour ramasser les jouets, je porte les enfants, je change les couches. Après deux ou trois jours dédiés aux sandwichs au beurre de cacahuète et aux comptines, après avoir partagé l'univers de mes enfants à l'exclusion du mien, j'ai envie de *mon* verre de sherry, de *ma* musique, de *mon* homme. J'ai envie d'être arrachée à ce corps de mère : cheveux en bataille, T-shirt sur lequel mon bébé a craché sa nourriture, jean maculé de pâtes au fromage. Aussi souvent que possible, j'envoie ce corps-là au lit en même temps que les enfants.

Charlene, une autre de mes patientes, explique qu'elle a été éduquée par ses enfants.

— Mes enfants m'ont appris à me montrer avide. Mon bébé de quinze mois peut téter pendant une demi-heure, retourner jouer et revenir vers moi dans la minute qui suit. Il secoue la tête quand je lui propose du lait dans une tasse ou un biberon, soulève mon chemisier, et crie à vous déchirer les tympans jusqu'à ce que je dégrafe mon soutien-gorge. Quand il voit mes seins, il sourit, gazouille et plonge vers eux. Quant à mon fils de trois ans, il veut monter sur mes genoux, il veut mon temps et mon attention, aussi souvent qu'il peut les dérober à son petit frère. Il me dit comment je dois m'asseoir par terre, comment je dois pousser sa petite voiture. Il ne se sent ni coupable ni honteux quand il dit avec lequel de ses deux parents il veut jouer, et lequel doit le mettre au lit. Bien sûr, mes enfants n'obtiennent pas toujours ce qu'ils veulent, mais je suis impressionnée par la fluidité avec laquelle le désir circule de leur corps à leur esprit. Ils se laissent aller à des sensations que j'ai oubliées, ou qu'on m'a appris à rejeter. Regarder mes enfants m'a rendue plus attentive vis-à-vis de mon corps et m'a rappelé mes propres désirs.

Pour Renée, la grossesse lui a permis de s'accepter, ce qu'elle n'avait jamais ressenti jusqu'ici.

— Cela a été une expérience réparatrice pour moi. J'ai été abusée sexuellement lorsque j'étais enfant, et j'ai toujours répugné à arborer le moindre signe physique de féminité. J'ai détesté mes cuisses pendant vingt-cinq ans. L'année précédant ma grossesse, j'ai été hospitalisée pour des troubles alimentaires. En fait, j'étais si maigre que je pensais ne pas pouvoir tomber enceinte. Mes règles étaient irrégulières depuis des années. Mais, à la minute où j'ai vu que mon test de grossesse était positif, tout a changé. Pour la première fois de ma vie, la nourriture ne me semblait pas contaminée. J'étais heureuse de voir mon corps grossir. Mes seins s'arrondissaient et j'en étais fière. La plupart de mes amies se sont plaintes de cette prise de poids, moi je l'ai vue comme une façon de pouvoir

225

enfin ressembler à une femme sans que cela me pose un problème. J'ai accouché naturellement, et cela a été si fort… J'ai été ébahie par ce que mon corps pouvait faire et endurer. J'étais capable de tellement plus que je ne l'aurais cru ! Depuis lors, je recherche cette intensité quand je fais l'amour.

Quant à Julie, mère d'un enfant de trois ans, la maternité lui a procuré une identité nouvelle et positive.

— À vingt ans, je m'habillais comme un garçon : larges sweats, jeans, grosses chaussures de marche. Cela correspondait à un refus total de la féminité et à une méfiance d'inspiration féministe envers ce qui la motive. Si on me trouvait jolie, on faisait de moi un objet. Et je ne croyais pas qu'un homme puisse s'intéresser à moi autrement que comme objet sexuel. Aujourd'hui, je porte des jeans couture, moulants et seyants, des chemisiers décolletés. Au bout du compte, je suis le genre de femmes qu'appréciait mon père italien, et qui auraient fait rougir ma mère : pleines d'appétit, sexy, et qui se revendiquent comme telles. Pourquoi ? Parce que je me sens en sécurité maintenant, je n'ai plus à attirer le regard de personne. Je suis déjà prise, trop occupée par les besoins et les désirs de mes quatre garçons. Grâce à eux je me sens libre, il n'y a pas de jeu de pouvoir entre nous. Je suis là pour eux, je les ai choisis. En tant que mère, je n'ai pas peur d'affirmer ma sexualité, ma sensualité, mon désir.

Le baby blues des pères

Pour chaque homme comme Warren, qui se sent sexuellement délaissé par sa femme depuis qu'elle est mère, il y en a un autre, comme Leo, dont la libido chute une fois franchie la porte de la salle d'accouchement. Que les mères aient moins de désir, c'est là une vieille histoire. Nous pouvons ne pas apprécier cette réalité, mais du moins lui trouver un sens. Mais que fait-on du père qui ne parvient plus à érotiser la mère de ses enfants ? Cette histoire, quoique courante, est généralement beaucoup moins bien acceptée.

Quand Carla est venue me voir avec Leo, elle ne savait plus à quel saint se vouer. Ils étaient ensemble depuis dix-sept ans : six ans de frénésie charnelle, puis quatre ans de chaos avec leurs enfants en bas âge, et enfin sept ans de désert sexuel. Elle était passée du dialogue à la prière, puis des cris aux compensations. Elle avait eu de nombreuses aventures et, pour finir, une histoire sérieuse. Quand Leo l'avait appris, elle avait même parlé de divorce. Il avait alors suggéré d'entamer une thérapie.

— Je suis écœurée par toutes les excuses qu'il me donne, a-t-elle commencé. Le travail, le stress, son père mourant, il doit se lever tôt, il n'a pas été à la gym et il manque d'énergie, son dos lui fait mal, c'est mon haleine, mon poids, son poids… Pendant longtemps, je l'ai pris personnellement, mais maintenant je n'en peux plus. J'aime cet homme, je suis prête à rester, mais je ne peux plus vivre ainsi.

— J'ai toujours pensé que j'étais très compétent sexuellement, a dit Leo. Quand on a commencé à sortir ensemble, il nous arrivait de casser des meubles tellement c'était passionné entre nous. Je n'avais jamais considéré les gosses comme quelque chose qui pouvait jouer sur ma vie sexuelle mais, visiblement, cela a changé quelque chose, profondément.

J'ai appris que Leo avait commencé à s'éloigner physiquement de Carla quand celle-ci avait été enceinte de leur premier fils. Ils n'avaient eu aucun rapport sexuel le dernier trimestre de la grossesse. Leo s'était mis à rentrer de plus en plus tard à la maison. Carla avait senti que quelque chose n'allait pas, même s'ils n'en avaient jamais parlé ouvertement.

— Qu'est-ce qui a changé pour vous quand votre femme est devenue mère ? ai-je demandé à Leo.

— Tout son être est devenu la mère de mon fils, et non plus ma maîtresse, ma partenaire, ma femme. Puis elle a eu notre second fils. Nos enfants avaient besoin d'elle, complètement, et cela m'allait très bien. Des bébés endormis près de moi, parce que Carla les allaitait dans la nuit, c'était la chose la plus extraordinaire du monde. Je n'étais pas jaloux, je suis moi-même un père très aimant et attentif.

— Quelle impression aviez-vous en embrassant la poitrine d'une femme qui allaitait ?

— C'était bizarre. D'ailleurs, tout était un petit peu bizarre. Je l'ai vue accoucher deux fois, et je dois dire que ça n'a pas été formidable pour notre vie sexuelle.

— Je sais que c'est supposé être un moment magique, le miracle de la vie, etc., ai-je dit pour le rassurer. Mais personne ne semble vouloir admettre le facteur dégoût. Il n'est pas politiquement correct de reconnaître qu'il peut être choquant de regarder sa femme donner la vie. Un des personnages d'un roman d'Alice Walker, je crois qu'il s'appelle M. Hal, voit sa femme accoucher. Après ça, il n'est plus jamais capable de la toucher, elle ou une autre femme, et ce pour le reste de sa vie. Il explique qu'il ne veut pas que quelqu'un traverse ça de nouveau par sa faute.

— C'est un peu extrême, mais oui. Je suis devenu différent avec Carla, plus circonspect, moins spontané. Je pense que je ne peux plus être sauvage et passionné, ni la désirer de cette façon-là : me donner vraiment à elle, la posséder, ce que nous avions l'habitude de faire avant. Quelque chose a vraiment changé.

— Vous ne pouviez plus faire l'amour comme avant à la mère de vos enfants ?

— Apparemment non.

— Parlons de cette opposition entre la madone et la putain. Voilà un conflit qui a des origines psychologiques profondes. Beaucoup d'hommes trouvent difficile d'érotiser la mère de leurs enfants. Cela leur semble trop régressif, incestueux ou œdipien. Or, vous devez vous rappeler que Carla est leur mère, pas la vôtre. Pour cela, je vous conseille de la voir davantage comme un objet lorsque vous faites l'amour, d'utiliser sainement tout ce qui peut la distinguer, à vos yeux, de la mère.

Pendant la séance, Carla était restée silencieuse la plupart du temps. Mais, la semaine d'après, j'ai été certaine qu'elle avait été très attentive. En riant, elle m'a raconté ce qui s'était passé.

— Je voulais vraiment me laisser aller avec Leo. Je voulais lui faire une longue et merveilleuse fellation. Pas une pipe qu'on se sent obligée de faire ou qu'on fait par politesse. Mais je savais qu'il y avait la mère entre nous. Allait-il me laisser faire ? J'ai commencé à jouer : « Tu sais, ai-je dit, il y a des tas de façons de faire l'amour, tu peux appeler ça comme tu veux, mais si tu as envie que je continue cette pipe, tu vas devoir payer. Cent dollars si tu veux que je continue comme ça. » J'ai pensé que l'argent pourrait être amusant, mais j'attendais vraiment de voir si Leo allait pouvoir se débarrasser de la mère. Mais est-ce qu'on donne de l'argent à la mère de ses gosses pour qu'elle vous fasse une pipe ? Non, pas plus qu'à sa femme. Cela a été une expérience très agréable, c'est tout ce que j'ajouterai.

— Peut-être que tu devrais accepter les cartes de crédit. Tu garderais la machine près du lit, a plaisanté Leo.

J'ai pensé au petit jeu érotique de Carla pendant des années. En un instant, et avec beaucoup d'intelligence, elle avait saisi et renversé le problème afin que l'amante éclipse la mère. Leo redoutait de témoigner un désir trop primitif à la mère de ses enfants, à qui il devait amour et respect. Carla avait pris un risque en rompant avec leur schéma habituel et en l'invitant à partager avec elle cette complicité érotique. Elle avait levé le voile du refoulement pour devenir provocante sexuellement, telle une prostituée qui se fait payer. Grâce à cette validation scénarisée d'une sexualité plus audacieuse, le désir de Leo avait pu se déclencher.

Échapper à la bataille de la vie familiale

Avoir un enfant est une de nos grandes aspirations. D'une certaine façon, nous nous reproduisons – biologiquement ou par d'autres moyens – pour ne pas mourir. Nous nous faisons une place dans le cycle de la vie et nous nous inscrivons dans le cours de l'histoire. Nous dépassons la mortalité en laissant quelque chose, quelqu'un, derrière nous : une trace du couple que nous avons formé. Vu ainsi, avoir un enfant relève du désir. C'est un pur acte de vie. Quoi de plus cruel que de voir cet enfant éroder cette force qui l'a fait naître ?

La vie de famille ne peut fonctionner sans une certaine routine quotidienne, et celle-ci se charge de saper toute sexualité spontanée. Il faut compter avec les inévitables pressions subies par le couple : moins de temps, moins d'argent, et moins d'énergie. Mais il ne faut pas négliger pour autant le fait que, bien souvent, la mère moderne est sexuellement invisible, et que ce phénomène est profondément ancré dans le psychisme, aussi bien des hommes que des femmes. Et, enfin, il faut compter avec les multiples façons dont nous nous fermons sur le plan sexuel dans le cadre de la famille, dans la mesure où nous estimons que nos enfants, pour être protégés, doivent être tenus à l'écart du sexe.

Pour beaucoup de parents, l'idée d'avoir un jardin secret se traduit par une culpabilité et une anxiété aiguës, ou tout au moins par un certain embarras. Nous redoutons que notre sexualité d'adultes n'ait des conséquences négatives sur nos enfants, que cela ne soit inapproprié ou dangereux. Mais qui protégeons-nous réellement ? Des enfants dont les parents sont à l'aise pour exprimer leur affection (avec discrétion et à l'intérieur de limites appropriées) sont plus à même d'aborder la sexualité comme elle le mérite : avec respect, responsabilité et curiosité. En censurant notre sexualité, en refrénant nos désirs, voire en y renonçant, nous transmettons toutes nos inhibitions à la génération suivante.

Il y a tant de raisons de renoncer au sexe que ceux

qui résistent sont un peu comme des champions toutes catégories. Par-dessus tout, les couples courageux et déterminés qui préservent le lien érotique sont ceux qui le valorisent. Lorsqu'ils sentent le désir fléchir, ils agissent et font tout pour le ressusciter. Ils savent que ce ne sont pas les enfants qui éteignent la flamme du désir : ce sont les adultes qui ne savent pas garder l'étincelle vivante.

9

De chair et de fantasme

À la puberté, Catherine pesait vingt-trois kilos de trop. Invisible sexuellement, sans cesse rejetée, elle était la « copine moche », celle qui faisait le guet pendant que ses amies s'envoyaient en l'air de l'autre côté de la porte. Aujourd'hui, c'est une belle femme, mariée depuis près de quinze ans. Son mari et elle interprètent un fantasme dans lequel elle est une prostituée de luxe. Les hommes paient le prix fort pour le plaisir de sa compagnie : ils ont tellement envie d'elle qu'ils sont prêts à dépenser une petite fortune, à mettre en péril leur travail et leur mariage pour passer un peu de temps avec elle. Plus ce qu'ils transgressent est précieux, plus la valeur de Catherine est élevée. Les humiliations qu'elle a subies par le passé sont effacées par ces hommes qui ne peuvent passer devant elle sans s'émerveiller. Dans son théâtre imaginaire, elle se venge et triomphe des souffrances et des frustrations de son adolescence.

La femme de Daryl, elle, se plaint ainsi : « Il ne peut même pas se décider pour un restaurant, et il veut m'attacher ? Qu'est-ce que cela veut dire ? » Les difficultés que Daryl rencontre pour s'affirmer dans la vie de tous les jours se renversent de façon spectaculaire dans ses fantasmes de domination. Grâce à la mise en scène très ritualisée et consensuelle de la soumission et de la domination, son agressivité peut s'exprimer en toute sécurité. Ses besoins sont satisfaits, sa peur d'aller trop loin est contenue, et sa force virile procure aux autres du plaisir et non de la souffrance.

Lucas, qui, aujourd'hui, ne se cache pas d'être homosexuel, a grandi dans une petite ville de l'Illinois. Pendant des années, il s'est fait passer pour un hétérosexuel, terrifié à l'idée d'être démasqué. À l'université, il a joué au football américain et même couché avec une pom-pom girl parce qu'elle l'avait abordé en public, et qu'il savait que la repousser aurait soulevé des doutes sur sa sexualité. Aujourd'hui, il a une trentaine d'années.

— J'ai foutu le camp de cette ville pour pouvoir être homo sans me cacher et sans que cela menace mon existence, dit-il. Et, maintenant, je me retrouve à me promener sur une plage de nudistes en faisant semblant d'être hétéro pour que des mecs tentent de me séduire. Je veux bien être hétéro, mais à ma façon. Aujourd'hui, je ne me comporte comme un hétéro que lorsque je pense que cela m'aidera à conclure. Heureusement pour moi, tant d'homos prennent leur pied à séduire un hétéro que je fais tout le temps l'amour !

Emir, lui, est l'homme d'une seule femme, et il a été comme ça toute sa vie.

— J'ai toujours eu des petites amies, des vraies, des femmes que j'aimais et avec lesquelles je suis resté pendant plusieurs années. C'est ma façon d'être.

Je suis avec Althea depuis cinq ans maintenant. Nous avions une vie sexuelle fantastique, mais depuis que nous avons eu un bébé, il y a six mois, elle ne veut plus faire l'amour aussi souvent qu'avant, loin de là. Je dois déployer tout mon arsenal de séduction pour la convaincre et, souvent, cela ne marche même pas. Alors, la plupart du temps, je me masturbe.

Le fantasme préféré d'Emir est de faire l'amour avec deux femmes en même temps.

— J'aime l'idée qu'on m'accorde toute cette attention, dit-il.

Beaucoup d'hétérosexuels fantasment sur l'idée d'une femme omnisexuelle. Avec elle, pas besoin de séduction ou de persuasion : elle est toujours d'humeur à faire l'amour. Elle ne dit jamais : « Comment peux-tu penser au sexe alors qu'on a tant de choses à faire ? », elle dit : « Encore, encore, encore. » Avec elle, ils ne se sentent pas coupables de vouloir faire l'amour, puisqu'elle le veut autant qu'eux. Quand deux femmes soumises et lascives vous invitent à partager leur lit, on peut être sûr qu'aucune ne va dire : « Pas ce soir, chéri. J'ai la migraine. »

Le pain du pauvre

Il n'y a pas si longtemps, le fantasme sexuel avait mauvaise réputation. Ce que le christianisme voyait comme un péché est devenu, aux yeux de la psychologie moderne, une perversion réservée aux personnes insatisfaites ou immatures. Encore aujourd'hui, beaucoup de gens considèrent que le fantasme n'est rien d'autre que la maigre compensation d'une frustration libidinale ou d'occasions insuffisantes dues à un manque de cran, de maturité, ou à un physique ingrat. Ces gens croient qu'on souhaite voir ses fantasmes se réaliser. « Si mon mari m'aimait vraiment, il n'aurait pas besoin de regarder ces photos de femmes à gros seins », « Quand j'imagine que plusieurs hommes me forcent à coucher avec eux, j'ai l'impression de trahir mon ami, me dit une autre patiente. Quelle femme aimerait se faire violer ? »...

Moi aussi, j'ai longtemps réduit cette forme imaginative à une sorte de pain du pauvre – le repas de ceux qui étaient appauvris sur le plan sensuel. J'avais appris à considérer les fantasmes comme des symptômes de névrose ou d'immaturité, ou encore comme des idéalisations romantiques, teintées d'érotisme, qui vous aveuglent sur la personnalité profonde de l'autre et qui minent les relations réelles. Bloquée à la frontière entre l'imaginaire et le réel, je n'éprouvais pas le besoin de plonger plus avant dans la complexité de la pensée érotique. Heureusement, j'étais assez curieuse pour demander à mes patients de me parler de leurs fantasmes. Mais une fois qu'ils l'avaient fait, je ne savais toujours pas quoi faire de ces informations. Un peu comme si j'avais regardé un film russe sans les sous-titres : je ne pouvais pas savoir de quoi il s'agissait mais je pouvais apprécier la beauté de la réalisation.

Les années passant, la pensée a évolué en ce domaine, et nous considérons aujourd'hui le fantasme comme une composante naturelle d'une sexualité adulte et saine. La vision presque exclusive des fantasmes perçus comme des pulsions sournoises (ou comme les désirs pervers d'une minorité frustrée) s'est élargie. Le travail de philosophes ou de cliniciens comme Michel Foucault, Georges Bataille, Ethel Person, Robert Stoller, Jack Morin, Michael Bader, et de douzaines d'autres, a provoqué un changement considérable en se saisissant de la profondeur et de la richesse de l'imagination érotique : ce qu'elle est et ce qu'elle peut faire.

Pour ma part, la pratique de mon métier m'a amenée à voir le fantasme comme une ressource imaginative précieuse, qu'elle soit cultivée par des individus ou partagée par des couples. La faculté d'aller où nous voulons en imagination est une pure expression de notre liberté individuelle. C'est une force créatrice qui peut nous aider à transcender la réalité. En nous offrant le moyen de nous évader de temps en temps de notre relation, elle sert d'antidote puissant à la perte de désir au sein du couple. En résumé, l'amour et la tendresse se trouvent enrichis par le piment de l'imagination.

Les fantasmes – sexuels ou autres – ont également des pouvoirs quasi magiques de guérison et de régénération. Ils rendent sa poitrine à une femme qui a subi une mastectomie, permettent à un handicapé de remarcher comme avant son accident. Ils renversent le temps, nous rajeunissent, nous permettent pour un instant d'être ce que nous ne sommes plus ou n'avons même peut-être jamais été : parfaits, forts, beaux. Ils nous remettent en présence de ceux que nous aimons et qui ont disparu, ils font surgir le souvenir de nos étreintes passionnées avec ce partenaire que nous avons à présent du mal à érotiser. Les fantasmes nous permettent de réparer, de compenser et de transformer. Pour un court moment, nous

dépassons la réalité de la vie et, par voie de conséquence, celle de la mort.

Plus j'écoute, plus j'explore, et plus j'apprécie la
pertinence du fantasme, son énergie, son efficacité
imaginative, ses qualités de guérison, sa force psychologique. Nos fantasmes combinent notre histoire
personnelle singulière et le champ plus large de l'imaginaire collectif. Chaque culture dispose d'incitations
et d'interdits pour transmettre l'idée de ce qui est sexy
(les vedettes de la téléréalité, Monica Lewinsky) ou
défendu (les enfants de chœur, Monica Lewinsky).
L'essor de notre imagination permet de combler le
fossé entre ce qui est possible et ce qui est permis.
Le fantasme est une alchimie dans laquelle ce fouillis
d'éléments psychiques se transforme en or pur, celui
de l'excitation érotique.

Pour mon travail avec les couples, le fantasme
sexuel est également une bonne source d'information
sur la vie intérieure de chacun et les dynamiques relationnelles entre les deux partenaires. Grâce à lui, notre
esprit créatif trouve une façon ingénieuse de vaincre
toutes sortes de conflits autour du désir et de l'intimité. Le psychanalyste Michael Bader (dont l'ouvrage
Arousal aborde les courants sous-jacents du fantasme)
explique que, dans le sanctuaire de la pensée érotique,
nous trouvons un espace psychologique préservé pour
nous défaire des inhibitions et des peurs qui nous trou-
blent. Nos fantasmes nous permettent d'annuler et de
vaincre les limites que nous imposent à la fois notre
conscience, notre culture et l'image que nous avons
de nous-mêmes.

Si nous manquons d'assurance et trouvons que nous
sommes peu attirants, nous serons irrésistibles dans nos

fantasmes. Si nous pensons qu'une femme va se refuser à nous, celle-ci s'y montrera insatiable. Si nous redoutons notre propre agressivité, nous pourrons y jouir de notre puissance, sans nous soucier de savoir si nous allons blesser quelqu'un. Si nous n'osons pas demander, l'autre devinera nos envies avant nous. Si nous pensons que nous ne devrions pas céder à l'appel de la chair, nous pourrons capituler sur la scène de notre théâtre privé, sans nous sentir responsables : nous avons fait ce qu'il voulait, ce n'était pas nous. Ainsi, le fantasme exprime le problème et fournit également la solution. C'est un espace ardent où notre peur inhibitrice se transforme en audace effrontée. Quel soulagement de découvrir que notre honte s'est muée en curiosité, notre timidité en confiance en soi, notre impuissance en domination !

Pour autant, le fantasme ne prend pas toujours la forme de scénarios élaborés et construits. Beaucoup de gens pensent qu'en l'absence d'intrigues soigneusement orchestrées et de personnages bien campés, ils ne fantasment pas. Cela est particulièrement vrai des femmes, qui, en général, ont plus de mal à avouer leurs pensées sexuelles.

Claudia, une de mes patientes, me décrit avec un luxe de détails comment elle aimerait que son mari l'aborde sexuellement. Elle imagine une lente et progressive danse de séduction, qui se déroulerait sur toute la journée : troublantes conversations, légers baisers sur la nuque, tendres caresses, doux sourires et regards en coin.

— Je veux qu'il touche mon bras sans toucher ma poitrine, explique-t-elle. Je veux qu'il me séduise, qu'il me montre qu'il a envie de moi et puis qu'il s'esquive,

pour que je le désire encore plus. Je veux lui demander moi-même de toucher mes seins.

— Et s'il avait fait tout ça ?

— Nous aurions eu une relation sexuelle complètement différente, répond-elle.

Moins de vingt minutes plus tard, quand je lui
demande de me parler de ses fantasmes, elle se récrie.

— Je n'en ai pas. Jim, oui, mais pas moi. Son truc,
c'est faire l'amour à trois.

Je suis sidérée.

— Vous plaisantez ? Votre description de ces longs
préliminaires est bel et bien un fantasme. Ce n'est certainement pas la réalité, n'est-ce pas ?

À mon avis, le fantasme sexuel intègre toute activité mentale capable de générer du plaisir ou d'inten-
sifier l'enthousiasme. Ces pensées n'ont pas besoin
d'être imagées ou même bien définies. Le plus souvent, elles sont inarticulées et correspondent davantage
à des sentiments qu'à des images, elles sont plus sensuelles que sexuelles. Virtuellement, l'imagination érotique peut se servir de tout : souvenirs, odeurs, sons,
mots, moments spécifiques de la journée, textures…
Si le désir est mis en mouvement, tout cela peut relever du fantasme.

Dans son ouvrage *Les Fantasmes masculins*, Nancy
Friday écrit : « Le fantasme est comparable à une
carte où figureraient les désirs, la domination, la fuite,
l'aveuglement ; chacun y trouve sa route, entre les
récifs et les hauts-fonds que sont l'angoisse, la culpabilité et l'inhibition. Il s'agit d'un travail conscient,
mais influencé par les pressions inconscientes. Ce qui
est fascinant, c'est non seulement l'extrême bizarre-

rie des fantasmes, mais aussi la facilité avec laquelle nous parvenons à les comprendre ; chacun d'eux nous fournit une image cohérente et fidèle de la personnalité profonde – l'inconscient – de la personne qui les imagine, même si cette dernière est persuadée qu'il s'agit d'un caprice momentané, entièrement dû au hasard. »

Silence, s'il vous plaît !

Les paradoxes symboliques et l'irrationalité de notre paysage mental érotique offrent un regard fascinant et révélateur sur ce que nous sommes profondément. Les fantasmes expriment des vérités sur nous qui seraient difficiles à entrevoir d'une autre façon. Ils nous dévoilent entièrement et, à leur manière singulière et mystérieuse, ils transmettent nos désirs les plus secrets.

Et pourtant, lorsqu'il s'agit de parler de nos rêveries intérieures, la plupart d'entre nous préférons nous taire, y compris avec nos partenaires (et peut-être surtout avec eux). À une époque où l'intimité est organisée autour de la divulgation de vérités personnelles gênantes, le silence relatif à l'érotisme demeure la norme. Alors que nous pouvons parler à notre aise de ce que nous faisons, nous sommes peu enthousiastes à l'idée de révéler ce que nous pensons en le faisant.

Au niveau le plus élémentaire, notre répugnance provient d'une simple gêne. La plupart des gens ont appris à garder leurs pensées pour eux-mêmes, ainsi qu'à ne pas toucher leur propre corps. Pour certains, le message transmis a été si strict que l'innocente curiosité s'est muée en une honte durable. Héritiers d'une indéniable méfiance envers le sexe – intériorisée en silence –, il n'est guère étonnant que nous soyons gênés lorsqu'il s'agit de révéler nos pensées les plus intimes. En nous ouvrant aux autres, ne risquons-nous pas d'être moqués ou jugés ? Ma patiente Zoya résume ainsi les choses : « La façon dont j'ai été éduquée excluait le fait d'aimer le sexe, encore plus d'en parler. Ceux qui avaient des relations sexuelles pour le plaisir étaient des dépravés et des pervers qui devenaient aveugles et dont les paumes se couvraient de poils. Vous pensez bien que je gardais mes pensées pour moi. »

Si nous ne parlons pas, les autres ne le font pas davantage. Pour beaucoup, il n'y a pas de fantasmes sexuels sans solitude (en dépit de l'omniprésence publique de la sexualité). À partir du moment où nous ne savons pas ce que les autres font et pensent, nous n'avons aucun moyen de nous comparer à eux, aucune possibilité d'évaluer si oui ou non nous sommes normaux. Nous avons peur d'être différents et, par conséquent, d'avoir des conduites déviantes.

Ce ne serait pas vraiment un problème si notre imagination érotique fonctionnait davantage en conformité avec notre personnage public. Au cœur de notre géographie érotique intérieure, nous avons tous des lieux qui nous sont chers. Il y a fort à parier que nous devons entrer à pas de loup dans certains d'entre eux, pour éviter les chiens de garde de notre conscience. L'homme qui aime faire l'amour tendrement à sa femme n'a pas besoin de dissimuler. *Idem* pour celle qui fantasme sur la douzaine de roses que son amant va déposer sur le lit. Rien dans leurs aspirations romantiques n'est source de malaise ou de culpabilité. Si seulement nous étions tous aussi chanceux… De tels fantasmes, peuplés de ladies et de gentlemen prévenants et polis, pourraient aisément échapper à notre comité d'éthique intérieur. Mais la pensée érotique est rarement aussi docile.

Ce qui nous excite est bien souvent contraire à l'image que nous préférons donner de nous-mêmes, ou à nos convictions morales et idéologiques. Ainsi la féministe qui a envie d'être dominée ; la femme qui a réchappé à des abus sexuels et qui instille dans sa vision érotique ses expériences traumatisantes ; le mari qui fantasme sur la jeune fille au pair (ou la strip-teaseuse, la masseuse, l'actrice de films porno) dans le but de relancer son plaisir avec sa femme ; la mère qui trouve sensuel – et même érotique, oui – le contact peau contre peau avec son bébé ; l'épouse qui se masturbe en pensant aux rapports sexuels torrides qu'elle avait à l'époque avec son petit ami psychopathe, celui qu'elle n'a jamais eu l'intention d'épouser ; l'amant qui a besoin de penser au beau mec qu'il a aperçu à la gym pour pouvoir faire l'amour avec son ami.

Avoir des pensées aussi lascives est censé être la preuve que quelque chose cloche chez nous : dans la vie érotique d'une femme mariée et heureuse, il n'existe pas de tels fantasmes. Tout comme la domination et l'instrumentalisation sexuelle de l'autre n'ont pas de place légitime dans l'esprit d'un père de famille honnête.

Plus nous nous sentons mal à l'aise avec notre imagination érotique, plus la culpabilité et la honte que nous ressentons sont intenses, et plus nos censeurs intérieurs sont puissants.

Ralph vit depuis quinze ans avec Sharon. Au dire de tous, ils forment un couple très heureux. Mais, peu de temps après leur rencontre, il s'est mis à fantasmer chaque fois qu'ils faisaient l'amour : sa Sharon bien-aimée se voyait remplacée par une petite allumeuse de dix-sept ans, dans une salle sombre de cinéma. La vie intérieure de Ralph ressemble à une guerre tribale : d'un côté la tendre maîtresse, de l'autre la fille lubrique. « Cela me déplaît, s'est-il un jour confessé. Je ne toucherais jamais une femme de dix-sept ans. Je me considère comme quelqu'un de convenable, et je ne m'explique pas ce fantasme. Je ne l'avoue-rai jamais à Sharon. Je peux à peine me l'avouer à moi-même. »

En réalité, l'imagination érotique est alimentée par une foule de sentiments fort peu convenables : agressivité, désir brutal, carence infantile, pouvoir, vengeance, égoïsme et jalousie, pour n'en citer que quelques-uns. Ces sentiments, qui habitent en perma-nence nos relations intimes, peuvent menacer la sta-bilité de nos liens et rendre l'amour malheureux. Il est souvent plus facile – et plus sage – de les tenir éloignés aux confins de notre imagination, où ils ne peuvent plus faire de mal. Dans l'antichambre de la pensée érotique, les règles de la bienséance sont inver-sées, on les invoque pour mieux les fouler aux pieds. Car ce sont des scènes voluptueuses qui se jouent là : franchissement des frontières interdites, renversement de la distribution sexuelle des rôles, corruption de la pudeur, bouleversement des rapports de pouvoir. Et ces jeux n'ont qu'un seul objectif : l'excitation. Dans nos fantasmes, nous accomplissons ce que nous n'oserions jamais faire dans la réalité.

Jodie and Ray

— Ray pense que je n'aime pas faire l'amour, se lamente Jodie. Mais j'aime ça, ou du moins j'aimais ça. C'est avec lui que j'ai un problème. Il ne me fait aucun effet, et c'est apparemment réciproque. Cela semble sans espoir. J'ai seulement vingt-neuf ans. C'est trop jeune pour cesser d'avoir une vie sexuelle.

— Y a-t-il un âge pour ça ? Plus tard, nous choisirons peut-être une date, mais, pour l'instant, je préférerais savoir ce que vous attendez de Ray sans l'obtenir.

— Je voudrais qu'il se comporte davantage comme un homme… Je n'arrive pas à croire que je dis ça tout haut, dit-elle en secouant la tête. Je ne sais même pas ce que cela signifie. Comme si je voulais qu'il soit un de ces hommes préhistoriques des années 1950. Mais ce n'est pas ce que je veux. C'est ce que ma mère a eu. Je ne pense pas que mon père lui ait jamais demandé ce qu'elle souhaitait, dans la chambre à coucher ou ailleurs. Ray est un homme bien, un vrai gentleman. Il me respecte, il me laisse être ce que je suis. J'aime la relation facile que nous avons, mais cela ne m'aide pas sur un plan sexuel.

— Qu'est-ce qui vous manque ?

Jodie se penche soudain vers moi et me saisit le poignet. Il n'y a pas de brutalité dans son geste, mais de l'assurance.

— Voilà. C'est *ça* que je veux, dit-elle.

Puis, avec une douceur hésitante, elle effleure mon avant-bras.

— Et *ça*, c'est ce que j'ai, ajoute-t-elle.

— Ray est donc passif ?

— Pas exactement. C'est toujours lui qui initie les choses, mais la façon dont il le fait me rend folle. Il hausse les sourcils et murmure : « Hmm ? » J'ai l'impression qu'il me demande : « Est-ce qu'on va coucher ensemble ce soir ? » Comme si j'étais censée prendre les choses en main.

— Sa façon de vous approcher signifie « As-tu envie de moi ? » plutôt que « J'ai envie de toi » C'est ça ?

— Oui ! s'écrie Jodie.

Je lui explique que pour comprendre ce qu'elle attend de Ray, j'ai tout d'abord besoin de savoir ce qu'elle attend du sexe.

— Si le sexe était une quête du Graal, quel serait votre Graal ?

Jodie ne se fait pas prier pour dévoiler son passé sexuel : ses meilleures expériences, les pires, et pour quelles raisons elle les évalue ainsi. Elle me fournit une montagne d'informations sur l'ambiance dans laquelle elle a grandi, ses premiers émois, à partir de quand elle s'est masturbée, l'âge où elle a compris ce qu'était la masturbation. Mais elle me regarde avec perplexité quand je lui redemande :

— Que signifie le sexe pour vous ? Quels sont les sentiments qui accompagnent le désir ? Que recherchez-vous ? Que voulez-vous éprouver, exprimer ? Qu'est-ce que vous réprimez ?

— Je n'en ai aucune idée, avoue-t-elle. Personne ne m'a jamais posé la question avant.

Nous plaçons dans nos rencontres érotiques un

ensemble complexe de besoins et d'attentes. Nous y cherchons l'amour, le plaisir, l'approbation. Certains trouvent dans le sexe un terrain idéal pour se rebeller et s'évader, d'autres une forme de transcendance et d'extase, et même de communion spirituelle. Jodie m'a fait le récit de ses expériences, tandis que je cherchais la signification des envies et des conflits qu'elle portait en elle lorsqu'elle les a vécus.

Je lui demande :

— Je peux vous poser quelques questions au sujet de vos fantasmes ?

Elle blêmit.

— Oh, mon Dieu… C'est si personnel. Ce que je fais ou ce que j'ai fait me semble moins embarrassant que ce qui se passe dans ma tête.

— Mais c'est exactement là où je veux que nous allions. J'ai le sentiment que si nous parlions de vos fantasmes, nous pourrions atteindre le cœur de ce qui vous oppose, Ray et vous.

Au fil du temps et avec beaucoup de persuasion de ma part, Jodie me révèle une incroyable série de scènes érotiques très détaillées, démesurées et sensuelles, qu'elle conçoit depuis le début de son adolescence. Cow-boys, pirates, rois et maîtresses se succèdent au gré de variations infinies dans lesquelles le pouvoir est exercé avec soin, et la soumission extrêmement raffinée. Avec les années, les intrigues ont changé, mais pas l'esprit qui les inspire. Le dernier épisode en date a pour cadre le ranch de son « mari », où celui-ci la présente comme une offrande sexuelle aux hommes qui travaillent pour lui. Le soir où elle doit les rencontrer, son mari (tel que Jodie le caractérise, il ne

correspond pas à Ray) lui dit de se vêtir tout spéciale-
ment pour le dîner. Il choisit ses vêtements, une robe
élégante et très décolletée, ainsi que d'autres acces-
soires exquis et appropriés : boucles d'oreilles, dia-
mant en pendentif au creux des seins, talons aiguilles.
Il accorde de l'attention à chaque détail de son apparence. Après le repas, il lui demande de se dévêtir
pour eux, afin qu'ils puissent apprécier sa beauté. Elle
obéit, même si elle se sent embarrassée, voire humiliée : tout cela est étrangement exaltant. Entièrement
à leur merci, elle n'essaie même pas de leur échapper.
Ces hommes ont leur propre défi à relever : anticiper
le moindre de ses désirs et l'amener à des sommets
d'extase sexuelle inconnus d'elle.

— Vous savez de quoi j'ai peur ? J'ai peur d'être
masochiste, comme ma mère, me dit Jodie.

— En quoi êtes-vous passive dans cette histoire ?

— Je subis. Je suis passive, je n'ai pas de volonté
propre, je fais ce qu'on me dit de faire, et j'aime qu'on
me dise ce que je dois faire. Est-ce vraiment moi, me
pliant ainsi à toutes les volontés de ces hommes ?
Recevoir des ordres de quiconque me contrarie. Je ne
supporte pas l'autorité, et j'irais me soumettre à une
bande de cow-boys ? Vraiment, cela n'a aucun sens.

— En fait, cela en a beaucoup pour moi.

— Eh bien, pourriez-vous m'éclairer, docteur ?

J'explique à Jodie que le fantasme sexuel ne fonctionne pas comme les autres fantasmes. Lorsque les
gens me disent rêver de vacances à Tahiti, je pense
qu'ils veulent de vraies vacances à Tahiti. Le lien
entre leur fantasme et leur souhait véritable est repo-
sant tant il est simple. Mais les fantasmes sexuels ne
reflètent pas la réalité de la même façon, tout sim-

plement parce qu'ils impliquent une simulation, une interprétation. Il ne s'agit pas de faire une chose pour de vrai, ni de vouloir qu'elle devienne réelle. Tels les rêves et les créations artistiques, les fantasmes sont bien davantage que ce qu'ils semblent être en surface. Ils sont des créations psychiques complexes dont le contenu symbolique ne doit pas être traduit de façon littérale.

— Pensez à la poésie, pas à la prose, dis-je.

À travers tout ce que Jodie m'a dit au sujet de sa relation avec Ray, j'en déduis qu'elle n'a pas à s'inquiéter d'être masochiste ou même passive. Les cowboys semblent la contrôler mais, en définitive, c'est elle qui tient les rênes. Elle est l'auteur, la productrice, la responsable du casting, la réalisatrice et la vedette du spectacle qu'elle a entièrement organisé dans le but d'éprouver du plaisir, et non de la souffrance. Ces hommes qu'elle imagine sont des adorateurs, pas des sadiques. Si elle était réellement forcée, cela ne lui plairait pas du tout. Son expérience parle d'attention, même si les moyens utilisés relèvent du contrôle. Ces scénarios compliqués sont juste des chemins sécurisés vers le plaisir.

Lorsque j'explique à Jodie que son fantasme parle davantage d'attention et de vulnérabilité, son soulagement est palpable. C'est une ancienne alcoolique en voie de guérison, et l'idée qu'elle puisse avoir des problèmes de dépendance ne constitue guère une surprise pour elle. Toute sa vie, elle a nié avoir besoin de soutien, alors même qu'elle rêvait secrètement que quelqu'un prenne soin d'elle. L'alcool est la seule chose dont elle a pu accepter de dépendre sans se sentir en danger, jusqu'à vouloir en faire un ami constant et fiable. Pour être plus précis, l'alcool ne demandait rien en retour.

À treize ans, Jodie a postulé pour entrer dans un pensionnat, à sa propre intiative. Elle y a été acceptée et a quitté la maison pour de bon. À cette époque, elle se considérait comme une fille ambitieuse. Mais, avec le recul, elle comprend aujourd'hui qu'il s'agissait d'une tentative pour fuir sa famille, et la répartition problématique des ressources et des besoins affectifs qui y prévalait. Au fil des ans, Jodie a tissé un solide réseau d'amitiés qui l'a comblée de multiples façons. Mais, pour finir, ni son pensionnat, ni sa carrière, ni l'alcool ou même ses amis n'ont pu la protéger de l'inévitable dépendance ou de la vulnérabilité ambiguë suscitée par l'intimité amoureuse.

Acte II : Ray fait son apparition. Selon ses propres termes, c'est un homme simple. Indépendant, autonome, apte à affronter ses problèmes personnels, il est le produit d'une socialisation masculine réussie. Tout le contraire des petits amis dont Jodie avait auparavant l'habitude : des hommes qui tiraient le diable par la queue, égocentriques, peu fiables sur le plan affectif, des artistes alcooliques qui se débrouillaient pour éviter les relations en disant : « Pas la peine d'en parler, est-ce qu'on ne peut pas voir simplement où ça nous mène ? » ou « C'est parce que je t'aime bien que je ne peux pas être avec toi ». Ray, lui, a clairement fait comprendre qu'il était intéressé. Il l'appelait quand il avait dit qu'il le ferait, il n'était jamais en retard et se donnait beaucoup de mal pour préparer leurs sorties.

— En fait, il faisait vraiment attention à ce que je disais. Il me posait des questions sur moi et se rappelait les réponses. J'étais habituée à de tout autres situations, par exemple coucher six mois avec un homme sans avoir jamais pu parler du sens de la relation ou de son avenir. Ray ne jouait pas ce jeu-là. Il m'appréciait et n'avait pas peur de le dire.

Grâce à la disponibilité de Ray, à sa fiabilité et à sa générosité affective, Jodie a ressenti un sentiment de paix et de sécurité qu'elle n'avait jamais connu jusqu'alors dans une relation amoureuse. Son aptitude à deviner ses besoins l'enchantait, et le fait qu'il paraissait lui-même en avoir peu était un avantage supplémentaire à ses yeux.

— Quel attrait irrésistible : avoir un homme capable d'anticiper tous vos besoins. Dites-moi, combien de temps cela a-t-il duré ?

— Pas assez, répond Jodie. À présent, j'ai l'impression de devoir sans cesse tout lui demander. Parfois, je dois même répéter et c'est insupportable.

— Ah, et les cow-boys arrivent à la rescousse. Avec eux, vous n'avez même pas à demander.

Au cours de la thérapie, j'ai été frappée à plusieurs reprises par la violente aversion de Jodie pour toute expression de besoin. Il y a quelque chose d'extrême dans sa façon de se sentir humiliée et assujettie par l'envie d'attention et de soin, qui me permet de voir en quoi son fantasme de cow-boys touche directement le cœur de son problème émotionnel. Dans ses riches récits érotiques, elle peut s'en remettre aux autres sans ressentir cette faiblesse débilitante qu'elle redoute tant. Ce scénario particulier (comme ses autres fantasmes, d'ailleurs) lui permet de circonscrire les dangers de la dépendance : impuissance, fureur, humiliations. Plus que tout – c'est très important –, elle y est désirée pour des qualités qu'elle répugne le plus à montrer dans la réalité. Dans le refuge de son esprit, elle transforme la passivité en délice, le pouvoir devient une expression de sollicitude, et le risque se vit dans la sécurité.

Jodie est terrassée par les conséquences de la dépendance, dans tous les domaines : pour elle, ses propres manques sont abjects, et les besoins affectifs des autres sont, de la même façon, écrasants. Alors, elle peuple ses fantasmes de machos caricaturaux. Ce sont des hommes forts, sans faiblesse, qui n'ont pas besoin qu'on prenne soin d'eux. Ils ne demandent pas, ils prennent. Jodie se libère ainsi de l'impératif social qui pousse les femmes à s'occuper des autres, et sa propre avidité sexuelle peut se déployer sans souci.

Derrière le masque du cow-boy

Les fantasmes érotiques ont la mystérieuse capacité de pouvoir résoudre plus d'un problème à la fois. Tandis que ceux de Jodie parlent sans aucun doute de ses conflits personnels, ils constituent également une réponse au tabou culturel qui frappe la sexualité féminine en général. Au cours de l'Histoire, beaucoup de choses ont été faites pour s'assurer que le désir sexuel des femmes était maîtrisé. À leur crédit, celles-ci ont toujours été à la hauteur du défi que représente le renversement de ce tabou. À chaque nouvelle injonction, leur imagination s'est faite plus résistante. De façon consciente, Jodie s'identifie aux femmes dans ses histoires. Mais elle imagine aussi les hommes, et ce jusqu'au moindre détail. En fait, elle joue tous les rôles. Ainsi, elle sait ce que signifie être un prédateur sexuel, elle connaît le désir sexuel quand il devient impitoyable. Par procuration, à travers ses cow-boys, elle ressent l'agressivité, l'égoïsme et le pouvoir, des attributs si profondément liés à la virilité, dans son esprit, qu'ils ne peuvent s'exprimer que chez des personnages masculins.

Pour beaucoup de femmes, les simulations de sexualité forcée fournissent un exutoire à l'agressivité sexuelle. Celle-ci est tellement en contradiction avec notre notion culturelle de la féminité qu'elle ne peut s'exprimer que dans le cadre de telles transpositions imaginaires. Laissons-le, lui, l'assaillant virtuel, exprimer cette agressivité, puique tant de femmes répugnent à le faire elles-mêmes.

En arrière-fond de ces fantasmes de viol très répandus se trouvent les nombreux abus sexuels perpétrés contre les femmes, et cela glace le sang. Mais, dans les scènes imaginaires, l'attaque n'est pas réelle. Peu de femmes intègrent un œil au beurre noir ou une lèvre fendue dans leurs rêveries érotiques. Comme l'explique le sexologue Jack Morin, les violeurs fantasmés sont particulièrement non violents. Dans le fantasme, la violence est subvertie par la douceur. À travers l'homme doux et sécurisant, les femmes peuvent expérimenter sans risques les joies « d'une saine domination et d'une soumission qui les rend puissantes ».

Pendant ce temps, au ranch

J'aime créer un espace libre de tout jugement et de toute moralisation, où les gens peuvent parler de leur sexualité. En faisant simplement cela – ce qui n'est souvent pas si simple –, on peut obtenir un effet profond. Le sexe devient alors tout à la fois une façon d'éclairer les conflits posés par l'intimité et le désir, et de combler ces scissions destructrices. Jodie et moi utilisons le scénario de ses fantasmes pour aborder les problèmes critiques entre elle et Ray. Dépendance, passivité, agressivité et contrôle sont des sentiments qu'elle a reniés pendant des années, ne les admettant que dans l'intimité de son esprit. En renouant avec eux au cours de la thérapie, elle fait un pas de plus pour les libérer à la maison.

Une fois que Jodie ne s'est plus sentie prisonnière de la honte engendrée par ses fantasmes, elle est devenue plus détendue et s'est davantage acceptée. À sa grande surprise, elle a pu présenter à Ray toutes sortes de demandes, sans se sentir trop nerveuse. Nos séances ont révélé que les énormes obstacles entre eux n'étaient rien de plus qu'un malentendu, qui, négligé, avait fait boule de neige jusqu'à devenir incontrôlable.

Pendant des années, Ray a supposé que ses manières douces étaient ce que Jodie attendait de lui. En fait, il était persuadé que toutes les femmes voulaient ça, à tel point qu'il ne pouvait comprendre pourquoi, lorsqu'il demandait : « Qu'est-ce que je peux faire pour toi ? », elle lui répondait avec irritation : « Rien ! » Il n'avait aucun moyen de savoir que Jodie désirait abdiquer toute responsabilité sur le plan sexuel, et s'abandonner avec délices et sans culpabilité à une dépendance passive. Leur façon de fonctionner était devenue absurde : le rejet de Jodie déclenchait la sollicitude de Ray, qui provoquait à son tour un plus grand rejet encore.

Quand Jodie a invité Ray à se montrer plus sûr de lui et à prendre plus d'initiatives, cela a été aussi libérateur pour lui que pour elle. Pour la première fois, il a senti qu'il existait un espace où l'on pouvait exprimer toute une gamme de sentiments, et pas seulement la tendresse. Jodie a été surprise par l'attitude positive de Ray face à la nouvelle confiance qu'elle-même avait acquise. Le simple fait de revendiquer le désir d'être passive a été un acte inédit pour Jodie. Comme beaucoup de femmes, elle a intériorisé le message puissant selon lequel une sexualité exprimée de façon audacieuse faisait d'une femme une prostituée repoussante et égoïste. Comment une telle sexualité aurait-elle pu appartenir à l'intimité amoureuse ? « J'avais peur qu'en disant à Ray : "Fais ça, ne fais pas ça, ralentis, tiens plus longtemps, comme ça, et comme ça…" il ne se sente castré. »

En s'en remettant à lui pour tout ce qui concernait la sexualité, en faisant appel à son expertise et en négligeant la sienne, Jodie a rempli la mission séculaire des femmes : préserver l'ego de l'homme et renforcer sa virilité. Du moins, c'est ce qu'elle pensait. Mais cette hypothèse s'est révélée fausse, puisque Ray a été excité par le nouvel appétit de Jodie, et même par ses demandes. Avoir une femme qui soit son égale sur le plan sexuel l'a soulagé d'une insécurité permanente et du fardeau que constituait pour lui l'évaluation de sa propre performance : faisait-il ce qu'il fallait ? Que Jodie prenne l'initiative lui permet de ne plus s'inquiéter pour elle, et de ne plus se sentir diminué par son manque d'enthousiasme et son détachement. L'exubérance qu'elle manifeste lui donne l'autorisation de demander lui-même des choses, et de s'abandonner sans retenue dans les bras de la femme qu'il aime.

Jodie n'a jamais révélé à Ray le contenu spécifique

de ses fantasmes, mais le fait qu'elle en découvre le sens a néanmoins apporté des changements significatifs dans leur relation sexuelle et affective. Une fois qu'elle a compris ce qu'elle cherchait dans le sexe, et pris conscience des barrières personnelles et sociales qui se dressaient sur le chemin du plaisir, elle a été capable d'approcher Ray et de lui répondre d'une manière très différente.

— Maintenant que je vois plus clairement ce que le sexe signifie pour moi et ce que je cherche à ressentir, je peux en parler à Ray sans avoir à déchiffrer les fantasmes. Il n'y a rien dans tout ça qui me rende honteuse ou que j'aie peur d'affronter.

Dire ou ne pas dire

Des couples trouvent érotique de partager les fantasmes, que ce soit verbalement ou par le biais de mises en scène. Ainsi, Catherine et son mari se fabriquent une complicité licencieuse lorsqu'ils mettent au point les détails de leurs pièces voluptueuses. C'est amusant, nouveau, et cela permet à chacun d'être quelqu'un de différent à chaque fois (et d'être avec une personne différente) sans avoir à aller chercher ailleurs. Ils créent de la multiplicité à partir de la monogamie.

Mais tout le monde ne veut pas de billet d'entrée pour ce spectacle de la séduction. Se dévoiler n'est pas indispensable pour que le fantasme fonctionne. Loin de moi l'idée de plaider en faveur d'une approche où il faudrait tout se dire : tout le monde n'a pas à vivre dans une ambiance digne de *True Confessions*. Nous pouvons garder nos rêveries pour nous, non par honte mais parce que nous avons le sentiment diffus que les exposer à la lumière les rendrait improductives. Il est peut-être sage de rêver seuls, parfois, puisque nous ne sommes pas toujours sur la même longueur d'onde érotique que la personne que nous aimons.

Prenons par exemple Nathan et son amie Amanda. En voyant les cassettes empilées à la vue de tous sur ses étagères (*Gang Bang 1*[1], *Gang Bang 2*, *Gang Bang 17*, *Gang Bang 50*), il paraît évident que Nathan ne prend pas la peine de mettre de côté sa vie fantasmatique. Son goût pour la pornographie est flagrant. Il n'a jamais eu envie de le cacher, ni non plus de le partager.

— C'est une sorte de fétichisme pour moi. Je ne crois pas que les gens comprennent toujours leur fétichisme. Pourquoi certains aiment-ils les chaussures ? Je n'en sais absolument rien. J'ai essayé de comprendre, sans y parvenir. Je ne crois pas chercher à éluder la question. C'est quelque chose d'ancien pour moi, qui remonte à mon adolescence et qui n'a jamais rien eu à voir avec ma vie sexuelle réelle.

Il aurait pu continuer longtemps comme ça, si Amanda n'avait pas été contrariée par ces cassettes (il aurait pourtant dû savoir que les exhiber ainsi soulèverait le problème).

— Je n'aime pas la violence, elle m'effraie et m'atteint dans ma vulnérabilité de femme, dit Amanda. Il y a quelque chose de malsain dans tout ça, non ?

Pour elle, les hommes de ces films sont lubriques et dotés d'un pouvoir absolu, qui leur permet de prendre

---

1. « Gang bang » : quand plusieurs hommes ont des rapports sexuels avec une seule femme consentante (*N.d.T.*).

l'avantage sur des femmes sans défense. Mais, pour Nathan, la scène se joue très différemment. Je lui demande :

— Qui a le pouvoir dans vos films ?

— Les femmes, sans l'ombre d'un doute, répond-il aussitôt.

Ce que Nathan trouve excitant, c'est qu'une femme soit insatiable, qu'elle s'affirme sexuellement avec force et qu'elle se fasse prendre par plusieurs hommes en même temps. La contrainte et la douleur n'ont rien à voir avec le plaisir qu'il ressent.

— Elle le veut et cela lui plaît. Si ce n'était pas le cas, cela ne me ferait aucun effet.

Les explications de Nathan, parce qu'elles rendent ces films apparemment moins sinistres, soulagent Amanda. Mais elle se sent toujours blessée par le fait que les femmes qui apparaissent sur l'écran n'ont rien de commun avec elle.

— Je ne peux pas me mesurer à elles. Si c'est ce qu'il aime, comment peut-il être satisfait avec moi ? demande-t-elle.

Lorsque Amanda regarde ces films, elle ne pense qu'à ce qu'ils impliquent pour elle, pas à ce qu'ils révèlent sur Nathan. Et elle se sent rejetée.

— Je trouve ces femmes excitantes, admet Nathan. Une fille dans la rue qui porte un bustier, un mini-short en cuir et des bottes ultra-sexy, oui, cela m'excite. Mais est-ce que je veux passer le reste de ma vie avec elle ? Non. Est-ce que je veux mettre en péril notre couple pour la baiser ? Non. Est-ce que ce genre de femmes m'a attiré par le passé, ai-je couché avec elles ? Oui. Ai-je eu des relations suivies avec l'une d'entre elles ? Non. Je pense pouvoir faire la différence entre quelque chose que je vois et qui m'excite et une personne que j'aime vraiment. Je suis assez mature pour saisir ce concept. Mes sentiments pour Amanda sont quelque chose de complètement différent.

J'invite Amanda à considérer la chose suivante : ce que Nathan trouve excitant chez les femmes qui habitent ses fantasmes, c'est qu'elles ne sont pas réelles. C'est leur absence totale de complexité psychologique qui alimente son excitation. Si ces femmes existaient vraiment, si elles avaient des sentiments, des besoins, des fragilités, des opinions, une armoire entière de tenues aguicheuses ne suffirait pas pour qu'il ressente quelque chose. Les femmes de ses films porno doivent être suffisamment vides (c'est-à-dire chosifiées) pour absorber ses projections imaginaires et pour accomplir ce dont il a besoin.

Nathan fait naître dans son esprit des images de succubes voraces. Jodie, elle, des cow-boys à la psychologie tout aussi peu complexe. Daryl rêve d'un passant lubrique sur la plage. Quant à Catherine, elle fait jouer à son mari le rôle d'un client. Nos fantasmes sont souvent peuplés de personnages qui incarnent une sexualité débridée et qui nous permettent de connaître une simple jouissance ou un désir irrépressible, non entravés par les émotions complexes de l'intimité adulte. Ces étrangers accueillants nous aident à esquiver les ambiguïtés du désir et les contingences de l'amour. Bien qu'ils vivent côte à côte avec l'amour, ils n'en sont pas pour autant, dans la réalité, un substitut.

La pornographie hétérosexuelle, pour l'essentiel produite par et pour des hommes, s'intéresse presque exclusivement à ce que le sociologue Anthony Giddens caractérise par une émotion faible et une sexualité

259

très intense. Elle coïncide en partie avec le besoin qu'ont beaucoup d'hommes de compartimenter leurs vies sexuelles et affectives, et de distinguer leurs relations stables de leurs envies irréfléchies. Mais elle a également un usage supplémentaire, qui n'apparaît pas au premier abord. Tandis que les opposants au porno se focalisent avant tout sur l'agressivité et la violence de la sexualité masculine, Giddens fait remarquer que la puissance virile exhibée dans ces histoires constitue une évidente garantie face à l'insécurité, sexuelle ou autre, ressentie par les hommes. Dans ces films, les personnages féminins (eux-mêmes invulnérables) neutralisent la vulnérabilité masculine en étant toujours réceptifs et pleinement satisfaits. L'homme ne souffre jamais de ne pas être à la hauteur, puisque la femme se trouve dans un état de béatitude extatique, état qu'il a lui-même produit. Elle renforce alors sa virilité.

Tandis que Nathan écoute ma rapide analyse de la pornographie, j'ai le sentiment qu'il pourrait tout aussi bien se trouver à des milliers de kilomètres. L'idée que *Gang Bang Busters 47* puisse avoir un rapport avec l'insécurité sexuelle des hommes ne lui convient pas. En revanche, il se reconnaît dans ce besoin d'un espace exempt d'émotions, où le sexe peut s'exprimer sans entraves et avec brutalité, et où toutes les vulnérabilités, les insuffisances et les dépendances – celles des hommes et celles des femmes – peuvent être pour un temps suspendues.

Si les cassettes n'avaient pas été là, je n'aurais sans doute pas eu à lancer cette discussion sur les habitudes cinématographiques de Nathan. En premier lieu, Nathan et Amanda ne sont pas ensemble depuis longtemps : ils sont encore en train de construire leur vie commune, de négocier une foule de choses dans leur relation. Je sens que les peurs d'Amanda, ses préjugés et son sens différent de l'esthétique, vont être de sérieux obstacles si elle veut accepter, sans se sentir pour autant menacée, ce qui excite Nathan en solitaire.

De son côté, Nathan n'est pas particulièrement réceptif à la sensibilité d'Amanda. Il se montre cavalier quant à l'effet que peuvent avoir sur elle toutes ces cassettes, et – contrairement à ses propres dénégations – assez évasif en faisant mine de ne pas comprendre ce que tout cela signifie. Quand il prétend trop aimer Amanda pour pouvoir l'érotiser de cette façon, il utilise un argument un peu facile. Exposer sa vie érotique intérieure comme il le fait demande plus de sensibilité et de tact qu'il n'en témoigne. De même, entrer dans le monde fantasmatique de son partenaire requiert plus de distance qu'Amanda n'en dispose.

Certaines personnes trouvent excitant de soulever le voile et de jeter un coup d'œil furtif sur les rêves secrets de leur partenaire. Pour d'autres, c'est un désastre. Pas seulement parce qu'elles échouent à enrichir ainsi leur complicité érotique, mais parce que cette connaissance des fantasmes de leur partenaire vient entamer de façon négative leur relation sexuelle. En revanche, quand ils sont reconnus et acceptés, cela peut permettre une enrichissante affirmation de soi. Même si le fantasme lui-même n'est pas forcément un scénario intime, le fait de le dévoiler exprime et nourrit une confiance et un amour profonds.

Néanmoins, entrer dans l'espace mental érotique de quelqu'un nécessite un effort de compréhension et un degré élevé de distance affective. Car on peut ne pas aimer ce qu'on entend, ne pas trouver cela attirant. Ce degré d'impartialité empreinte de compassion n'est pas facile à atteindre, surtout en ce qui concerne le désir. Si notre partenaire est excité par quelque chose qui nous demeure étranger, par quelque chose de différent, la tentation est grande de juger avant de s'interroger, ou de ne pas s'interroger du tout. Ce qui avait commencé par des questions ouvertes peut rapidement dégénérer en une fuite mutuelle et défensive. Quand la pensée érotique sent la critique, elle se cache. De privée, elle devient secrète.

Favorable à l'intimité individuelle, je préfère une approche prudente du dévoilement de soi en matière de sexualité. Explorer son propre érotisme ne veut pas dire le rendre public, et avouer un besoin ne signifie pas qu'on doit entrer dans les détails. Il existe de nombreuses manières de faire entrer nos identités érotiques dans nos relations intimes : toutes ne requièrent pas de mots ou d'exposé littéral. La façon d'y parvenir repose sur la relation elle-même et sur la compatibilité des deux partenaires.

Les tabous culturels qui entourent le fantasme sexuel sont si forts que la seule idée d'en parler suscite l'anxiété et la honte. Cependant, les fantasmes offrent des repères pour appréhender nos préoccupations psychologiques et culturelles : les explorer peut amener à une plus grande conscience de soi, un pas essentiel pour susciter le changement. En contenant notre érotisme intérieur, nous vivons une sexualité tronquée, dénuée d'intensité, et pas vraiment intime. Les gens ne voient pas que l'ennui et la monotonie des relations sexuelles sont souvent la conséquence d'une imagination bloquée.

Notre imagination érotique est une forme d'expression débordante de vitalité, et un des outils les plus puissants pour maintenir le désir en vie. Laisser s'exprimer nos fantasmes peut nous libérer des nombreux obstacles personnels et sociaux qui se trouvent sur le chemin du plaisir. Comprendre ce qu'ils sont pour nous nous aidera à comprendre ce que nous cherchons, tant sur le plan sexuel qu'affectif. Dans nos rêveries érotiques, nous trouvons l'énergie de rester passionnément attentifs à notre propre sexualité.

10

L'ombre de l'Autre

Réinventer la fidélité

« Question : Existe-t-il des secrets pour une relation durable ?
Réponse : L'infidélité. Non pas l'acte en lui-même, mais la menace. Pour Proust, une dose de jalousie est la seule chose capable de venir en aide à une relation gâchée par l'habitude. »

Alain de BOTTON

« Les chaînes du mariage sont si lourdes qu'il faut être deux pour les porter ; quelquefois trois. »

Alexandre DUMAS

Le Talmud, la grande compilation de la tradition rabbinique, raconte la parabole suivante. Chaque nuit, Rabbi Bar Ashi se prosterne devant le Dieu miséricordieux et le supplie d'être épargné par le désir démoniaque. Quand sa femme le surprend, elle pense : « Cela fait des années qu'il ne m'a pas touchée. Pourquoi fait-il ça ? » Un jour, alors qu'il est en train d'étudier dans le jardin, elle s'habille comme Haruta et va à la rencontre de Rabbi Bar Ashi (Haruta est le nom de la prostituée par excellence dans l'ancienne Babylone ; le mot veut également dire « liberté » en hébreu).

— Qui es-tu ? demande celui-ci.

— Je suis Haruta, répond-elle.

— Je te veux, ordonne-t-il.

— Apporte-moi la grenade qui pousse sur la plus haute branche de l'arbre, exige-t-elle à son tour.

Il lui apporte la grenade, et la possède.

Quand Rabbi Bar Ashi rentre chez lui, sa femme est en train de faire du feu. Il s'élance et veut se jeter dedans.

— Pourquoi fais-tu ça ? lui demande sa femme.

— Parce que j'ai fauté, confesse-t-il.

— Mais c'était avec moi !

— Il n'empêche. J'ai voulu ce qui était interdit.

Une monogamie monolithique

Quand il se forme, un couple doit gérer des problèmes de limites : celles qui définissent ce qui est autorisé et ce qui est interdit. Au début d'une histoire, on distingue une personne parmi d'autres. Puis on dessine des contours autour de cette union bienheureuse. Et les questions surgissent : « Que suis-je libre de faire tout seul et que dois-je partager avec toi ? Devons-nous aller nous coucher en même temps ? Viendras-tu chaque année fêter Noël avec ma famille ? » Parfois, nous négocions ces arrangements de façon explicite, mais, le plus souvent, nous procédons par tâtonnements. Nous cherchons à savoir jusqu'où aller sans déclencher l'alarme connectée à la sensibilité de l'autre. « Pourquoi ne m'as-tu pas demandé de venir avec toi ? Je pensais qu'on voyagerait ensemble. » Un regard, un commentaire, un silence offensé : autant d'indices à interpréter. Par intuition, nous savons combien de fois il faut se voir, se parler, ce qu'il faut partager. Nous passons au crible nos amitiés respectives, et nous évaluons leur importance maintenant que l'autre est là pour nous et que nous sommes là pour lui. Nous mettons de l'ordre dans nos relations avec nos anciens amants : sommes-nous au courant de ce qui leur arrive, est-ce que nous leur parlons, est-ce que nous les voyons ? Avec discrétion ou bien cartes sur table, nous délimitons des zones privées et des zones communes.

La fidélité, parce qu'elle renforce le couple, est la limite reine. Traditionnellement, la monogamie consistait à n'avoir qu'un seul partenaire sexuel pour la vie, comme les cygnes et les loups. Aujourd'hui, elle signifie avoir un seul partenaire à la fois (même la monogamie des cygnes et des loups s'est révélée n'être qu'une apparence). Ainsi, une femme qui se marie, divorce, reste célibataire un moment, a plusieurs amants successifs avant de se remarier, de divorcer de nouveau, et enfin de se marier une troisième fois, correspond néanmoins aux critères de la monogamie, à condition qu'elle ait accordé l'exclusivité sexuelle à chacun de ses partenaires. En revanche, un homme qui vit en couple depuis quinze ans, mais qui s'est autorisé un unique rendez-vous galant, est facilement mis au rang des infidèles. Quand on trompe, on trompe.

Comme le chantait Bob Dylan, *The times they are a-changing*[1]. Au cours des cinquante dernières années, de nouvelles formes conjugales et familiales sont venues enrichir notre vie : aujourd'hui, on peut faire un mariage hétérosexuel, homo ou transsexuel, s'unir sur un plan purement domestique, être des parents célibataires, des beaux-parents, des parents adoptifs, ou encore être en couple sans avoir d'enfant. Les mariages successifs et les familles recomposées sont devenus courants. Il est possible de cohabiter sans jamais se marier, ou d'être mariés sans vivre ensemble, en passant seulement quelques brefs moments sous le même toit. Habitués à la fragilité des unions, nous passons à présent des accords prénuptiaux et nous acceptons les divorces sans faute. Tout cela a redéfini les limites à la fois au sein du couple et entre le couple et le monde extérieur. Cependant, en dépit de notre attitude souple vis-à-vis du mariage, nous continuons contre vents et marées à exiger la monogamie. À de rares exceptions – stars de cinéma, vieux hippies ou noceurs qui couchent à droite et à gauche –, les frontières autour de l'exclusivité sexuelle demeurent rigides.

Notre histoire d'amour avec la monogamie a sans doute un prix. Comme le dit la thérapeute brésilienne Michele Scheinkman : « La culture américaine tolère très bien le divorce – où il y a rupture complète du lien de loyauté et de douloureuses conséquences pour toute la famille – mais en aucun cas l'infidélité sexuelle. »

---

1. « Les temps changent » (*N.d.T.*).

Nous préférons tuer une relation plutôt que de mettre en cause son fondement.

Notre foi en la monogamie est si bien installée que beaucoup de couples, pour la plupart hétérosexuels, abordent rarement le sujet de façon ouverte. Pourquoi discuteraient-ils de quelque chose de donné ? Même ceux qui sont par ailleurs désireux d'explorer la sexualité dans toutes ses variations répugnent souvent à négocier vraiment l'exclusivité sexuelle. La monogamie a quelque chose d'absolu. On ne peut être monogame la plupart du temps, à 98 %, ou de façon périodique. Discuter de la fidélité implique que celle-ci reste ouverte à la discussion, et ne constitue plus un impératif. La perspective d'être trahi étant trop sombre, nous évitons le sujet avec un art consommé du déni. Nous redoutons que la plus infime fissure dans notre armure ne provoque l'avènement de Sodome et Gomorrhe.

En dépit d'un taux de 50 % de divorces pour les premiers mariages et de 65 % pour les deuxièmes[1], du nombre ahurissant d'aventures extraconjugales et du fait que la monogamie soit un navire qui prend l'eau à une vitesse telle que personne ne peut écoper, nous continuons malgré tout à nous cramponner à l'épave, avec une foi absolue en sa bonne santé structurelle.

Trouver l'élu

Historiquement, la monogamie était un système imposé de l'extérieur, nécessaire pour contrôler la

1. Aux États-Unis (*N.d.T.*).

reproduction des femmes : « Cet enfant est-il le mien ? Qui héritera du bétail quand je mourrai ? » La fidélité, pilier de la société patriarcale, était liée au lignage et à la propriété ; elle n'avait rien à voir avec l'amour. Lorsque le mariage a cessé d'être un accord contractuel pour se changer en une affaire de cœur, la loyauté est devenue une expression mutuelle d'amour et d'engagement. La fidélité – à l'origine une interdiction sociale touchant les femmes – est aujourd'hui, dans les sociétés occidentales du moins, un choix personnel pour les deux sexes. La conviction s'est substituée à la convention.

De nos jours, nous sommes nos propres entremetteurs. Puisque nous ne sommes plus dans l'obligation d'épouser quelqu'un par devoir, nous déterminons nous-mêmes un nouvel idéal, correspondant à ce que nous voulons – et à ce que nous voulons en abondance. Nous continuons d'inclure dans la liste de nos desiderata tout ce que la famille traditionnelle était autrefois censée procurer (sécurité, enfants, propriété, respectabilité), mais, en plus, nous voulons que notre tendre moitié nous aime, nous désire et s'intéresse à nous. L'autre doit être notre confident, notre meilleur ami ainsi qu'un amant passionné, et *vice versa*. C'est la promesse que nous fait le mariage moderne : il existe quelqu'un, là, quelque part, avec qui cela sera possible. Tout ce que nous avons à faire, c'est trouver cette personne. Cette idée est tellement ancrée en nous que ceux qui sont désenchantés font le choix du divorce ou de l'adultère, non parce qu'ils remettent en question les institutions, mais parce qu'ils pensent avoir choisi la mauvaise personne pour atteindre le nirvana. La prochaine fois, ils ne se tromperont pas.

De cette façon, l'accent est toujours mis sur l'objet de notre amour, et non sur notre capacité à aimer. Le psychologue Erich Fromm remarque que nous pensons qu'il est facile d'aimer mais difficile de trouver la bonne personne. Une fois que nous aurons trouvé l'« élu », nous n'aurons plus besoin de rien.

L'exclusivité que nous cherchons dans la monogamie trouve ses racines dans nos toutes premières expériences de l'intimité. Comme l'écrit la psychanalyste Nancy Chodorow : « Cette tendance primaire – je serai toujours aimé, partout, de toutes les façons, mon corps tout entier, tout mon être, sans aucune critique, sans le plus petit effort de ma part – peut se lire dans tous nos efforts érotiques. » Une fois adultes, nous essayons de retrouver dans l'amour cette unité primordiale que nous ressentions avec notre mère. Le bébé ne connaît pas la séparation : pour reprendre les mots magiques du conte, « il était une fois » une personne dont le rôle consistait à être toujours là pour lui. Dans la communion extatique entre la mère et son enfant, il n'y a pas de brèche. Pour le nouveau-né, la mère est tout à la fois indissociable de lui et sans limites : sa peau, sa poitrine, sa voix, son sourire, tout est pour lui. À cette époque, nous étions repus et satisfaits. Et, au fond de nous, nous n'avons jamais oublié cet Eden. Ceux d'entre nous qui n'ont pas connu cet état idyllique, et dont les mères étaient indisponibles, inconstantes, absentes ou égoïstes, sont souvent les plus déterminés à trouver le partenaire idéal.

La question demeure : l'unité que nous nous évertuons à retrouver n'est-elle qu'un fantasme ? Pour l'enfant, la mère est le but suprême. Mais la mère, elle, a toujours été en rapport avec d'autres personnes. Elle a même eu un amant jaloux, notre père : maman n'a jamais été totalement fidèle, même pas dans le conte.

Ainsi, le spectre de la trahison est là depuis le début. Nous avons grandi avec lui. Notre mode de vie moderne, qui nous isole davantage, ne fait qu'amplifier cette insécurité diffuse à l'arrière-plan de notre possessivité teintée de romantisme. La peur de la perte et de l'abandon renforce notre volonté de maîtriser la fidélité. Dans une société où tout est jetable, où les réductions d'effectifs nous confirment à quel point nous ne sommes pas irremplaçables, notre besoin de nous sentir en sécurité dans notre relation principale est d'autant plus grand. Plus nous nous sentons minuscules dans le monde, plus nous avons besoin de voir les yeux de notre partenaire briller d'amour pour nous. Nous voulons être sûrs de compter et d'être uniques, au moins pour *une* personne. Nous voulons ainsi nous accomplir, franchir les murs qui nous enferment dans notre solitude.

Peut-être est-ce pour cela que notre insistance à exiger l'exclusivité sexuelle est si entière. Puisque la sexualité adulte recrée pour un temps cette forme primitive de fusion (le mélange des corps, le sein dans notre bouche, la pleine satisfaction de nos besoins), imaginer celui que nous aimons dans d'autres bras produit sur nous l'effet d'un cataclysme. Alors, il nous semble qu'il n'y a pas de plus grande trahison que la trahison sexuelle.

La monogamie, en tant que marque de notre singularité, est par conséquent la vache sacrée de l'idéal romantique : nous avons été choisis et d'autres ont été éconduits. « En tournant le dos à d'autres amours, tu renforces le sentiment que j'ai d'être unique ; mais quand ton esprit ou tes mains se promènent ailleurs, je suis anéanti. Inversement, si je ne me sens plus spécial, mes propres mains et mon propre esprit se mettent à fourmiller de curiosité. » Le désillusionné est enclin à vagabonder : quelqu'un pourra-t-il lui redonner confiance ?

Le jackpot matrimonial

Doug a rencontré sa première femme à l'université. Ils s'entendaient bien, mais leur vie sexuelle n'a jamais été particulièrement intéressante. Au bout du compte, ils ont tout arrêté : mariage et sexe. Il a eu ensuite quelques histoires passionnées qui l'ont fait renaître sur le plan sexuel, mais épuisé sur celui de l'émotion. Il a ensuite rencontré Zoé, une énergique et joyeuse infographiste dotée de ce qu'il appelle un « quotient névrotique bas ». Il poursuit :

— Vous voyez ce genre de fille : réaliste, pragmatique, et déchaînée au lit, explique-t-il. J'ai pensé que j'avais touché le jackpot matrimonial.

Quelques années après leur mariage, Zoé a cessé de déployer le même enthousiasme. Elle demeure pleine d'énergie mais, pour l'essentiel, la dirige ailleurs. Les enfants réclament son attention, son travail lui prend toute sa créativité. Quant à sa famille taille XL (ses parents, ses cinq sœurs et tous leurs enfants), elle est au centre de sa vie sociale. Doug a l'impression de passer inaperçu. Sans le sexe pour le distinguer de toutes ces personnes présentes dans la vie bien remplie de sa femme, il se sent de moins en moins à sa place, un peu comme un figurant.

Dans les années qui suivent, l'irritabilité de Doug ne fait que croître, ponctuée par de brefs moments de séduction qu'il essaie d'organiser. Il passe avec Zoé des week-ends romantiques, choisit avec soin les DVD de la semaine, lui achète des boucles d'oreilles parce qu'elle aime ces petites babioles. Dans l'ensemble, Zoé joue le jeu, mais plus Doug la poursuit de ses assiduités, plus il réalise combien il doit déployer d'énergie, et cela le déprime. En dépit de tous ses efforts, il ne réussit pas à rallumer le feu crépitant dont il a besoin. Plus il essaie de combler le fossé, plus lui-même se sent vide. Alors, il commence à regarder ailleurs. Et quand ses yeux se posent enfin sur quelqu'un, ce n'est pas sur Zoé, mais sur Naomi.

Cette superbe rousse, qui travaille avec lui, n'a pas misé sur la subtilité pour faire comprendre à Doug qu'il l'attirait. Trouvant sans cesse de bons prétextes pour entrer dans son bureau, elle y traîne ensuite un long moment. Elle lui dit qu'elle est impressionnée par la manière dont il s'y prend avec leur patron, qu'elle aime son costume, elle lui demande s'il porte de nouvelles lunettes… Ils déjeunent ensemble, puis ils prennent un verre… Et voilà comment débute une liaison qui va durer cinq ans. Le sexe entre eux est explosif, mais ce n'est pas la question. Il s'agit plutôt d'attention, d'ivresse de l'interdit. Avec Naomi, qui éveille l'intérêt des hommes, Doug se sent irrésistible. Ne lui manque-t-il pas durant le week-end ? N'est-elle pas jalouse de son autre vie ? Même si la possessivité de sa maîtresse l'épuise et l'ennuie parfois, elle renforce à ses yeux le sentiment qu'il a de sa valeur.

Lorsque Doug vient me voir, il parvient difficilement à gérer les contradictions de sa vie. Son mariage, supposé être monogamique, ne l'est pas, et sa liaison, par définition non monogamique, vient de prendre fin parce qu'il ne pouvait répondre à la demande de fidélité de Naomi.

— Tout ça est complètement fou, me dit-il. Naomi voulait que j'arrête de coucher avec Zoé, et je lui ai dit que c'était impossible. Alors elle a commencé à voir quelqu'un d'autre, et elle parle maintenant de mariage. Elle refuse de faire l'amour avec moi et garde le secret absolu sur sa relation avec Evan. Ma jalousie vire à l'obsession. Penser à elle dans les bras d'un autre homme me rend dingue.

— J'espère que vous percevez l'ironie de la situation, lui dis-je. Vous demandez une fidélité dans un espace régi par l'infidélité.

— Oui, mais c'est *son* infidélité, pas la mienne, répond-il.

— Ah oui, j'oubliais qu'il y avait deux poids deux mesures. Vous attendez d'elle et de Zoé qu'elles vous soient loyales toutes les deux, alors que vous ne l'êtes envers aucune ?

— D'une certaine façon, oui. Ce n'est pas un accord très équitable, je sais. Croyez-moi, je n'en suis pas fier.

— Dans ce cas, pourquoi n'avez-vous pas quitté Zoé ? Si vous étiez si bien avec Naomi, pourquoi n'avez-vous pas suivi le buisson ardent, ce feu qui ne s'éteint jamais ?

— J'aime Zoé, dit Doug, choqué par ce que je viens de dire et ce que cela implique. Je n'ai jamais vraiment voulu en finir avec notre mariage. Je m'entends bien avec ma femme, et je ne veux pas vivre loin des enfants. Et, de toute façon, le mariage serait un désastre pour Naomi et moi.

— Votre liaison ne vous sert donc pas à sortir de votre mariage. Elle joue plutôt le rôle d'un stabilisateur : la troisième personne aide les deux autres à rester ensemble, c'est ça ?

— Je ne sais pas, peut-être. À vrai dire, je n'y ai jamais pensé. Je l'ai fait, c'est tout. J'ai suivi mon instinct, et maintenant je me sens minable.

Tout sur la liaison

D'une certaine façon, je pense que Doug aimerait que je lui confirme qu'il a vraiment fait quelque chose de mal : il a trahi ses vœux, péché moral sans équivoque. Mais une condamnation en bloc nous éloignerait trop aisément des véritables problèmes qui se cachent derrière son comportement. Je préfère adopter une position morale neutre qui nous laisse libres d'explorer la signification de sa liaison, plutôt que ses implications éthiques. Une fois que Doug aura compris les raisons qui l'ont poussé dans les bras de Naomi, il pourra tirer ses propres conclusions au sujet de ce qu'il a fait et de ce qu'il va faire.

Les gens ont des aventures pour des tas de raisons : l'amour qui se dégrade, la volonté de se venger, des désirs insatisfaits, ou bien tout simplement cette bonne vieille envie sexuelle. Une liaison est parfois une quête d'intensité, parfois une rébellion contre les limites du mariage. La transgression agit comme un aphrodisiaque, et les secrets deviennent une source d'autonomie. Ceux-ci peuvent également être le signe d'une réaction brutale contre le manque d'intimité. Quoi de plus émoustillant que de murmurer au téléphone, enfermé dans la salle de bains ? La mère de famille soucieuse peut enfin se sentir de nouveau femme : son amant ne sait rien de ses tracas quotidiens, du jeu de Lego cassé ou du plombier qui n'est pas venu pour la deuxième fois consécutive.

Une liaison illicite peut avoir des effets catastrophiques, mais elle peut aussi être une libération, procurer force et guérison. Souvent, elle est tout cela en même temps. Lorsque l'intimité s'est envolée, qu'on ne se parle plus, qu'on ne se touche plus depuis des années, on est plus vulnérable face à la gentillesse des autres. Quand les enfants sont tout petits, le regard d'un amant ou d'une maîtresse peut être un vrai stimulant. Et quand ils sont plus âgés et quittent la maison, les parents désemparés peuvent chercher ailleurs un moyen d'être comblés. Il suffit que notre santé nous trahisse, que la mort vienne nous effleurer, pour que nous nous sentions envahis par une bouffée d'insatisfaction, que nous soyons saisis par la faim de quelque chose de meilleur. Certaines liaisons sont des actes de résistance, alors que d'autres commencent au moment où, justement, nous n'offrons aucune résistance. Elles peuvent alerter sur l'état d'un mariage, pointer un besoin urgent d'attention, ou encore sonner le glas d'une relation qui ne va pas tarder à rendre le dernier soupir.

Je conteste l'idée répandue selon laquelle l'infidélité est toujours le symptôme de problèmes plus profonds au sein du couple. Les aventures sont motivées par d'innombrables forces, qui toutes ne sont pas liées aux imperfections du mariage. Il se trouve que beaucoup de gens qui commettent un adultère sont raisonnablement satisfaits de leur couple. Comme Doug. Pourtant, celui-ci veut davantage. Mais quoi, au juste ?

Sans pouvoir le définir avec précision, il explique qu'il voudrait avoir des relations sexuelles plus fréquentes avec sa femme.

Doug et moi explorons l'anatomie de sa passion, et je finis par comprendre quels besoins se sont exprimés à travers sa tumultueuse histoire avec Naomi. Pour Doug, la sexualité est un sanctuaire, elle le nourrit émotionnellement. C'est une forme d'amour incarné, grâce à laquelle il atteint un état d'oubli de soi qui le met en harmonie avec le monde. La passion lui permet d'alléger le poids de l'insupportable solitude existentielle.

— Pour une raison ou pour une autre, cette forme de concentration absolue, d'attention totale, me libère de moi-même. Cela efface tout, je cesse de penser, et la sensation s'empare de mon corps tout entier et rejaillit. Mais ce qui se passe n'est pas descriptible.

Faire l'amour englobe tout. Avec Naomi, Doug peut maintenir la puissance de cette sexualité transcendante. D'abord parce que tous les deux sont compatibles érotiquement, mais surtout parce que la structure même de leur liaison, et de toute liaison en général, conduit à la passion.

Avoir une liaison implique un risque, un danger, une perturbation. Ce sont là des éléments qui alimentent l'excitation. Dans l'univers retranché de l'amour adultère, on est à l'écart du reste du monde, et le lien se trouve renforcé par le secret qui l'entoure. Puisqu'elle n'est jamais exposée au grand jour, la magie de l'autre est préservée. Savoir si nos amis aiment ou non notre amant ou notre maîtresse ne nous inquiète pas, puisque personne ne les connaît. Les liaisons s'épanouissent aux marges de nos vies, merveilleusement loin des rendez-vous chez le dentiste, des impôts et des factures à payer.

Puis, il y a les barrières dont il faut venir à bout. En effet, pour se voir, il faut faire un effort, parfois énorme. On doit traverser des épreuves, jongler avec les emplois du temps, se rencontrer dans des endroits sûrs, inventer des excuses. Et ce zèle inlassable constitue pour les amants le témoignage constant de l'importance qu'ils ont l'un pour l'autre. Sous cet éclairage, l'infidélité de Doug est une tentative pour retrouver ces choses qu'il a connues autrefois avec sa femme et sans lesquelles il ne peut vivre : le sens de sa propre valeur, un sentiment de solidité, et le soulagement de ne plus se sentir seul.

Retour à la maison

Quand sa liaison prend fin, le mariage de Doug est réduit à sa plus simple expression. Zoé et lui se montrent cordiaux l'un envers l'autre, respectueux, et même affectueux à l'occasion, mais émotionnellement, c'est le désert. Ils se sont habitués au flou qui entoure les absences répétées de Doug. Les avances de celui-ci envers sa femme se font rares, il est distrait. Il a peur de se trahir en faisant un lapsus ; son secret prend de plus en plus de place dans son mariage, réduisant comme une peau de chagrin les sujets qu'il peut librement aborder avec Zoé : les enfants, le Président, le temps qu'il fait.

En essayant de mettre au jour ce qui a provoqué sa liaison avec Naomi, je comprends pourquoi Doug a choisi de rester avec sa femme, et non de se battre pour sa maîtresse. Pour lui, Zoé représente la terre ferme. Son aptitude à relativiser lui procure une certaine tranquillité. Dormir d'une traite toute la nuit, se lever le matin, tout cela est facile pour elle. Elle est rarement dépassée par les événements. Avec Naomi, Doug a peut-être trouvé la pièce qui lui manquait mais, avec Zoé, il a le reste du puzzle.

Doug et moi parlons de la manière dont son idéal conjugal sert de fondement à son mariage, dans lequel il voudrait trouver passion et tendresse. Il voudrait que la table de cuisine soit l'autel d'une fusion charnelle pendant la nuit, et le support de petits déjeuners radieux avec ses enfants, le lendemain matin. Mais Doug n'a probablement jamais eu avec Zoé la même intensité que celle qu'il a connue avec Naomi. Les liaisons portent en elles la flamme de la passion : le secret, le tourment, la culpabilité, la transgression, le danger, le risque et la jalousie sont des combustibles hautement inflammables, un vrai cocktail Molotov, une explosion d'érotisme bien trop menaçante pour trouver sa place dans un foyer avec enfants.

Tandis que Doug met au clair ce qu'il peut raisonnablement attendre de son mariage, une nouvelle série de questions émerge : Quelles sont les options qui s'offrent à lui maintenant qu'il a choisi de rester ? Peut-il admettre ses désirs sans pour autant les suivre ? Va-t-il continuer à gérer sa polygamie en secret, à l'insu de Zoé, comme il est typique de le faire lorsqu'on a une liaison ? Ou bien va-t-il opter pour un dialogue franc sur les frontières sexuelles de leur mariage ? Doit-il révéler son infidélité pour se rapprocher de sa femme ? Et que peut-il faire de sa culpabilité ?

Chaque jour, les réponses sont différentes. La

semaine dernière, il avait l'impression qu'il ne pourrait plus jamais regarder Zoé dans les yeux sans lui dire la vérité. Aujourd'hui, il lui semble que la plus belle preuve d'amour serait de garder ses aveux pour lui.

— Est-ce que je dois lui briser le cœur juste pour soulager ma conscience ? Parfois, je pense qu'elle sait tout depuis le début, et que la seule raison pour laquelle elle ne m'a pas quitté, c'est que je n'ai rien dit. Au moins, de cette façon, elle peut s'accrocher à sa dignité.

La plupart des thérapeutes conjugaux américains pensent que les aventures doivent être révélées si l'on veut reconstruire l'intimité. Cette idée va de pair avec notre modèle de l'intimité amoureuse, qui célèbre la transparence : ne pas avoir de secrets pour l'autre, ne pas mentir, tout partager. De fait, certaines personnes condamnent davantage la duperie que la faute elle-même : « Ce n'est pas parce que tu m'as trompé, c'est parce que tu m'as menti ! » Dans ce mode de pensée, le respect est étroitement lié à l'honnêteté, sans laquelle la responsabilité individuelle ne peut exister. La dissimulation, le mensonge ou tout autre forme de supercherie sont autant de marques d'irrespect. On ne ment qu'à ceux qui sont en dessous de nous : enfants, électeurs, employés.

Dans d'autres cultures, le respect passe davantage par la délicatesse du mensonge dont le but est de préserver l'honneur de l'autre partenaire. Une opacité protectrice est préférable à une vérité humiliante. Ainsi, la dissimulation ne maintient pas seulement l'harmonie conjugale, elle est aussi un témoignage de respect. Mes propres influences culturelles me permettent d'approuver la décision de Doug de garder le silence, et je l'encourage par ailleurs à trouver d'autres voies pour se rapprocher de sa femme. Son mariage est sur

« pause » depuis un moment, il est temps pour lui d'appuyer sur « play ».

Doug se réinvestit dans sa relation avec Zoé. Disposant désormais de plus de temps, il dirige de nouveau son énergie impétueuse vers sa femme. Celle-ci feint la surprise devant le soudain retour de son Ulysse, mais, derrière son attitude ironiquement nonchalante, Doug sait qu'elle est soulagée. Je l'encourage aussi à s'impliquer davantage auprès de ses enfants, à la maison et dans les relations sociales de leur couple, en espérant qu'ainsi allégée d'une part du fardeau domestique, Zoé pourra s'ouvrir à l'érotisme.

Lors d'une de ses tentatives pour être plus prévenant, Doug demande à Zoé si elle s'est jamais sentie attirée par d'autres hommes. Elle lui fait une réponse sibylline qui le déconcerte quelque peu : « Oui et non. Et qu'est-ce que ça peut te faire ? »

— Pour vous qui avez vécu dans le mystère, lui dis-je, il est facile d'imaginer que vous êtes le seul à avoir des secrets, le seul à être rebelle, et que votre femme a attendu que vous rentriez à la maison, telle une Pénélope assise devant son métier à tisser. Elle a peut-être des secrets à elle, des fantasmes où les hommes lui offrent ce que vous ne pouvez pas lui donner.

Le mariage est imparfait. Nous entamons l'aventure avec un désir d'unité, avant de découvrir ce qui nous sépare. Nos peurs sont attisées par la perspective de toutes ces choses que nous n'aurons jamais. Nous nous battons. Nous fuyons. Nous en voulons à notre partenaire parce que nous ne nous sentons pas épanouis. Nous regardons ailleurs. Trop de gens restent tristement coincés dans cet état d'esprit, jusqu'à ce que leurs cheveux blanchissent ou tombent. D'autres pleurent la perte de leur rêve, puis finissent par accepter le choix qu'ils ont fait. L'amour s'ancre alors dans l'acceptation. Quand Doug a appris à se connaître, et à reconnaître Zoé pour ce qu'elle était, il a enfin pu faire de leurs différences une source de richesses.

L'ombre de l'Autre

L'Autre vit à la lisière de chaque couple. Il est le petit copain du lycée dont on n'a pas oublié les caresses, la jolie caissière, le séduisant instituteur avec lequel on flirte en allant chercher son fils à l'école. Ou bien l'inconnu souriant du métro. Ou encore la strip-teaseuse, la star du porno, la prostituée, qu'on les touche ou non. L'Autre est l'homme sur lequel une femme fantasme quand elle fait l'amour avec son mari. Ou bien la créature de rêve qu'un homme va trouver sur Internet. Réel ou imaginé, incarné ou non, l'Autre est le pivot autour duquel un couple trouve son équilibre. Il est la manifestation de notre désir pour ce qu'il y a derrière la barrière : l'interdit.

Il n'y a pas de liaison sans l'Autre, mais il n'y en a pas non plus sans la femme légitime. Certes, Naomi représente la part d'ombre dans le mariage de Doug, mais Zoé est au centre de la liaison de son mari. Car la jalousie de l'amant ou de la maîtresse repose sur l'existence du conjoint. Sans lui, toute la possessivité des amants enflammés, leur passion et leur folie vont se ternir. Peut-être est-ce pour cela que peu de liaisons survivent à la mort du mariage à l'ombre duquel elles sont nées. Dans une aventure, le vrai test de l'amour débute quand l'obstacle est levé.

Toutes les relations vivent à l'ombre de l'Autre, car c'est lui qui soude le couple. Voici ce qu'écrit Adam Phillips dans son ouvrage *Monogamie* : « La vie de couple se nourrit du fait de résister à l'intrusion de troisièmes larrons. Les couples doivent encourager les troisièmes larrons afin de continuer à leur résister. Les gens fidèles gardent toujours un œil sur l'ennemi, ils le surveillent. [...] À deux, on entretient une relation ; à trois, on forme un couple. »

Dans ces conditions, que doit faire un couple ? Beaucoup de mes patients refusent de reconnaître l'existence de l'Autre. Ils sont attirés par le leurre de l'unité, unité qui permettrait de se passer des autres. L'amour parfait se suffit à lui-même. Et cette fusion est si fragile que la présence d'un tiers, même fantasmée, est assez puissante pour la briser.

C'est ce que le film de Stanley Kubrick, *Eyes Wide Shut*, illustre de façon poignante. Bill et Alice rentrent tout juste d'un réveillon de Noël somptueux et raffiné où ils ont eu une conversation sur le sexe. Bill a toujours supposé qu'Alice, tout comme lui, était par essence incapable d'infidélité : « Tu es ma femme et la mère de mon enfant et je suis sûr de toi. Tu ne seras jamais déloyale. Je suis sûr de toi. » Alice, offensée par la certitude de son mari, et enhardie par le joint qu'ils viennent de fumer, décide d'éclairer Bill sur cette question. Avec un luxe douloureux de détails, elle lui explique combien la présence de l'Autre peut être puissante, y compris quand elle n'est rien de plus qu'un mirage. Elle lui raconte qu'un officier de la marine a un jour suscité en elle un fantasme troublant. Cet homme, elle l'a désiré de loin et ne l'a jamais rencontré. Pourtant, l'emprise immédiate qu'il a exercée sur elle était si forte qu'elle aurait tout abandonné s'il le lui avait demandé. Alice ajoute que c'est arrivé un jour où Bill et elle venaient de faire l'amour, et que Bill ne lui avait jamais paru plus précieux.

Bill est bouleversé par la révélation de sa femme. Tout le reste du film, il cherche à se venger de cette trahison et à restaurer l'ordre au sein de son univers ravagé. Ce qui me frappe, c'est que, pour lui, un fantasme constitue la même infraction qu'une aventure réelle.

Bill ressemble à beaucoup des conjoints que je rencontre. Sa sécurité ne dépend pas seulement de ce que fait Alice, mais aussi de ce qu'elle pense. Les fantasmes de sa femme sont la preuve qu'elle est libre et qu'elle possède une individualité irréductible, et cela l'effraie. L'irruption de l'Autre met soudain en lumière d'autres possibilités, d'autres choix que nous n'avons pas faits ; en cela, il est étroitement lié à la liberté de chacun. Comme l'écrit Laura Kipnis : « En effet, après tout, qu'y a-t-il de plus anxiogène que la *liberté* de celui ou de celle avec qui on vit, libre de ne pas vous aimer, ou de ne plus vous aimer, ou d'en aimer un autre, ou de devenir une autre personne que celle qui avait juré de vous aimer éternellement et qui aujourd'hui... pense autrement ? »

Si Alice peut penser à d'autres hommes, elle peut aussi en aimer un autre que Bill, et cela lui est intolérable.

La forteresse de l'amour

La menace que l'Autre représente est intrinsèque à l'expérience de l'amour. Même un mariage sous haute surveillance ne peut dissiper cette anxiété. Pourtant, certains essaient vraiment : « Tu es restée avec ce type pendant un bon moment. De quoi parliez-vous ? », « Tu as passé beaucoup de temps sur l'ordinateur. C'est uniquement pour le boulot ? », « Où étais-tu ? », « Qui était là ? », « Je t'ai manqué ? »… Beaucoup de ces questions se situent à la frontière de l'intimité et de l'intrusion. Nous prétendons être attentifs en les posant, alors qu'en réalité nous avons peur.

Nous fixons des règles dans l'espoir que notre partenaire s'y conformera. Pour nous assurer de sa loyauté, nous agissons préventivement en lui tenant la bride haute. Le désir est indiscipliné ; nos actes, eux, peuvent obéir à la raison et sont donc plus facilement contrôlables. Ainsi, pas question d'avoir des amis du sexe opposé, d'aller seul au cinéma avec untel, de regarder une vidéo séparément, d'entrer dans un club de striptease sauf pour les enterrements de vie de garçon, d'admirer des gogo-dancers, de porter une robe transparente, d'évoquer ses ex avec tendresse, encore moins de les voir quand ils sont de passage près de chez nous.

Lorsque l'anxiété est trop grande, nous utilisons un moyen de surveillance plus élémentaire : l'espionnage. Nous étudions alors les reçus de carte bancaire et les appels passés depuis le portable, vérifions l'historique des recherches sur Internet, examinons la jauge du réservoir d'essence : nous fouillons tout à la recherche d'informations. Mais, invariablement, ces stratégies sont inefficaces. Les interrogatoires, les injonctions, et même les preuves les plus irréfutables ne peuvent apaiser la peur primaire que nous inspire la liberté de notre partenaire : la personne que nous aimons peut désirer quelqu'un d'autre.

Les problèmes surgissent lorsque la monogamie

cesse d'être une libre expression de la loyauté pour devenir une forme de consentement forcé. Un contrôle excessif peut préparer le terrain à ce que Stephen Mitchell appelle des « gestes de défi tonitruants ». Quand la présence de l'Autre est niée dans le couple, certaines personnes décident de la gérer de leur côté. Aventures, rencontres sur Internet, clubs de strip-tease, rapports sexuels pendant des voyages d'affaires, autant de transgressions courantes qui permettent d'instaurer une distance psychologique vis-à-vis d'une relation envahissante. Lorsque l'Autre est exclu du mariage, on va le chercher au dehors.

Un « nous » invincible

En théorie, nous comprenons que chacun a droit à son intimité, mais, en pratique, c'est bien plus délicat. La psychologue Janet Reibstein note que notre modèle romantique du mariage, très axé sur l'unité et l'honnêteté, « déchiffre bien mieux les critères de l'intimité que ceux de l'autonomie ». L'accent est mis sur la construction de l'intimité, et non sur le respect de chaque individualité. Ceux de mes patients qui adhèrent sans retenue à cette philosophie finissent par avoir l'impression que leurs aspirations individuelles, et celles de leur partenaire, ne sont plus légitimes. Le « nous » invincible a supplanté le « je » chétif.

Nick se sent frustré parce que sa petite amie se couche tôt.

— Elle est danseuse et va au lit à 21 heures. Je ne peux pas m'endormir aussi tôt, alors je reste là à ne rien faire.

Je lui demande s'il lui arrive de sortir avec ses amis après qu'elle s'est couchée.

— Je peux faire ça ? demande-t-il avec stupéfaction.

L'idée de sortir sans son amie – ou même de simplement lui poser la question – ne lui était jamais venue à l'esprit.

Leila a l'habitude d'aller danser avec Mario depuis que les raves sont à la mode. Mais quand elle a commencé à sortir avec Angela, qui ne sait pas enchaîner deux pas de danse et ne supporte pas la musique agressive, elle s'est sentie gênée par ses rendez-vous hebdomadaires avec Mario. Parce qu'elle ne voulait pas blesser Angela.

Dotés d'une idéologie de l'amour qui met en avant le fait d'être ensemble, nous sommes très maladroits lorsqu'il s'agit de cultiver l'autonomie. Et c'est particulièrement vrai dans le cas du désir. Même les couples qui s'accordent l'un l'autre un espace conséquent – vacances séparées, sorties le soir chacun de son côté, amis du sexe opposé – combattent l'idée d'une vie sexuelle indépendante. Je ne parle pas ici de sexualité extraconjugale, mais de l'expression d'une identité sexuelle personnelle qui génère ses propres images et ses propres réactions aux autres, et qui nous permet de ressentir du plaisir lorsque nous sommes excités de façon impromptue. Dans mon travail avec les couples, j'essaie d'intégrer toutes ces contingences liées au désir.

Le mariage monogamique dans une société aux mœurs légères

En général, le rôle des thérapeutes est de remettre en question le statu quo social. Nous encourageons régulièrement nos patients à réévaluer ce qu'ils jugent normal et acceptable, à revoir ce qu'ils considèrent comme des attentes légitimes. Cependant, les frontières sexuelles constituent un des rares domaines dans lesquels les thérapeutes semblent refléter la culture dominante. La monogamie est la norme, la fidélité sexuelle est le signe d'une maturité et d'une implication à la fois véritable et réaliste. La non-monogamie, y compris quand elle est consentie par les deux partenaires, demeure suspecte à leurs yeux. Elle est la marque d'un manque d'engagement et d'une peur de l'intimité. Elle mine les fondements du couple.

Comme le dit avec fermeté un de mes collègues :

— Le mariage libre ne fonctionne pas. Penser qu'on peut y arriver, c'est faire preuve d'une immense naïveté. Il a été testé dans les années 1970, et ce fut un désastre.

— Peut-être, dis-je, mais le mariage sans liberté n'offre guère de garantie contre ce même désastre. Et l'idéal de la monogamie, qu'un nombre incroyable de gens mariés ne respectent pas, pourrait fort bien intégrer la même dose de naïveté. Cet idéal jouerait même plutôt comme une invitation à commettre des infractions qui peuvent ensuite causer d'immenses souffrances.

Mon collègue, un excellent thérapeute familial, est néanmoins convaincu que la fidélité doit être abordée selon une approche du tout ou rien. Pour lui, l'engagement affectif a besoin d'exclusivité sexuelle, et celle-ci doit être totale.

Pourtant, nous vivons dans un monde qui nous aide fort peu à demeurer au même endroit ou à nous accommoder de ce que nous avons déjà. Dans la société de consommation qui est la nôtre, nous voulons toujours ce qui est meilleur et nouveau : le plus récent, le plus neuf, le plus jeune. Et si nous n'y parvenons pas, nous voulons au moins quelque chose de mieux : plus d'intensité, de variété, de stimulation. Nous sommes à la recherche d'une satisfaction immédiate et notre tolérance à la frustration s'amenuise. Nulle part on ne nous encourage à être satisfaits de ce que nous avons et à nous dire : « C'est bien, c'est assez. » Le sexe fait partie intégrante de cette économie – certains diraient même qu'il sert à la propulser. Une nouvelle robe, une voiture, une crème de beauté, un nouveau tatouage, des fesses d'acier, tout cela véhicule la promesse d'une vie sexuelle plus épanouie. Car nous sommes convaincus que bonheur personnel et satisfaction sexuelle vont de pair. Les bonheurs terrestres sont partout, offrant de véritables banquets, et nous estimons que nous avons le droit de participer à la fête. Rien d'étonnant à ce que les gens aient du mal à tenir en place dans le cadre du mariage : l'engagement contrarie le fantasme de la variété infinie.

Cela ne constitue pas pour autant une justification de l'infidélité, ni un satisfecit. La tentation existe depuis qu'Ève a mordu dans la pomme, mais aussi les mises en garde pour s'en protéger. L'Église catholique s'y connaît dans le domaine des tentations à éviter, mais également dans celui des pénitences à infliger à ceux qui n'auront pas su y résister. Ce ne sont pas nos désirs qui ont changé, mais le fait que nous nous sentons obligés de les suivre – du moins jusqu'au moment où on nous passe la bague au doigt, et où l'on semble soudain nous demander de renoncer à ce qu'on nous avait jusqu'alors encouragé à vouloir. La monogamie se retrouve seule à essayer de maîtriser un flot effréné de désirs licencieux.

Inviter l'ombre

Certains couples choisissent de ne pas négliger le charme de l'interdit. Au contraire, ils en renversent le pouvoir en l'invitant à entrer chez eux. « Je ne veux pas qu'il me soit infidèle, mais savoir que c'est possible maintient mon désir pour lui », « Prétendre qu'il n'y a pas d'hommes séduisants sur terre ne rendra pas ma relation plus sûre, et certainement pas plus honnête », « Ma petite amie est belle et les hommes l'abordent souvent. Quand elle les repousse d'une boutade, je suis aux anges : c'est moi qu'elle continue de choisir »… Ces couples partagent leurs fantasmes, lisent de la littérature érotique ou évoquent ensemble leurs souvenirs. Ils admettent que, oui, le livreur était sexy, tout comme le technicien en informatique, le vendeur du grand magasin, le neurologue ou la femme du voisin.

Pour Selena et Max, qui s'autorisent le flirt, la limite consiste à ne pas passer à l'acte. « Tous les deux, nous avons un besoin gigantesque d'attention. Quand quelqu'un me drague, cela fait un bien fou à mon ego, surtout maintenant que j'ai un enfant. Et quand quelqu'un drague Max ? Laissez tomber. J'ai l'impression de rentrer à la maison avec le roi du bal. » Max et Selena aiment jouer avec la possessivité de l'autre, mais tous deux sont bien conscients des règles du jeu.

Lorsque Elsa revient d'une conférence, Gérard est toujours curieux de savoir qui elle y a rencontré. « Quelqu'un d'intéressant ? Tu lui as parlé de ton merveilleux mari ? Et vous flirtiez pendant que tu t'extasiais à mon sujet ? »

Wendy a toujours su que Georges avait un faible pour les blondes. Alors, un jeudi, elle a décidé d'en devenir une pour la journée. Elle a mis une perruque platine et un trench-coat, et a débarqué sans prévenir à son travail pour l'emmener déjeuner. « Génial, a-t-il dit. Mes collègues vont croire que j'ai une aventure. » Wendy a répondu sans se laisser démonter : « Laisse-les être jaloux. »

À leur façon, ces personnes ont choisi d'admettre que leurs partenaires avaient leur propre sexualité, emplie de fantasmes et de désirs dans lesquels eux-mêmes n'entraient pas toujours. Lorsque la liberté de chacun est reconnue au sein de la relation, on est moins tenté d'aller la chercher ailleurs. En ce sens, inviter l'Autre dans le couple revient d'une certaine façon à maîtriser le caractère versatile et séduisant de cette liberté. Ce n'est plus une ombre, mais une présence dont on peut parler librement, dont on peut plaisanter et avec laquelle on peut jouer. Pouvoir dire la vérité en toute sécurité nous éloigne du mensonge.

Reconnaître l'existence de l'Autre, au lieu d'inhiber la sexualité, ajoute plutôt du piment à la relation, notamment parce que cette présence nous rappelle que notre partenaire ne nous appartient pas. Ainsi, nous ne pouvons plus considérer qu'il fait juste partie du décor, et cette incertitude vient nourrir notre désir. De plus, en établissant une distance psychologique, nous pouvons regarder notre partenaire comme si nous ne le connaissions pas, avec admiration, et en remarquant ce que l'habitude nous empêchait de voir. Enfin, le fait de renoncer aux autres réaffirme le choix que nous avons fait : notre partenaire est celui que nous voulons. Nous accueillons nos désirs vagabonds avant de les repousser. Nous flirtons avec eux, tout en les gardant à distance. Peut-être est-ce une autre manière de considérer la maturité de l'amour : non pas comme un lien dont toute passion aurait disparu, mais comme un sentiment qui sait à quelles autres passions nous avons renoncé.

Inviter l'Autre

Il existe bien des façons d'inviter l'Autre dans une relation, et la majorité ne passe pas par une sexualité extraconjugale. Chez la plupart des gens, parler de liberté sexuelle au sein du couple déclenche une sonnette d'alarme. Peu de sujets liés à l'engagement amoureux provoquent une réaction aussi viscérale. « Et si elle tombe amoureuse de lui ? », « Et s'il ne revient jamais ? »… L'idée que l'on puisse aimer une personne et avoir des relations sexuelles avec quelqu'un d'autre donne le frisson. Nous redoutons que le franchissement de cette limite ne conduise potentiellement à la violation de toutes les autres, chose qui ne manque pas de faire surgir dans notre esprit des images de chaos : promiscuité sexuelle, orgies, débauches. Contre une telle décadence, le couple offre l'unique barricade qui nous protège de nos pulsions. Il est notre meilleure défense contre l'animalité débridée.

Adam Phillips souligne que « la monogamie est une sorte de nœud moral, un trou de serrure à travers lequel espionner nos préoccupations ». La discussion au sujet de la non-monogamie consentie soulève de nombreuses questions. L'engagement affectif est-il toujours lié à l'exclusivité sexuelle ? Peut-on aimer plus d'une personne à la fois ? Est-ce que le sexe se limite toujours au sexe ? Les hommes sont-ils plus naturellement enclins à aller voir ailleurs ? Ces questions sont sans doute en tête de liste, mais il en existe d'autres : La jalousie est-elle une marque d'amour ou un signe d'insécurité ? Pourquoi sommes-nous enthousiastes à l'idée de partager nos amis, mais exigeons l'exclusivité de nos amants ? Je ne prétends pas avoir une réponse à chacune de ces questions. Cependant, je crois que nous devrions maîtriser notre romantisme nostalgique afin de pouvoir y réfléchir sereinement.

Dans le domaine de la sexualité, même nos croyances les plus enracinées sont susceptibles d'être révisées. Autrefois, le sexe avant le mariage et l'homosexualité étaient bannis : ils sont à présent plus ou moins acceptés dans la plupart des milieux. Ces dernières années, un petit nombre d'hommes et de femmes se sont attaqués à la monogamie, faisant de cette lutte leur nouveau grand combat personnel pour l'émancipation sexuelle.

Joan et Hiro expliquent pratiquer deux types de sexualité : pour l'amour et pour l'amusement. C'est à ce dernier qu'ils se consacrent lors du congrès annuel des échangistes qui se tient à Las Vegas. Ils m'expliquent que cela a eu un effet merveilleux aussi bien sur leur vie sexuelle que sur leur intimité. En dépit des apparences, Joan et Hiro sont les ardents défenseurs de cet idéal conjugal qu'ils semblent défier. Ils ne remettent pas en question l'institution du mariage, qu'ils cherchent en réalité à préserver. Ils apprécient le fait d'être ensemble, l'honnêteté, le partage. À travers leur arrangement, ils cherchent même à maintenir la fidélité. Joan et Hiro ont en effet neutralisé la menace de l'infidélité en la canalisant vers leur couple. Et, comme le note avec ironie l'anthropologue Katherine Franck : « Ce qui se passe à Vegas reste à Vegas. » L'échangisme est une forme d'adultère consenti, qui accorde en outre une égale liberté aux deux partenaires.

Eric et Jackson sont eux aussi des adeptes du sexe récréatif. Depuis dix ans qu'ils sont ensemble, ils ont toujours fait la distinction entre loyauté affective et exclusivité sexuelle : « Depuis le début, nous parlons du sexe pratiqué avec d'autres hommes. On est ouverts à ça. Pour nous, le véritable engagement, c'est l'engagement affectif. Avoir des relations sexuelles en dehors du couple n'est pas une cause de rupture. Je pense qu'on pourrait dire de nous que nous sommes monogames sur le plan affectif, mais éclectiques sur le plan sexuel. »

De seize ans plus âgée que Jenna, Arlene explique :

— La sexualité, j'en ai fait le tour, ce n'est plus aussi important pour moi. Et plus je vieillis, moins cela a d'importance.

Jenna, elle, se sent dans la force de l'âge et n'est pas prête à la retraite anticipée en ce domaine. Toutes les deux ont donc passé un accord : lorsque Jenna fait un déplacement pour une séance photo, elle peut s'amuser comme elle l'entend, à condition de ne pas oublier où sont ses priorités. Quand je demande à Arlene si cet arrangement ne représente pas une menace pour elle, elle me répond :

— Bien sûr que oui. Mais j'en suis arrivée à penser que demander à Jenna d'abandonner toute sexualité représentait une menace bien plus grande que l'existence de quelques groupies. Je ne peux pas concevoir de lui dire : « Ton corps m'appartient, et cela que j'éprouve du désir ou non pour lui. »

Consciente que le fluide du désir ne circulait plus entre elles, Arlene a révisé son idée de la fidélité. La monogamie stipule qu'il faut maintenir l'interdit à l'extérieur de la relation, mais ne donne que peu de moyens au couple. Au bout du compte, si le désir se fane, la monogamie a facilement tendance à glisser vers le célibat. Lorsque c'est le cas, la fidélité devient une faiblesse, bien plus qu'une vertu.

Pendant leur vingt-cinq années ensemble, Marguerite et Ian ont traversé des périodes d'exclusivité sexuelle et des épisodes de douloureuse infidélité.

— Quand j'ai découvert que Marguerite avait une aventure, j'ai été anéanti, explique Ian. J'ai mis des mois à accepter que j'étais aussi jaloux. Pas de son amant, mais d'elle. Car j'avais résisté pendant des années à mon attirance pour d'autres femmes. Quand elle m'a avoué la vérité, nous avons beaucoup réfléchi. Et nous avons décidé de rester ensemble, mais en lâchant du lest.

Marguerite ajoute :

— Nous essayons de trouver quelque chose qui marche pour nous, ce n'est pas une recette infaillible pour les autres.

Je lui demande si ce mariage libre ne la fait pas souffrir.

— Quelquefois oui. Et d'autres non. Mais la monogamie, que nous n'avions en fait jamais négociée, nous faisait aussi souffrir.

Les sceptiques méprisent ce genre d'arrangements,

et remettent en question le degré d'engagement au sein de ces couples. « Je n'ai jamais vu un mariage libre durer », « Essayez pour un temps, et vous reviendrez me voir », « C'est égoïste », « Complaisant », « Quand on joue avec le feu, quelqu'un finit toujours par se brûler »...

Cependant, j'ai pu voir que les couples, comme ceux cités plus haut, qui négociaient leurs frontières sexuelles n'étaient pas moins impliqués que ceux qui maintenaient toutes les portes closes. En fait, c'est leur désir de rendre la relation plus forte qui les a conduits à explorer des modèles différents. Plutôt que d'exclure l'Autre du territoire de la conjugalité, ils lui accordent un visa de tourisme.

Pour eux, la fidélité ne se définit pas par l'exclusivité sexuelle mais par la force de leur engagement. Les frontières ne sont pas tant physiques qu'affectives ; la primauté accordée au couple continue de passer avant tout. Ils mettent l'accent sur une monogamie affective qui seule leur permet de se montrer indulgents, de bien des façons, sur le plan sexuel. Mais loin d'autoriser une mêlée générale de l'hédonisme, ces relations sont fondées sur des accords explicites, périodiquement renégociés en fonction de l'évolution des besoins. Marguerite et Ian soulignent que leur arrangement est à la fois clair et flexible.

— Nous avons des règles. Pas d'histoires qui durent, pas de relations dans la ville où nous habitons, pas de liaisons avec nos amis communs. Dans la mesure où nous les respectons, les choses ont l'air de fonctionner. Plus tard, si nous avons besoin de redéfinir ces règles, nous le ferons.

Il est intéressant de noter qu'en dépit du sens

nouveau que ces couples donnent à la fidélité, la notion de trahison n'a pas pour autant disparu. La confiance est vitale dans toutes les relations, et il en va de même pour ceux qui invitent l'Autre à entrer dans leur espace intime. Dans leur cas, l'infidélité consisterait à enfreindre l'accord passé, et à violer la confiance. Les règles peuvent sembler très différentes, mais elles n'en demeurent pas moins fragiles : les briser a des conséquences tout aussi douloureuses. En cela, les couples qui ont une sexualité ouverte ne sont pas différents de leurs homologues monogames.

Face aux complications engendrées par les liaisons, les divorces, les remariages, certains de mes patients essaient d'adopter une autre ligne de conduite. Les personnes non monogames apprécient la liberté donnée à l'expression sexuelle, et ils tentent de réconcilier l'amour avec les surprises du désir, espérant ainsi résister à la lassitude qui s'installe avec le temps et sans faire de bruit. Pour reprendre les mots de Marguerite, il n'y a pas de recette infaillible.

On ne peut nier la présence de l'Autre. La façon dont nous la gérons ne regarde que nous. On peut en avoir peur, l'éviter, se sentir moralement offensé. Ou bien l'aborder avec une curiosité énergique et un sens du jeu. Au cours de sa liaison torride, Doug a courtisé l'Autre en secret. En essayant désespérément de le nier, Bill s'est senti anéanti. Selena et Max l'ont invité à les rejoindre dans leurs fantasmes, mais sans franchir cette ligne. Joan et Hiro, eux, l'ont escorté jusqu'à leur chambre.

Le mariage est devenu une affaire d'amour, et l'amour est une affaire de choix. Or, faire le choix d'une personne implique que l'on renonce aux autres.

Mais cela ne signifie pas que les autres soient morts. Ni que nous devons étouffer nos sens pour nous protéger du charme qu'ils continuent d'exercer sur nous.

Reconnaître l'Autre revient à admettre que notre partenaire a son propre érotisme. Et donc que sa sexualité ne nous appartient pas. Celle-ci ne nous est pas entièrement destinée, nous n'en sommes pas l'unique objet, et nous ne devrions pas supposer qu'elle relève légitimement de notre juridiction. Car c'est faux. Peut-être est-ce vrai pour ce qui concerne les actes, mais certainement pas pour les pensées. Dans une relation stable, plus nous étouffons la liberté de l'autre, plus le désir a du mal à respirer.

Si on va plus loin, on obtient l'itinéraire d'un vaste voyage affectif. Cela donnerait quelque chose de ce genre : « Je sais que tu regardes les autres, mais je sais très bien ce que tu vois. Je sais que les autres te regardent, mais je ne sais pas vraiment ce qu'ils voient en toi. Soudain, tu cesses de m'être familier. Tu cesses d'être cette entité connue pour laquelle je n'ai plus besoin de ressentir de la curiosité. En fait, tu es presque devenu un mystère pour moi. Et cela me perturbe un peu. Qui es-tu ? J'ai envie de toi. »

S'adapter à la présence de l'Autre libère un espace érotique où l'on n'a pas à s'inquiéter de voir le désir s'affaiblir. Dans cet espace, nous pouvons être profondément émus par l'altérité de notre partenaire et, peu de temps après, profondément excités par lui.

J'aimerais faire la suggestion suivante : que la monogamie soit vue comme un choix et non comme quelque chose de donné. Ainsi, elle deviendrait le résultat d'une décision négociée. Plus vrai encore, si nous prévoyons de passer les cinquante prochaines années avec la même personne – et si nous voulons fêter ce jubilé dans la liesse –, il serait plus sage de revoir, à différents moments de la vie, le contrat qui nous unit. La manière dont chaque couple peut gérer la présence de l'Autre varie, mais, au cours du long chemin à parcourir avec notre seul et unique amour, un acquiescement silencieux est sans doute plus apte à maintenir le désir, et peut-être même à créer un nouvel « art d'aimer » pour le XXIe siècle.

11

Réintroduire du « X »
dans les relations sexuelles

Ramener l'érotisme à la maison

Je suis toujours stupéfaite par le nombre de gens prêts à envisager des relations sexuelles extraconjugales, alors qu'ils se montrent peu audacieux et puritains chez eux, avec leurs partenaires. Selon leurs propres dires, mes patients mènent une vie de couple dénuée d'érotisme et de piquant, alors qu'ils se consument de désir dans leur vie sexuelle imaginaire, celle-ci foisonnante : aventures, pornographie, cybersexe, rêveries enflammées. Pour eux, fonder une famille, même à deux, compromet l'amour physique. Ils s'endorment érotiquement. Et quand ils ont eux-mêmes nié leur propre liberté – y compris celle de l'imagination –, ils vont voir ailleurs pour s'imaginer de nouveau libérés des contraintes de l'engagement. La sécurité à l'intérieur ; l'aventure et la passion à l'extérieur. Aussi, lorsque les médias s'alarment régulièrement du fait que les couples ne font pas l'amour, je ne peux m'empêcher de penser que beaucoup de gens pourraient bien avoir de nombreuses relations sexuelles, mais pas avec leurs conjoints.

Que la passion soit présente ou non dans les premières étapes de la relation, le caractère volatil de la passion érotique est dans tous les cas appelé à évoluer vers quelque chose de plus étriqué, de plus stable et de plus gérable : l'amour mature. Même la chimie de la passion, on le sait, a une durée de vie limitée. L'anthropologue Helen Fisher nous indique que le cocktail hormonal de l'amour (dopamine, norépinéphrine et phénéthylamine) ne subsiste, au mieux, que quelques années. En revanche, l'ocytocine, l'hormone du câlin, survit à toutes les autres. Beaucoup pensent que les fruits de cet amour plus adulte – attachement, respect profond, réciprocité, attention – remplacent de façon équitable la flamme de l'érotisme. Si l'attirance et le désir ont joué les premiers rôles au début de la rencontre, ils se retirent à présent en coulisses pour que se mette en place l'action principale : la construction de la vie commune.

L'érotisme ne participe visiblement pas de notre idée du mariage. Bien sûr, de nos jours, les couples stables sont censés faire l'amour, et même aimer ça. Le sexe pratiqué dans le seul but de la reproduction est en théorie une pratique dépassée. Mais le sexe et l'érotisme sont des choses différentes, et la synthèse – lascive, intime, ardente, nécessaire, frivole – réalisée par les amants se fait rare après la pendaison de crémaillère. En dépit de médias envahis par le sexe – des médias qui promettent une excitation libérée de toute entrave à condition que nous suivions les dix conseils de la semaine –, la sexualité conjugale reste cernée par l'antihédonisme. Se pourrait-il que nous soyons abreuvés d'articles bourrés de conseils pour avoir une sexualité torride avec notre partenaire, simplement parce que nous ne croyons pas vraiment cela possible ? Plus précisément, pourrions-nous croire en notre for intérieur que cela n'a pas à se passer ainsi ? Indépendamment de la sexualité libérée qui a pu être la nôtre avant notre engagement dans les liens du mariage, pourrions-nous croire que ce dernier n'a rien à voir avec l'indécence du désir sexuel ?

Si le mariage est une histoire d'amour, comme nous aimons à le penser, la sexualité conjugale devrait être une déclaration d'amour pleine de sens.

Nous avons appris à considérer le mariage comme un engagement, une sécurité, un confort, et comme le moyen de fonder une famille. C'est une affaire sérieuse, une entreprise responsable et réfléchie, qui englobe l'ensemble de nos besoins. Le jeu et ses acolytes (le risque, la séduction, l'indécence, la transgression) sont laissés à eux-mêmes, hors de la solide architecture de nos foyers.

Nombre de mes collègues supposent que l'intensité qui façonne les premières étapes d'une relation est une sorte de folie temporaire, destinée à être soignée par les rigueurs du long chemin à faire ensemble. Les cliniciens interprètent souvent le désir d'aventure sexuelle – qui va du simple flirt à l'amour obsessionnel, du contact avec d'anciens amants au « travestisme », au ménage à trois ou au fétichisme – comme un fantasme infantile ou une peur de l'engagement. Ils sont partisans d'un modèle amoureux qui fait la part belle à l'attachement, à l'intimité, au partenariat.

Nous voici avec une relation dans laquelle la coopération et la communication sont les points forts, mais où le jeu et la complicité sont les points faibles. Il faut dire qu'une amitié dépassionnée permet difficilement de cultiver l'érotisme.

« Le jour où j'ai mis cette alliance... »

Jacqueline et Philippe tentent de rallumer la flamme qu'ils ont autrefois connue. Mariés depuis dix ans, ils voient enfin se dissiper le brouillard où les avait plongés l'éducation de leurs enfants. Cet automne, leur plus jeune fils a commencé à aller à l'école maternelle, et son nouvel emploi du temps a remis un peu d'ordre dans le leur. En même temps, l'année dernière, leurs amis ont connu une véritable épidémie de divorces.

— Tous ces couples avec lesquels nous avions l'habitude de sortir, qui se sont mariés en même temps que nous, sont en train de jeter l'éponge, me dit Philippe. Face à cela, forcément, on se demande à quoi on tient soi-même, et on se retrouve face aux fatales imperfections de sa propre relation.

Je leur demande :

— Et quelles sont celles de votre couple ?

— La sexualité, répond Philippe.

— La tromperie, dit Jacqueline.

Quand ils se sont rencontrés, Philippe a pensé gagner le gros lot avec Jacqueline.

— Elle était belle, intelligente et sexy. Je ne pouvais pas croire qu'elle s'intéressait à moi. Je l'avais vraiment dans la peau, et j'étais aussi très empressé. Pendant longtemps, le sexe entre nous a été formidable. Jusqu'au moment où je lui ai demandé sa main, se rappelle Philippe.

— Que s'est-il passé quand elle a dit oui ?

— Rien. Mais quelque chose a changé quand j'ai mis cette alliance. Sur le moment, je n'ai pas fait le rapport, mais, à présent, je le vois très clairement. S'engager dans la vie familiale m'a rapidement éteint. Je n'en ai rien dit à Jacqueline. En fait, j'ai même essayé de nier moi-même que quelque chose était différent. Mais, très vite, elle a cessé de m'exciter. Finalement, à chaque fois qu'elle était en déplacement, ou même sortie pour la soirée, j'allais sur des sites de rencontres ou je traînais dans les bars.

Huit années d'infidélités ont suivi. Jacqueline en a découvert quelques-unes, Philippe lui en a révélé certaines et d'autres sont par bonheur restées secrètes. Le tout s'enchaînant de façon répétitive, la fin d'un épisode conduisant à la vague suivante d'infidélité. La honte que Philippe ressentait en trompant sa femme était toujours suivie de remords et de repentir. Il se sentait très mal à l'idée de blesser Jacqueline et il se jurait de changer. Il faisait semblant d'être un homme bien et un bon mari, elle lui pardonnait et acceptait qu'il revienne. Puis il recommençait à s'agiter, et sa lubricité montait en flèche. Durant ces années, ils ont aussi eu deux fils, Jacqueline a fini son premier roman, Philippe a eu un poste de titulaire à l'université et ils se sont installés à New York. Tous ces changements les ont aidés à repousser le moment d'affronter le problème. Mais la dernière incartade a été celle de trop pour Jacqueline.

Pour comprendre la sexualité de Philippe, j'ai remonté la piste jusqu'à ses parents, dont le mariage symbolise de façon frappante la division culturelle entre la « sécurité » du foyer et le « danger » de l'érotisme. Alors que sa mère a élevé cinq enfants, son père s'est lancé dans une série d'aventures sans fin, qu'il n'a jamais vraiment cherché à cacher. Il s'est avéré que le grand-père de Philippe s'est lui aussi conduit de la même manière.

— Mon père, qui était vraiment un homme très agréable, agissait sans beaucoup se préoccuper de l'effet que son comportement avait sur le reste de la famille, et surtout sur ma mère, me dit Philippe.

Sa mère, qui a beaucoup souffert de cette situation, était néanmoins une femme pragmatique qui n'a jamais oublié qu'elle avait cinq enfants à nourrir.

— Elle n'en a jamais parlé, mais nous savions tous qu'elle avait autant besoin de nous que nous d'elle.

Pour ne pas la contrarier davantage, Philippe a essayé d'être aussi différent que possible de son père, en devenant ce qu'il appelle un « enfant prodige asexué ».

— J'étais extrêmement moralisateur et je portais des jugements catégoriques, explique-t-il d'un air contrit. À la surface, j'étais le gentil garçon avec lequel les filles n'avaient pas peur de sortir parce qu'elles savaient que je ne profiterais pas de la situation. Mais, à l'intérieur, j'étais déchaîné, et je me haïssais pour cela.

Adolescent, Philippe a développé en secret un goût indéniable pour la pornographie. Plus âgé, quand l'activité sexuelle est devenue possible, il a recherché des femmes qu'il pouvait ramasser au vol pour de brèves aventures sans lendemain.

— D'une certaine façon, cette moralité rigide m'a juste servi à nourrir mon obsession de briser les règles.

Pour Philippe, défier les convenances ordinaires était la clé du fonctionnement intime de son excitation sexuelle. Le sexe, la chosification de l'autre et la transgression n'ont plus fait qu'un. De façon ironique, en plaçant sa sexualité hors des frontières de son couple, il espère protéger Jacqueline des dangers que son propre désir représenterait pour elle.

Inutile de dire que Jacqueline a été très perturbée par la perte d'intensité de leur vie sexuelle. Alors qu'elle n'avait jamais été très sûre de son charme, elle a été elle aussi stupéfiée par l'attirance que Philippe a éprouvée pour elle au début. Quand cette attirance a diminué, elle a supposé qu'il était simplement moins intéressé par le sexe, et que c'était quelque chose de prévisible. Ayant grandi avec un frère qui faisait de fréquents séjours en hôpital psychiatrique, Jacqueline a l'habitude de réduire ses propres besoins au minimum. Elle a appris à ne pas s'imposer et à prendre ce qu'on lui donnait.

Alors que Philippe cherchait à s'affirmer ailleurs, Jacqueline, elle, ne comptait que sur lui et sur son attitude vis-à-vis d'elle. En faisant de lui et de son désir pour elle l'élément central de son identité sexuelle, elle éclaire la façon dont les femmes structurent leur sexualité. Au début de leur histoire, lorsque Philippe se montrait très attentif envers elle, elle s'est épanouie. Il n'y avait pas de problème. Elle se sentait ouverte, audacieuse, sexy et désirée. Aujourd'hui, appliquant fidèlement ce qu'elle a appris dans son enfance, elle évite de sortir de ce schéma par peur d'être rejetée. Et quand elle trouve enfin le courage de lui faire des avances, Philippe se sent obligé d'y répondre et de prendre soin d'elle.

— Quand Jacqueline me sollicite, je suis paralysé, avoue-t-il.

— Ce qui accroît d'autant son sentiment d'insécurité, fais-je remarquer.

Le désir masculin couvre sans doute toute la gamme entre ces deux extrêmes : l'homme qui supplie sa partenaire de prendre l'initiative pour avoir la confirmation qu'il est désirable, et l'homme qui se dérobe devant ce type d'initiative, de peur que sa passivité ne corresponde pas à sa vision de la virilité. Doutant à jamais du pouvoir lié au statut de « petit chéri à sa maman », Philippe éprouve une aversion pour les invites trop explicites de sa femme et se trouve alors partagé entre le monde de l'enfance et celui des adultes. De façon prévisible, il voit les avances de Jacqueline comme un besoin d'attention, et non comme une invitation tentante.

Philippe se sent coupable parce qu'il ne peut plus s'impliquer sur le plan érotique avec sa femme. Lorsque je lui demande de penser à une image sexuelle dans laquelle elle apparaîtrait, il évoque un baiser romantique au soleil couchant. Il ajoute qu'il a du mal, aujourd'hui, à penser à Jacqueline d'une manière passionnée et érotique. Il le lui dit ouvertement :

— Je me sens mal parce que je ne peux pas t'imaginer comme une femme excitante. Mais c'est la vérité.

Philippe aspire au retour de la passion entre Jacqueline et lui, mais il croit que son combat intérieur ne le permettra pas. Il redoute que l'âpreté de son propre désir ne s'exprime dans les liens sacrés du mariage, et il se sent gêné par son besoin d'avoir une sexualité qui fait de l'autre un objet. Selon lui, l'amour n'a rien à voir avec ce penchant dissolu.

« Tu ne ferais pas ça avec ta femme »

Beaucoup de mes patients ont peur d'exprimer une excitation sexuelle intense avec la personne qu'ils aiment et respectent par ailleurs. Philippe n'est pas le seul à utiliser l'alibi de la décence pour dissimuler son manque de désir. Voici des commentaires qui vous sembleront peut-être familiers : « Je ne peux pas l'imaginer en train de me dire ce que j'aimerais entendre. Il se demanderait ce qui arrive à sa femme », « Je ne veux même pas penser, encore moins parler, de ce que je faisais avant qu'on se rencontre », « Je ne peux pas faire ça avec ma femme »... L'érotisme domestique étouffe ainsi sous le voile des convenances.

Quand Philippe me dit que Jacqueline ne sera jamais partante pour ça, je lui demande ce qu'il entend exactement par là, tout en m'attendant à l'entendre égrener une longue liste de pratiques scabreuses. Je suis donc surprise quand il me révèle le menu de base de son imagination sexuelle.

— Je ne suis pas versé dans les subtilités. J'aime que ce soit voyant. J'aime les gadgets, la lingerie, le porno, le langage cru. Du sexe et rien que ça.

— Tout ce que vous et Jacqueline aimiez faire avant de vous marier ?

— Oui, répond-il en haussant les épaules.

— Et maintenant, Jacqueline n'en a plus envie ? Ou bien est-ce vous qui ne voulez plus ? Je n'ai pas l'impression qu'elle ait changé autant que cela. Mais je me demande jusqu'à quel point vous avez le sentiment que vous ne pouvez pas faire ce genre de choses avec votre femme. Vous avez l'air de considérer qu'il est mal d'instrumentaliser quelqu'un qu'on aime.

— Vous êtes en train de me dire que ce n'est pas le cas ? demande-t-il.

— Je dis que cela ne devrait pas l'être. Vous savez, beaucoup de personnes jouent avec la chosification afin de donner une part d'altérité à leurs partenaires devenus trop familiers. On évite souvent cela parce qu'on y voit une absence d'intimité, mais je pense que, lorsque les deux partenaires en ont envie, c'est une autre forme de proximité. On doit avoir une grande confiance en quelqu'un pour s'autoriser à oublier qui il est.

On écarte la luxure pour des motifs aussi bien psychologiques que culturels. Toute expérience de l'amour porte en elle une dimension de dépendance. Celle-ci est un élément essentiel à l'établissement de la relation, mais elle produit aussi une grande anxiété, dans la mesure où celui que nous aimons est censé exercer un pouvoir sur nous : le pouvoir de nous aimer, mais aussi celui de nous abandonner. La peur – du jugement, du rejet, de la perte – est inscrite dans l'amour romantique. Être rejeté sexuellement par celui qu'on aime est très douloureux. Par conséquent, nous sommes moins disposés à être aventureux sur le plan érotique avec la personne dont nous dépendons pour tant de choses, et dont l'opinion est à nos yeux primordiale. Au lieu de prendre le risque d'être blessés, nous préférons nous censurer en maintenant en l'état le scénario de notre vie érotique : convenable, négocié, voire ennuyeux. Dès lors, il ne faut pas s'étonner quand certains d'entre nous ne peuvent librement s'engager dans les périls et les aventures du sexe qu'au moment où les enjeux affectifs sont moins élevés, c'est-à-dire quand on aime moins ou, plus important, quand on a moins peur de perdre l'amour. Stephen Mitchell écrit :

« Ce n'est pas tant que l'amour faiblisse avec le temps, c'est qu'il nous fait courir un risque accru. »

Jacqueline a écouté avec attention, et attend patiemment son tour de parler.

— J'ai entendu ce que vous avez dit au sujet de l'agitation de Philippe, commence-t-elle. Mais avec moi il est toujours si léger, il se comporte plus comme un garçon de douze ans que comme un homme. C'est difficile de vraiment m'exprimer sexuellement dans les bras d'un adolescent. Pourquoi pense-t-il qu'il a besoin d'aller voir ailleurs pour ça ? Peut-être que je devrais m'acheter une perruque et aller le retrouver dans un bar !

Je lui réponds :

— Ce n'est pas une mauvaise idée.

« Chatter » avec sa femme

Je fais remarquer que la façon dont Philippe a compartimenté sa sexualité – tendre à la maison et torride avec des inconnues – a banni l'érotisme de leur relation, limitant ainsi leur répertoire. Mais il n'est pas le seul fautif. De son côté, Jacqueline a déposé entre les mains de son mari le sentiment qu'elle a de sa propre valeur sexuelle. Je lui recommande de lui retirer ce pouvoir, car il ne devrait pas exercer le monopole sur sa sexualité.

Je lui demande :

— Jacqueline, depuis quand n'avez-vous pas flirté ? Êtes-vous capable d'accepter le regard d'autres hommes sur vous, afin que Philippe cesse d'être la seule personne à vous donner de l'importance sexuellement ?

Philip commence à s'agiter sur sa chaise.

— Hé, une minute ! dit-il.

— Ne vous inquiétez pas, je ne suis pas en train de suggérer à Jacqueline qu'elle vous rende la pareille. Mais votre femme est très séduisante, et si vous ne pouvez pas voir cela, pourquoi ne l'entendrait-elle pas de quelqu'un d'autre ?

De la même manière, je leur suggère de créer de nouveaux e-mails, exclusivement réservés à leurs échanges érotiques – leurs pensées, leurs souvenirs, leurs fantasmes, leurs tentations. J'insiste sur le fait que cette correspondance n'est pas censée aborder leurs problèmes de couple mais être un espace ludique. Je voudrais qu'ils utilisent le cyberespace pour susciter la curiosité, l'envie de jouer, et une sorte d'anxiété salutaire. L'écriture présente beaucoup d'avantages par rapport à la parole. On dit tout ce qu'on a sur le cœur, on soigne sa réponse, et on exprime des choses qu'on n'oserait jamais dire à haute voix. Cela produit une distance qui va, je l'espère, les aider à se défaire de leurs inhibitions.

Quand la Saint-Valentin est venue, Jacqueline s'était familiarisée avec l'art de la séduction. Elle se montrait badine et audacieuse, non seulement dans ses e-mails avec Philippe, mais aussi avec d'autres hommes. Quelques mois plus tard, elle me dit :

— Me pousser à chercher une valorisation auprès d'autres hommes, en plus de Philippe, a été très bénéfique pour moi.

Elle a ainsi commencé à avoir des activités avec ses amis hommes, comme assister à des concerts ou voir des expositions. Et, de façon générale, elle s'est montrée plus flirteuse.

— Rien de méchant, mais c'était amusant de faire cela de nouveau, parler avec d'autres hommes que mon mari en sachant qu'ils appréciaient ma compagnie. À présent, les regards ou les paroles de Philippe ne sont plus la chose la plus importante de ma vie.

Philippe s'est senti légèrement déstabilisé par la nouvelle confiance affichée par Jacqueline. Intrigué par ce qu'elle lui écrit, il est surpris de découvrir qu'elle est tout à fait à la hauteur quand il s'agit de manier le lexique imagé de la sexualité. Tout cela l'érotise à ses yeux. Libéré d'un scénario imposé, il la voit sous un autre jour. Le pseudo-anonymat de leurs mails lui permet de la voir comme une personne avec ses propres désirs, et d'en faire l'objet de son désir à lui.

— Je lui dis des choses que je n'aurais jamais pensé pouvoir dire. Je m'attendais qu'elle soit rebutée, mais pas du tout. Elle a bien moins besoin d'être protégée que je ne l'imaginais, admet Philippe. Je réalise que j'avais plaqué sur elle des choses qui ne venaient pas d'elle. Des choses qui m'appartenaient, ou qui appartenaient du moins à ma famille.

— Je ne vois pas comment tes aventures étaient censées me protéger, même si je sais que cela a un sens dans ton esprit, lui dit Jacqueline. Cela ne me convient pas, mais je peux le comprendre. Et puis, j'ai toujours été surprise par la facilité avec laquelle tu te laissais attraper. Comme si c'était ce que tu voulais, pour que « maman » te punisse. Je n'ai pas envie de rejouer tes drames familiaux. Je te quitterai avant, et tu le sais.

Elle se tourne vers moi.

— Me rendre compte que j'avais la force de partir m'a aidée à faire le choix de rester. Je me sens plus libre. Quand je prends l'initiative sexuellement, je me sens presque effrontée, et j'aime ça. « C'est ce que tu veux, Philippe ? Alors prends-le ! » Pas besoin que ce soit romantique ou même très particulier. Je préfère la tendresse, mais l'avidité est parfois agréable, elle aussi.

Pendant des années, j'ai travaillé de façon intermittente avec le couple. Il a cessé d'être infidèle et, avec le temps, cherché à se défaire de la croyance, enracinée en lui, que le sexe torride n'avait pas sa place à la maison. En trouvant des façons de se voir lui-même comme un homme dont la sexualité ne l'empêchait pas d'être loyal, il a pu détruire des schémas familiaux vieux d'au moins trois générations. Par le passé, la fascination qu'exerçait sur lui le porno était un havre de paix, un fantasme d'immédiateté où le temps du désir coïncidait avec celui de la satisfaction. Les femmes sur l'écran n'offraient aucune résistance et ne lui demandaient aucun effort. D'où la suppression de la tension entre le fait de vouloir et celui d'obtenir. Ainsi, Philippe n'avait jamais à réconcilier désir et amour. Mais, peu à peu, il a rassemblé les parties éclatées de sa sexualité pour les ramener chez lui, et il a été davantage capable d'être là pour sa femme.

Pour Jacqueline et Philippe, ramener l'érotisme chez eux demeure un défi : faire l'expérience de petites transgressions, s'efforcer de faire surgir l'illicite, s'idéaliser avec passion dans le cadre de leurs vies intimes. Adam Phillips souligne ce point dans son ouvrage *Monogamie* : « Si c'est l'interdit qui est excitant – si le désir réside fondamentalement dans la transgression –, alors les monogames sont semblables aux gens riches. Ils doivent s'inventer leur pauvreté. Ils doivent créer leur propre faim. En d'autres termes, ils doivent œuvrer pour conférer à ce qui leur est toujours trop facile à atteindre un goût de fruit défendu qui redonne de l'intérêt. »

Peut-on désirer ce qu'on a ?

Oscar Wilde disait : « Il y a deux tragédies dans la vie : l'une est de ne pas satisfaire son désir et l'autre de le satisfaire. » Lorsque nos souhaits ne se réalisent pas, nous sommes déçus. Se voir refuser une augmentation de salaire, être recalé à l'entrée d'une université ou à une audition, autant de situations qui engendrent la frustration. Quand l'objet de notre désir est une personne, et que cette personne nous rejette, nous nous sentons seuls, sans intérêt, mal aimés ou, pis, peu dignes d'être aimés. Mais un désir satisfait porte également en lui les stigmates de la perte. Obtenir ce que nous voulons, c'est saper l'émotion propre au désir. Les délices de l'attente, les stratégies élaborées pour parvenir au but, les fantasmes vibrants, bref toute l'activité et l'énergie mises au service de notre désir, cèdent la place à la possession. Pensez simplement à la dernière chose que vous vouliez absolument avoir, avant que vous ne l'obteniez. Maintenant qu'elle est à vous, elle peut vous faire plaisir, vous pouvez l'aimer, mais en avez-vous encore envie ? Vous souvenez-vous seulement de l'intensité avec laquelle vous la désiriez ? Comme l'écrit Gail Godwin : « Le fait de désirer sera toujours plus intense que la récompense de ce désir. »

Est-il plus difficile de vouloir ce qu'on a déjà ? La loi des rendements décroissants nous apprend que la répétition diminue la satisfaction. Plus nous utilisons un produit, moins les utilisations suivantes seront satis-faisantes : Paris n'a plus le même visage à la quinzième visite. Par bonheur, dans la mesure où cet argument s'appuie sur l'hypothèse erronée qu'on peut posséder une personne de la même façon qu'un iPod ou une paire de chaussures Prada, sa logique s'effondre quand on l'applique à l'amour. Quand mon amie Jane me dit : « Peut-être que je veux seulement ce que je ne peux pas avoir ? », je lui réponds : « Qu'est-ce qui te fait croire que tu possèdes ton mari ? » La grande illu-sion de l'engagement amoureux, c'est de penser que nos partenaires nous appartiennent. En réalité, la dis-tance entre eux et nous est irréductible, et leur mys-tère demeure à tout jamais insaisissable. Aussitôt que nous avons admis cela, un désir durable devient réelle-ment possible. Quand le statu quo est menacé (par une liaison, un engouement amoureux, une absence pro-longée ou même une bonne dispute), je suis frappée par la soudaineté avec laquelle le désir peut s'embra-ser. Pour que ces vieilles chaussures aient l'air neuf, rien de tel que la peur de les perdre.

Le principe qui veut qu'un investissement constant conduise à une satisfaction accrue est le contre-argument à la loi des rendements décroissants. Plus on fait quelque chose, mieux on le fait, et plus on prend du plaisir à le faire. La femme qui joue au tennis toutes les semaines, continuant ainsi à amélio-rer son jeu, pourrait témoigner des effets positifs de la répétition. Plus elle s'entraîne, plus elle accroît ses compétences. Plus ses compétences sont élevées, plus elle a confiance. Plus elle se sent confiante, plus elle prend de risques. Et plus elle prend de risques, plus le jeu est excitant. En quelque sorte, pour elle, Paris est une ville de plus en plus belle. Bien entendu, tout cet entraînement demande des efforts et de la discipline. Ce n'est pas une simple question d'état d'esprit, cela requiert de la patience et une attention soutenue. La joueuse de tennis sait par intuition que la progression est rarement linéaire, qu'elle peut traverser des périodes de stagnation ou de ralentissement, mais la récompense vaut bien l'effort.

Malheureusement, nous associons trop souvent effort et travail, discipline et douleur. Pourtant, il existe une autre façon de penser le travail. Celui-ci peut être créatif et régénérant, engendrer un plus grand sentiment de vitalité et non mener à un épuisement profond. Si nous voulons nous épanouir sexuellement, nous devons progresser dans cette façon astucieuse de voir les choses.

Le mythe de la spontanéité

Un idéal puissant est à l'œuvre dans la vision que la plupart des gens ont de la sexualité. Un idéal qui dit que cela doit coller tout de suite sans qu'il y ait quoi que ce soit à faire, qu'il s'agit dès le début d'une parfaite compatibilité fusionnelle. Une sexualité agréable est censée être facile, sans tensions ni inhibitions. Soit cela se passe comme ça, soit non. Cette idée va souvent de pair avec le mythe de la spontanéité. Le mot de « spontanéité » revient comme un leitmotiv dans la bouche de mes patients, hommes et femmes, lorsqu'ils parlent de ce qui constitue pour eux une sexualité vraiment érotique, excitante, électrisante, urgente. Difficile de surenchérir sur leur conviction enthousiaste que le sexe vraiment torride doit être pratiqué sur l'impulsion du moment.

Nous aimons croire que nous faisons l'amour poussés par une pulsion ou une inclination naturelle et spontanée. Nous parlons alors d'un emportement : « Je n'ai pas pu résister », « J'ai senti le désir me submerger soudainement », « C'était plus fort que nous », « Je ne pouvais pas lutter »... Cette passion pour la théorie du big bang sexuel laisse supposer que nous n'avons guère de patience pour la séduction et le jeu érotique, qui prennent trop de temps, nécessitent trop d'efforts, et – plus important – demandent une pleine conscience de ce que nous sommes en train de faire. Pour beaucoup, préméditer le sexe a quelque chose de suspect. Cela menace notre croyance selon laquelle seules la magie et la chimie agiraient en ce domaine. L'idée que la sexualité doit être spontanée nous empêche d'être maîtres de notre désir et de l'exprimer de façon intentionnelle. Tant que le sexe reste quelque chose qui arrive tout seul, on n'a pas à le réclamer. Quelle ironie de penser que dans une société comme la nôtre, qui met en avant la volonté, s'entêter à évoquer le sexe soit considéré comme commun et grossier. Cela nous gêne, comme si nous étions surpris en train de faire quelque chose d'inconvenant.

Quand mes patients parlent avec nostalgie des jours anciens où le désir s'allumait en un éclair, je leur rappelle que la spontanéité est un mythe, même au début d'une histoire. Tout ce qui semble se produire « dans l'instant » a souvent demandé des heures, sinon des jours, de préparation. Quelle tenue, quels sujets de conversation, quel restaurant, quelle musique ? Cette planification – mise en scène minutieuse et pleine d'imagination – joue un rôle dans la montée de l'excitation et participe du dénouement.

C'est pourquoi je demande à mes patients de ne pas se montrer spontanés dans le domaine de la sexualité. La spontanéité est une très belle idée, mais, dans une relation qui dure, ce qui doit « arriver tout seul » appartient déjà au passé. À présent, il faut le faire advenir. Dans un couple stable, le sexe se prévoit. « Je n'ai pas pu résister » doit devenir « Je ne veux pas résister » ; « Nous sommes tombés dans les bras l'un de l'autre », « Laisse-moi te serrer dans mes bras » ; « Tu m'as tapé dans l'œil », « Est-ce que je te plais encore ? ». Mon but est d'aider les patients à se sentir à l'aise avec la sexualité, à l'admettre consciemment comme une dimension de leur vie et à l'accueillir avec enthousiasme. Cette attitude nécessite un engagement entier.

L'idée de prévoir constitue un obstacle que beaucoup de couples doivent franchir. Pour eux, cela équivaut à une programmation, elle-même associée au travail, donc au devoir. La thérapie est souvent un processus de démantèlement de cette croyance.

Rendre le sexe intentionnel

Dominique et Raoul se plaignent de leur vie sexuelle sans relief. Au début de leur histoire, quand Raoul vivait encore à Miami, la distance empêchait la routine de s'installer. Ils attendaient les week-ends avec impatience et ne ressentaient aucune lassitude. Mais, maintenant qu'ils vivent ensemble, ils consacrent leur temps libre aux tâches ménagères et aux courses. Je ne peux m'empêcher de leur faire remarquer la contradiction entre l'excès d'attention qu'ils témoignent au ménage et le peu d'égards qu'ils accordent à leur vie sexuelle, comme si le sexe fonctionnait selon un principe différent.

— Le linge ne va pas se laver tout seul, dit Dominique, sur la défensive.

— Parce que le sexe, lui, va se faire tout seul, peut-être ?

Dominique feint de ne pas comprendre ce que j'entends par « prévoir » de faire l'amour.

— Vous voulez que je l'inscrive sur mon Black-Berry ? Jeudi soir, 22 heures ? C'est pathétique.

— Si vous ne voulez pas que le sexe soit une ligne de plus sur votre liste des choses à faire, ne le traitez pas comme tel. Je ne vous parle pas de programmer le sexe, je vous parle de créer un espace dédié à l'érotisme, et cela prend du temps. Ce qui se produira dans cet espace est flexible, mais marqué par l'intentionnalité. Comme cet osso buco que vous avez fait pour Raoul le week-end dernier. Il ne s'est pas fait tout seul.

Dominique est un gourmet et, samedi dernier, il a préparé ce plat typiquement italien pour Raoul. D'abord, il a pensé qu'il aimerait faire quelque chose de délicieux. Il a retourné différentes idées dans sa tête, avant de s'arrêter sur du veau. Il s'est rendu à Little Italy pour trouver la viande la plus tendre, puis dans une boulangerie du Village pour acheter son pain de semoule préféré, et encore dans un magasin spécialisé de Soho pour les cannoli au chocolat. Enfin, il est allé jusque dans les beaux quartiers pour dénicher la parfaite bouteille de montepulciano. Il a cuisiné presque toute la journée, mais le dîner a été un véritable délice, quasiment une expérience érotique. Tout avait été prévu pour le plaisir.

— Oui, c'est beaucoup de travail, admet Dominique. Mais cela me plaît, ce n'est pas une corvée.

— Comment le sexe a-t-il pu devenir un travail pour vous ? Vous semblez réticent à aborder votre vie érotique avec les mêmes objectifs que vos recettes de cuisine.

— Cela devient artificiel quand il s'agit de sexe, dit Dominique.

Comme Raoul et lui, nombre de mes patients regimbent à l'idée d'introduire de l'intentionnel dans la sexualité. Ces stratégies leur semblent trop laborieuses sur le long terme, et ils considèrent qu'elles n'ont plus lieu d'être après la conquête initiale. « Séduire mon partenaire ? Ai-je encore à faire ça ? » Cette résistance cache souvent un désir infantile, celui d'être aimé pour ce que nous sommes, sans le moindre effort de notre part, juste parce que nous sommes si particuliers. Et nous portons tous en nous cette arrogance du bébé. « Je ne veux pas ! Pourquoi le devrais-je ? De toute façon tu dois m'aimer. » La sexologue Margaret Nichols fait observer que votre partenaire pourra continuer de vous aimer si vous prenez vingt kilos et traînez dans la maison en chaussons Bugs Bunny et en T-shirt taché, mais il (ou elle) ne sera plus excité.

Je demande à Dominique :

— Le piment de la séduction est-il réservé à ceux qui sortent ensemble ? Ce n'est pas parce que quelqu'un vit avec vous qu'il est toujours disponible et dans de bonnes dispositions. Il a peut-être besoin de plus d'attention encore, et non pas moins. Si on veut avoir une sexualité torride, il faut savoir faire cela. Pouvez-vous de temps en temps – non, pas tous les jours – considérer Raoul comme un mets à savourer ?

Prévoir suscite l'attente

L'attente de quelque chose implique que nous l'espérons avec impatience. C'est un élément important du désir, que nous aidons à naître en prévoyant de faire l'amour. Quand Dominique prépare son osso buco, il peut presque s'en délecter à l'avance. Il imagine la surprise et le plaisir de Raoul, il espère que celui-ci va ainsi se sentir unique, et il anticipe sa gratitude. C'est une façon d'imaginer comment les choses vont se passer, de se livrer à des préliminaires hors de l'interaction directe du couple. L'attente contribue à construire une intrigue : les romans d'amour et les soaps ne sont faits que de ça.

Je crois qu'espérer, attendre, languir, sont des éléments fondamentaux du désir qui peuvent être provoqués par le fait de prévoir, y compris dans les relations à long terme. Nile et Sarah organisent souvent à l'avance leurs soirées du samedi soir : dîners au restaurant, concerts, et – plus tard – faire l'amour. Autrefois, le bénéfice d'une soirée entière à se faire la cour disparaissait à l'instant où Sarah devait payer la baby-sitter.

— Soudain, j'étais de nouveau une mère, et toute cette tension que nous avions travaillé à créer s'évanouissait. Maintenant, c'est Nile qui paie la baby-sitter et je vais directement dans la chambre. C'est un arrangement qui me permet de rester dans la même dynamique.

Le couple a trois enfants qui occupent Sarah toute la journée. Elle a clairement dit à Nile qu'elle devait accomplir de gros efforts pour sortir de ce rôle, mais qu'en revanche elle avait très peu à faire pour s'y glisser de nouveau.

— Je pensais qu'il s'agissait d'une question d'état d'esprit, mais il y a longtemps que j'ai déchanté. Attendre d'être dans l'humeur adéquate, c'est comme attendre le second avènement du Messie. J'aime prévoir. Cela me permet d'attendre impatiemment quelque chose pendant que je joue à la poupée avec ma fille ou que je vérifie les devoirs.

Ce que Sarah attend avec impatience est bien davantage que du sexe, c'est le rituel. En passant beaucoup de temps ensemble, juste tous les deux, Nile et elle se défont pour un temps des chaînes de la réalité. Ainsi, leurs préliminaires durent des heures. Ils font cela depuis douze ans maintenant, et, comme des champions de haut niveau, se sentent frustrés quand ils doivent sauter une séance. Ils savent que pour passer un moment formidable au lit, il leur faut en général un peu plus d'un quart d'heure après le journal du soir.

Cultiver le jeu

Lorsque des couples se plaignent d'avoir une vie sexuelle apathique, je sais que ce n'est pas la fréquence des rapports qui les intéresse. Bien sûr, ils peuvent vouloir faire l'amour plus souvent, mais ils veulent surtout que cela soit plus satisfaisant. C'est pour cette raison que je préfère parler de leur vie érotique plutôt que de leur vie sexuelle. L'acte physique lui-même offre un sujet de discussion trop réduit, qui peut facilement dégénérer en un simple débat chiffré. La nature humaine a horreur du vide laissé par l'absence d'intensité. Les gens aiment ce qui rayonne, ils veulent se sentir vivants. Si on lui en donne l'occasion, un partenaire aimant saura transcender et remplir ce vide.

Les animaux ont des rapports sexuels, mais l'érotisme – la sexualité transformée par l'imagination – appartient en propre aux êtres humains. En fait, nous n'avons même pas besoin de l'acte physique pour vivre une vraie expérience érotique, tant le sexe se nourrit d'allusions et d'imaginaire. L'érotisme, c'est cultiver l'exaltation dans une quête résolue du plaisir. Octavio Paz l'assimile à la poésie du corps, au témoignage des sens. À l'instar du poème, l'érotisme n'est pas linéaire : il serpente et se replie sur lui-même. Il révèle ce que nous montre notre esprit mais qui reste invisible à nos yeux, voire inaudible à nos oreilles. Il met au jour la présence d'un autre monde que celui dans lequel nous vivons. L'érotisme, ainsi entrelacé à notre imagination, est une autre forme de jeu. Je pense ici au jeu comme à une réalité alternative à mi-chemin entre le concret et le fictif, comme à un espace où nous pouvons faire des expériences en toute sécurité, nous réinventer et prendre des risques constructifs. Car, à travers le jeu, nous cessons d'être incrédules, nous faisons semblant de croire que quelque chose est vrai alors que nous savons très bien que ce n'est pas le cas.

Ici, le sérieux n'a pas sa place.

Par définition, le jeu est insouciance et oubli de soi. L'historien Johan Huizingan soutient qu'une de ses caractéristiques est de n'avoir pas d'autre but que lui-même. Il est difficile de réconcilier cette absence d'objectif avec notre culture de l'efficacité et de la responsabilité. De plus en plus, nous avons tendance à évaluer le jeu en fonction des avantages que nous pouvons en retirer. Nous jouons au squash pour prendre soin de notre système cardio-vasculaire, nous emmenons nos enfants au restaurant pour éduquer leur palais, nous partons en vacances pour recharger nos batteries. Cependant, si nous nous tourmentons en pensant à nous-mêmes, si nous sommes obsédés par le résultat ou si nous redoutons d'être jugés, notre plaisir sera inévitablement compromis.

Lorsque nous étions enfants, jouer était naturel. Mais cette capacité diminue avec l'âge. Le sexe, tel un pont vers notre enfance, reste souvent le seul espace de jeu que nous nous autorisons. Bien après que notre esprit a été rempli d'injonctions au sérieux, le corps demeure une zone libre que n'encombrent ni la raison ni le jugement. En faisant l'amour, nous pouvons de nouveau retrouver le geste totalement désinhibé de l'enfant, qui ne se sent pas encore gêné devant le regard évaluateur d'autrui.

L'intelligence érotique

De temps à autre, je rencontre des couples qui conservent ce sens du jeu, que ce soit à l'intérieur de la chambre à coucher ou à l'extérieur. Ils sont vivants sur le plan physique et sensuel car ils n'ont pas laissé s'étioler le désir. Malgré notre culture de la satisfaction immédiate, ils sont capables de voir la séduction comme une fin en soi. Après dix ans de vie commune,

Johanna continue de charmer son petit ami en organisant des rendez-vous à l'hôtel. Daniel et son amant font semblant de ne pas être ensemble quand ils vont à une fête. Eric évoque les fois où il fait l'amour à sa femme, tard le soir, dans l'allée qui mène à leur immeuble : un plaisir furtif auquel ils s'abandonnent avant de vérifier que les enfants vont bien. Chaque année, Ivan et Rachel partent pour un long week-end d'adultère consenti avec d'autres échangistes : « Au lieu d'avoir des secrets l'un pour l'autre, nous avons des secrets pour le reste du monde. » Jessica évite à son mari de longs moments de solitude sur la route, en l'émoustillant par radio interposée. Chaque matin, Léo dit à sa femme combien il est heureux d'être marié avec elle, et il le pense encore après plus de quinze années passées ensemble.

Pour tous ces couples, le jeu constitue un élément primordial de la relation, et l'érotisme va au-delà de l'acte sexuel. Ils peuvent faire l'amour de façon solennelle ou soudaine, sentimentale ou utilitaire, simple ou transgressive, tendre ou torride. Mais, pour eux, le sexe est quelque chose d'agréable et d'attrayant, certainement pas un devoir. Ils vénèrent l'érotisme, tout en se délectant de son irrévérence. Ils aiment le sexe, surtout ensemble, et ils prennent le temps d'entretenir un espace consacré à l'érotisme.

Comme tous les couples, ils traversent des périodes où le désir est en sommeil – quand ils se détachent l'un de l'autre ou qu'ils sont simplement immergés dans leurs projets et vies respectifs – mais ils ne s'affolent pas en se disant que quelque chose ne va plus entre eux. Ils savent que l'intensité érotique croît et décroît, que le désir connaît des éclipses périodiques et des disparitions épisodiques. Mais en y accordant une attention suffisante, ils peuvent faire renaître le frisson.

Pour eux, l'amour est un navire qui transporte à la fois de la sécurité et de l'aventure, et l'engagement offre un des plus grands luxes de la vie : du temps. Le mariage n'est pas la fin de leur histoire d'amour, mais le début. Ils savent qu'ils ont des années devant eux pour rendre leur lien plus profond, pour expérimenter, pour régresser et même pour échouer. Ils voient leur relation comme quelque chose de vivant, en construction perpétuelle, et non comme un fait accompli. Cette histoire qu'ils écrivent ensemble a de nombreux chapitres, et aucun des deux n'en connaît la fin. Il y a toujours un endroit où ils ne sont pas allés, un aspect de l'autre qu'il leur reste à découvrir.

Les relations modernes sont le creuset d'envies contradictoires : sécurité et excitation, enracinement et transcendance, confort de l'amour et flamme de la passion. Nous voulons tout cela, et nous le voulons avec une seule personne. Pour réconcilier la vie domestique et l'érotisme, nous devons procéder à un équilibrage délicat, réalisé par intervalles. Il nous faut connaître notre partenaire tout en reconnaissant son irréductible mystère, instaurer un climat de sécurité tout en laissant la porte ouverte à l'inconnu, cultiver une intimité qui soit respectueuse de la vie privée de chacun. Nous sommes tour à tour ensemble et séparés, ou les deux en même temps à la manière d'un contrepoint. Le désir résiste à l'enfermement, et l'engagement ne doit pas engloutir la liberté tout entière.

Dans le même temps, ramener l'érotisme à la maison requiert un engagement actif et un projet déterminé. Il faut faire preuve d'une résistance constante au message qui nous dit que le mariage est sérieux, qu'il représente plus de travail que de jeu, et que la passion est réservée aux adolescents et aux gens immatures. Nous devons dévoiler notre ambivalence vis-à-vis du plaisir, et affronter notre envahissant malaise face à la sexualité, surtout dans le contexte de la famille. Se plaindre d'avoir une vie sexuelle ennuyeuse est facile et conventionnel. Entretenir l'érotisme chez soi est un acte autrement plus subversif.

Bibliographie

LIVRES EN FRANÇAIS :

Francesco ALBERONI, *L'Érotisme*, Ramsay, Paris, 1987.

—, *Le Choix amoureux*, Ramsay, Paris, 1981.

Nathalie ANGIER, *Femme ! De la biologie à la psychologie, la féminité dans tous ses états*, Robert Laffont, Paris, 2000.

Gaston BACHELARD, *Poétique de la rêverie*, Presses universitaires de France, Paris, 1960.

Élisabeth BADINTER, *XY. De l'identité masculine*, Odile Jacob, Paris, 1992.

Roland BARTHES, *Fragments d'un discours amoureux*, Le Seuil, Paris, 1977.

Georges BATAILLE, *L'Érotisme*, Minuit, Paris, 1957.

Jean BAUDRILLARD, *De la séduction*, Galilée, Paris, 1979.

Simone de BEAUVOIR, *Le Deuxième Sexe*, Gallimard, Paris, 1986.

Charlotte Joko BECK, *Soyez zen. La pratique du zen au quotidien*, Pocket, Paris, 1991.

Alain DE BOTTON, *Comment Proust peut changer votre vie*, Denoël, Paris, 1997.

Pascal BRUCKNER et Alain FINKIELKRAUT, *Le Nouveau Désordre amoureux*, Le Seuil, Paris, 1977.

Helen FISHER, *Pourquoi nous aimons ?*, Robert Laffont, Paris, 2006.

Nancy FRIDAY, *Les Fantasmes masculins. De l'imagination érotique des hommes à la réalité*, Robert Laffont, Paris, 1981.

Erich FROMM, *L'Art d'aimer*, Desclée de Brouwer, Paris, 1995.

Anthony GIDDENS, *La Transformation de l'intimité. Sexualité, amour et érotisme dans les sociétés modernes*, Le Rouergue, Rodez, 2004.

Adam GOPNICK, *De Paris à la Lune*, NiL éditions, Paris, 2003.

John GOTTMAN et Nan SILVER, *Les couples heureux ont leurs secrets. Les sept lois de la réussite*, J.-C. Lattès, Paris, 2000.

Jean-Claude GUILLEBAUD, *La Tyrannie du plaisir*, Le Seuil, Paris, 1998.

Eva ILLOUZ, *Les Sentiments du capitalisme*, Le Seuil, Paris, 2006.

Laura KIPNIS, *Contre l'amour. La déroute des sentiments*, La Table ronde, Paris, 2004.

Michael Vincent MILLER, *L'Amour terroriste. De l'affrontement à l'équilibre*, Robert Laffont, Paris, 1996.

Dagmar O'CONNOR, *Comment faire l'amour à la même personne... pour le reste de votre vie !*, J'ai Lu, Paris, 1996.

José ORTEGA Y GASSET, *Études sur l'amour*, Payot et Rivages, Paris, 1992.

Willy PASINI, *La Force du désir*, Odile Jacob, Paris, 1999. Octavio PAZ, *La Flamme double. Amour et érotisme*, Gallimard, Paris, 1994.

Adam PHILLIPS, *Monogamie*, Bayard éditions, Paris, 1996.

Lillian RUBIN, *Des étrangers intimes. Comment les couples construisent leurs malentendus*, Robert Laffont, Paris, 1986.

Antoine de SAINT-EXUPÉRY, *Le Petit Prince*, Gallimard, Paris, 1946.

Jacques SALOMÉ, *Jamais seuls ensemble. Comment vivre à deux en restant différents*, L'Homme, Québec, 2002.

Paule SALOMON, *Bienheureuse infidélité*, Albin Michel, Paris, 2003.

—, *La Sainte Folie du couple*, Albin Michel, Paris, 1994.

Robert J. STOLLER, *L'Imagination érotique telle qu'on l'observe*, Presses universitaires de France, Paris, 1989.

—, *L'Excitation sexuelle. Dynamiques de la vie érotique*, Payot, Paris, 2000.

LIVRES EN ANGLAIS :

Michael J. BADER, *Arousal : The Secret Logic of Sexual Fantasies*, St. Martin's, New York, 2002.

Mark BAKER, *Sex Lives : A Sexual Self-Portrait of America*, Simon and Schuster, New York, 1994.

Jessica BENJAMIN, *The Bonds of Love : Psychoanalysis, Feminism, and the Problem of Domination*, New York, 1998.

Philip BLUMSTEIN et Pepper SCHWARTZ, *American*

Couples : Money, Work, Sex, Morrow, New York, 1983.

Daniel BOYARIN, *Carnal Israel : Reading Sex in Talmudic Culture*, University of California Press, Berkeley, 1993.

Gary BROOKS, *The Centerfold Syndrome : How Men Can Overcome Objectification and Achieve Intimacy with Women*, Jossey-Bass, San Francisco, 1995.

Pat CAPLAN, *The Cultural Construction of Sexuality*, Tavistock, London, 1987.

Kate CHEDZOGY, Melanie HANSEN et Suzanne TRILL, *Voicing Women : Gender and Sexuality in Early Modern Writing*, Duquesne University Press, Pittsburgh, 1997.

Nancy CHODOROW, *The Reproduction of Mothering : Psychoanalysis and the Sociology of Gender*, University of California Press, Berkeley, 1978.

Daphne DE MARNEFFE, *Maternal Desire : On Children, Love, and the Inner Life*, Little, Brown, Boston, 2004.

Mark EPSTEIN, *Open to Desire : Embracing a Lust for Life*, Gotham, New York, 2005.

Kate FILLION, *Lip Service : The Truth about Women's Darker Side in Love, Sex, and Friendship*, HarperCollins, New York, 1996.

Katherine FRANCK, *G-Strings and Sympathy : Strip Club Regulars and Male Desire*, Duke University Press, Durham, 2002.

Nancy FRIDAY, *The Erotic Impulse : Honoring the Sensual Self*, Tacher, New York, 1992.

—, *Women on Top : How Real Life Has Changed*

Women's Sexual Fantasies, Simon and Schuster, New York, 1991.

Harriett GILBERT, *Fetishes, Florentine Girdles, and Other Explorations into the Sexual Imagination*, HarperPerennial, New York, 1993.

Cathi HANAUER, *The Bitch in the House : Twenty-Six Women Tell the Truth about Sex, Solitude, Work, Motherhood, and Marriage*, HarperPerennial, New York, 2003.

Ronald A. HEIFETZ, *Leadership without Easy Answers*, Belknap, New York, 1994.

Dalma HEYN, *The Erotic Silence of the American Wife*, Plume, New York, 1992.

Barry JOHNSON, *Polarity Management : Identifying and Managing Unsolvable Problems*, Polarity Management Associates (PMA), Middleville, 1992.

Daniel JONES, *The Bastard on the Couch : Twenty-Seven Men Try Really Hard to Explain Their Feelings about Love, Loss, Fatherhood, and Freedom*, Morrow, New York, 2004.

Peggy KLEINPLATZ, *New Directions in Sex Therapy : Innovations and Alternatives*, Brunner Routledge, New York, 2001.

Stephen LEVINE, *Handbook of Clinical Sexuality for Mental Health Professionals*, Brunner Routledge, New York, 2003.

Patricia LOVE et Jo ROBINSON, *Hot Monogamy. Essentia Steps to More Passionate, Intimate Lovemaking*, Plume, New York, 1995.

Wendy MALTZ, *The Sexual Healing Journey : A Guide for Survivors of Sexual Abuse*, HarperPerennial, New York, 1992.

Joyce McDOUGALL, *The Many Faces of Eros : A Psy-*

choanalytic Exploration of Human Sexuality, Free Association, London, 1995.

Stephen A. MITCHELL, *Can Love Last ? The Fate of Romance over Time*, Norton, New York, 2002.

Jack MORIN, *The Erotic Mind*, HarperCollins, New York, 1995.

Ethel Spector PERSON, *Dreams of Love and Fateful Encounters : The Power of Romantic Passion*, Penguin, New York, 1999.

—, *Feeling Strong : The Achievement of Authentic Power*, Morrow, New York, 2002.

—, *Sexual Century*, Yale University Press, New Haven, 1999.

Janet REIBSTEIN et Martin RICHARDS, *Sexual Arrangements : Marriage and the Temptation of Infidelity*, Scribner, New York, 1993.

David SCHNARCH, *Constructing the Sexual Crucible : An Integration of Sexual and Marital Therapy*, Norton, New York, 1991.

—, *Passionate Marriage*, Holt, New York, 1997.

Anne SEMANS et Cathy WINKS, *Sexy Mammas : Keeping Your Sex Life Alive While Raising Kids*, Inner Ocean, Maui, 2004.

Michael SHERNOFF, *Without Condoms*, Routledge, New York, 2006.

Joseph STEIN, *Fiddler on the Roof Based on Sholom Aleichem Stories*, Limelight Editions, New York, 2004 (reprint of original script, Pocket Books, New York, 1965).

David STEINBERG, *Erotic by Nature : A Celebration of Life, of Love, and of Our Wonderful Bodies*, Red Adler/Down There, Santa Cruz, 1991.

Leonore TIEFER, *Sex Is Not a Natural Act and Other Essays*, Westview, Boulder, 1995.

Michele WEINER-DAVIS, *The Sex-Starved Marriage : A Couple's Guide to Boosting Their Marriage Libido*, Simon and Schuster, New York, 2003.

Remerciements

Je n'avais jamais écrit de livre avant celui-ci. Je pensais que je ne pourrais pas supporter la solitude. Mais, avec surprise, j'ai découvert que je pouvais m'asseoir à ma table de travail avec le même plaisir que celui que j'éprouve à travailler en équipe ou à bavarder jusque tard dans la nuit. C'est en parlant à haute voix que mes idées émergent et se clarifient. Des personnes m'ont aidée à exprimer ma pensée, d'autres à l'écrire. Je leur dois énormément, bien au-delà de ce modeste témoignage de ma reconnaissance. Alors que, depuis deux ans, je médite avec eux sur l'amour et le sexe, je dirai simplement que chacun de mes mots est un signe de gratitude.

Éditrice extraordinaire, Sarah Manges a été ma boussole. Elle m'a permis d'avancer quand la tempête des idées menaçait de me jeter hors du chemin. Laura Blum a su améliorer ma prose. L'anglais n'étant pas ma langue maternelle, certaines nuances ont pu m'échapper, que son intuition poétique a toujours su exprimer. Je n'ai jamais considéré qu'une idée avait du sens sans l'approbation de Michele Scheinkman. Gail Winston, mon éditrice chez HarperCollins, a cru

337

en moi comme si elle était ma mère. Elle m'a aidée à rassembler mes idées éparses et à éviter le jargon technique. Lorsque Mary Wylie a publié l'article initial dont ce livre est issu – « À la recherche de l'intelligence érotique : réconcilier la sensualité et la vie domestique » –, savait-elle où cela nous mènerait ? Elle a souvent compris ce que je voulais dire avant même que je n'ouvre la bouche. Tout a commencé grâce à Rich Simon. Une simple question qu'il m'a posée au printemps 2002 – « À quoi réfléchis-tu ces derniers temps ? » – m'a incitée à lui envoyer quelques idées en vrac, lesquelles, après plusieurs remaniements, ont fini dans les pages du magazine *The Psychotherapy Networker*. Les choses auraient pu s'arrêter là, avec un article intéressant. Mais Tracy Brown, comme seul un agent entreprenant sait le faire, a l'habitude de fouiller dans les kiosques à journaux. Elle a repéré la couverture du *Utne Reader*, qui avait reproduit mon article du *Networker*. Nous nous sommes tout de suite bien entendues, et c'est ainsi qu'a commencé ce voyage stupéfiant. Je chante partout ses louanges. Ilana Berger m'a fait entrer dans le monde de la thérapie du sexe. Elle a été un mentor et une amie pour moi. En m'offrant le point de vue d'un homosexuel, Michael Shernoff m'a empêchée de tomber dans les clichés hétérosexuels. Je suis honorée que Patti Cohen et David Bornstein m'aient accueillie dans leur groupe d'auteurs. Je remercie Deborah Gieringer et Sandy Petrey pour leur lecture et leur esprit si clairvoyants. Shelly Kellner a déployé des trésors d'organisation pour apprivoiser mon désordre. L'aide qu'elle m'a apportée dans mes recherches a été parfaite. Anya Strzemien a passé des heures à m'écouter parler sur des enregistrements et à retranscrire mes paroles. J'espère que nous travaillerons de nouveau ensemble.

Je n'en dirai jamais assez sur la contribution de mes patients. Je suis honorée de la confiance qu'ils placent en moi et je les remercie de m'avoir permis d'entrer dans leurs âmes, de m'avoir autorisée à utiliser leurs histoires pour enrichir la vie d'autres personnes. Mes amis, également, ont leur place dans cette liste de remerciements. Je ne peux pas donner le nom de tous ceux qui se sont assis à ma table pour examiner les complexités du désir, mais ils se reconnaîtront. Je ne les remercierai jamais suffisamment.

Jack Saul partage ma vie depuis presque un quart de siècle. Je sais qu'il apprécie le choix de mon sujet ! Je n'aurais pas été capable d'achever ce projet sans son soutien constant et son enthousiasme. Il a su faire ce qu'il fallait quand je m'égarais. Adam, mon fils aîné, est mon champion de l'informatique. Qu'il se soit ainsi intéressé à mon travail, même quand celui-ci me tenait éloignée de lui, signifie beaucoup pour moi. Et j'en fais la promesse à Noam, mon plus jeune fils : je me réjouis de lui faire lire mon livre quand il en aura l'âge.

Table des matières

collection
évolution

Développement personnel

À tout questionnement, il existe une réponse.
Nos livres sont là pour vous aider à vous libérer,
vous révéler et aller de l'avant.

NE GÂCHEZ PAS VOTRE PLAISIR, IL EST SACRÉ

Olivier Florant

Foi et sexualité réconciliées

Non, les principes religieux et le plaisir physique ne sont pas opposés ! Bien au contraire, la religion chrétienne et la sexualité partagent une même recherche du bonheur et de l'épanouissement réciproques. Une approche inattendue des plaisirs du couple qui ouvre de nouveaux horizons.

POCKET N° 14816

LE TAO DE L'ART D'AIMER

Jolan Chang

Maîtrisez votre sexualité

Toujours d'actualité après 2 000 ans d'existence, le taoïsme chinois replace l'homme au cœur de la Nature en prônant le partage, le contrôle de soi et l'inventivité amoureuse et sexuelle. Adaptant le tao au monde moderne, l'auteur en rappelle les principes essentiels.

POCKET N° 12239

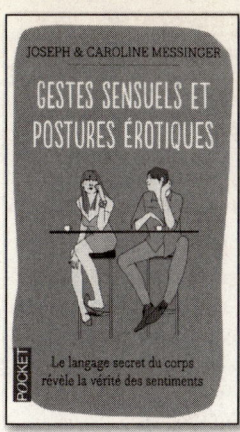

GESTES SENSUELS ET POSTURES ÉROTIQUES

Joseph & Caroline Messinger

Ces gestes qui nous trahissent

Savez-vous que certains de vos gestes sont des messages sexuels ? À travers eux, un véritable langage du corps se révèle et exprime la vérité des désirs. Savoir les déchiffrer, c'est être capable de décoder ce que l'autre veut vraiment nous dire.

POCKET N° 13297

LA MÉCANIQUE SEXUELLE DES HOMMES

Dr Catherine Solano, Pr Pascal de Sutter

À vous de jouer !

Enfin un livre pratique où les auteurs répondent à tout ce que vous avez toujours voulu savoir sur la sexualité des hommes. Comment combler sa partenaire ? Comment, ensemble, peut-on devenir de meilleurs amants ? Tout est dit, sans tabou.

POCKET N° 15126

LES CODES INCONSCIENTS DE LA SÉDUCTION

Philippe Turchet

La synergologie de l'amour

Savoir s'ouvrir, se relier aux autres, cela s'apprend. S'appuyant sur la synergologie, la science du langage corporel, et les découvertes scientifiques les plus récentes, cet ouvrage vous enseigne des méthodes concrètes pour séduire.

POCKET N° 14466

LES COUPLES HEUREUX ONT LEURS SECRETS

John M. Gottman & Nan Silver

Une nouvelle science de l'amour

Découvrez les secrets d'une union heureuse et durable. Sept règles d'or révélées et expliquées qui vous permettront de surmonter les difficultés, d'éviter les conflits et de trouver harmonie et plénitude.

POCKET N° 11086

AIMER ET SE LE DIRE

Jacques Salomé & Sylvie Galland

Les secrets d'un couple qui dure

Il n'est pas facile d'exprimer ses sentiments, ses désirs ou ses craintes. Pourtant, les partager avec l'être aimé est l'une des plus belles expériences de couple. Jacques Salomé et Sylvie Galland nous invitent à nous ouvrir à l'autre pour vivre à deux, pour longtemps.

POCKET N° 13617

L'AVENTURE AMOUREUSE

Jean-François Vézina

Voyage au bout de l'amour

Trouver l'amour, s'engager dans une relation, ne pas s'enliser dans le quotidien... s'apparente souvent à un chemin semé d'embûches. Difficile de trouver la bonne route sans un guide chevronné. Jean-François Vézina, grâce à ses cartes de l'amour, vous aide à construire votre relation pour, enfin, garder le cap sur l'amour... durable !

POCKET N° 14464

JEAN-FRANÇOIS VÉZINA

L'AVENTURE AMOUREUSE

Océan de Rencontres

Carte de l'aventure amoureuse

De l'amour naissant à l'amour durable

Composé par Nord Compo
à Villeneuve-d'Ascq (Nord)

Imprimé en Espagne par
Liberdúplex
à Sant Llorenç d'Hortons (Barcelone)
en juillet 2015

POCKET – 12, avenue d'Italie – 75627 Paris Cedex 13

Dépôt légal : septembre 2013
Suite du premier tirage : juillet 2015
S18174/03